LOUIS BOUTAN

La Photographie sous-marine

ET

Les Progrès

DE

La PHOTOGRAPHIE

PARIS
SCHLEICHER FRÈRES
ÉDITEURS

8V
28635

LA
PHOTOGRAPHIE SOUS-MARINE

ET

LES PROGRÈS DE LA PHOTOGRAPHIE

HÉLIOGRAVURE DUJARDIN

PHOTOTYPOGRAVURE RUCKERT

IMPRESSION POLYCHROME
(Procédé des trois couleurs)
PRIEUR et DUBOIS, a Puteaux

LA PHOTOGRAPHIE SOUS-MARINE

ET

LES PROGRÈS DE LA PHOTOGRAPHIE

PAR

Louis **BOUTAN**

MAITRE DE CONFÉRENCES A LA FACULTÉ DES SCIENCES
DE L'UNIVERSITÉ DE PARIS

Avec 52 figures dans le texte et 12 planches hors texte
dont 4 en couleurs

PARIS
LIBRAIRIE C. REINWALD
SCHLEICHER FRÈRES, ÉDITEURS
15, RUE DES SAINTS-PÈRES, 15

1900
Tous droits réservés

INTRODUCTION

Ce livre n'est pas un *manuel* de photographie.

J'ai voulu simplement donner un exposé détaillé de mes travaux sur la *photographie sous-marine* et appeler ainsi l'attention des chercheurs sur une application qui est appelée à rendre de grands services aux explorateurs du fond des mers.

Il m'a paru intéressant de faire précéder cette exposition d'un historique rapidement esquissé de la photographie depuis Daguerre.

L'ouvrage que je présente au lecteur comprend donc deux parties bien distinctes :

La première est une sorte de préface où, sans entrer dans les détails techniques des opérations, détails qu'on trouve dans les nombreux *manuels* et monographies déjà publiés, nous avons insisté sur *le côté théorique des questions et sur l'explication que la science est actuellement en mesure de fournir sur les divers procédés mis en œuvre.*

La seconde, au contraire, contient de nombreux détails sur le milieu où j'ai opéré, sur les appareils que j'ai utilisés et sur l'avenir de la photographie sous-marine.

Si j'avais tenu compte de l'importance relative des diverses découvertes énumérées, je n'aurais, étant donné la sobriété du premier exposé, consacré que quelques lignes à la photographie sous-marine ; mais j'ai pensé intéresser le lecteur en le faisant assister aux premières tentatives que j'avais faites dans cette voie, en lui faisant parcourir avec moi les étapes successives de ce long travail.

Je crois qu'il y a intérêt à ce que mes efforts ne restent pas isolés. Mon but sera pleinement atteint si quelques lecteurs, suffisamment intéressés par la lecture de ce livre, sont tentés eux-mêmes de prendre des vues sous-marines.

Ils entreraient ainsi dans une voie qui peut être fertile en applications intéressantes et utiles.

15 mars 1900.

PREMIÈRE PARTIE

LES PROGRÈS DE LA PHOTOGRAPHIE DEPUIS DAGUERRE

LES PRÉCURSEURS. — LE DAGUERRÉOTYPE
L'OBTENTION DU NÉGATIF. — LE COLLODION
LE GÉLATINO-BROMURE D'ARGENT
LA PHOTOGRAPHIE DES COULEURS

CHAPITRE PREMIER

LE POINT DE DÉPART DE LA PHOTOGRAPHIE

CHAMBRE NOIRE DE PORTA
LE CHLORURE D'ARGENT

Chambre noire de Porta. — Dans la seconde moitié du xvie siècle, vers 1560, a été réalisée la première expérience qui offre un rapport direct avec la photographie et qui doit être considérée comme son véritable point de départ.

Un savant Napolitain de cette époque, GIAMBATTISTA DELLA PORTA, constata qu'en faisant arriver par une étroite ouverture pratiquée au volet d'une chambre obscure les rayons lumineux qu'envoient des objets éclairés situés en dehors de la chambre, l'image de ces objets vient se peindre sur un écran, — verre dépoli ou feuille de papier translucide, — placé au fond de la chambre, en regard de l'ouverture. Cette image, qui reproduit exactement la forme et la couleur des objets, est toujours renversée et d'autant plus nette que l'ouverture qui donne accès aux rayons lumineux est elle-même plus étroite.

L'image obtenue est essentiellement fugace ; et, quand on ferme l'ouverture du volet, on reconnaît que la lumière n'a laissé sur l'écran aucune trace de son passage.

Si l'on voulait répéter l'expérience de Porta avec sa

simplicité originelle, mais dans les conditions les meilleures, il faudrait que l'ouverture pratiquée au volet eût un diamètre de deux à trois dixièmes de millimètre au plus, avec les bords taillés en biseau, et que l'arête terminale du biseau fût parfaitement nette et nullement frangée.

Un premier perfectionnement ne tarda pas à être introduit dans la construction de la chambre obscure. On enchâssa dans l'ouverture du volet une lentille convergente, — la lentille objective ou l'*objectif*, — et, dès lors, l'image produite gagna beaucoup en finesse et en netteté ; seulement il fallut alors rendre l'écran récepteur mobile, afin de pouvoir le placer rigoureusement au foyer conjugué de l'objet posé en avant de l'objectif, opération qu'on a nommée *la mise au point*.

L'expérience de Porta, telle que nous venons de la décrire, n'aurait jamais conduit à d'importantes applications. Un dessinateur pouvait suivre avec un crayon, sur une feuille de papier servant d'écran, tous les contours de l'image et en donner un dessin plus ou moins réussi. C'était tout.

Aussi, pendant plus de deux siècles, n'a-t-on tiré aucun parti de l'expérience de Porta. Elle est restée à l'état d'expérience uniquement curieuse.

Le problème que la science photographique actuelle s'est donné la mission de résoudre est vaste et complexe. Chaque radiation lumineuse possède, en quittant la source d'où elle émane, une certaine quantité d'énergie ; eh bien il s'agit de faire servir cette énergie, en la transformant (en travail chimique, par exemple), à la fixation d'une manière durable, — sur l'écran de la chambre noire de Porta, — du dessin et de la couleur des objets, dessin et couleur dont on ne savait obtenir jusqu'alors qu'une image fugitive.

En termes plus précis, cela revient à découvrir *une substance qui, appliquée en lame mince sur l'écran, puisse être modifiée, soit dans sa structure physique, soit dans sa nature chimique, par le travail qu'exécutera chaque radiation.* La modification produite devra persister, après que la lumière aura cessé d'agir, et elle sera plus ou moins profonde en chaque point, de manière à correspondre directement à l'intensité et à la nature propre du rayon excitateur.

Certes c'était une idée hardie que de demander à l'agent lumineux de se mettre à notre disposition comme dessinateur et comme peintre. Nous verrons pourtant qu'une pareille conception a pu être réalisée complètement par la science moderne, au moins en ce qui concerne le dessin des objets.

Les substances sensibles à l'action de la lumière ne sont pas rares dans la nature et dans les laboratoires. On en trouve et dans le monde minéral, et dans le monde organique : ainsi les sels haloïdes d'argent, quelques sels de mercure et de plomb, etc. ; la gélatine, le bitume de Judée, certaines essences, quelques résines, etc.

Coloration du chlorure d'argent par la lumière. — Vers la fin du dernier siècle, en 1777, un modeste pharmacien-chimiste suédois, Schèele, devenu célèbre, parce qu'il avait isolé quelques corps simples et surtout parce qu'il avait pris une part importante à la découverte de l'oxygène, reconnut et signala la coloration violette que prend le chlorure d'argent (sel d'un blanc pur), quand il est soumis à l'action de la lumière solaire. La coloration s'accentue à mesure que se continue l'insolation et, finalement, sa surface devient entièrement noire.

Le fait signalé par Schèele et, avant lui, plus vaguement, par Fabricius, passa à peu près inaperçu ; et pourtant, il y avait là en germe l'une des découvertes les plus merveilleuses de notre temps.

Le physicien Charles, puis Davy et Wedgwood, tentèrent d'en tirer parti, mais sans grand succès. On ne savait pas fixer les dessins, ou plutôt les silhouettes qu'on obtenait ainsi.

On s'est demandé quelle sorte de modification éprouve le chlorure d'argent en cette circonstance. Bien des opinions ont été émises sur ce point. Pour les uns, les vibrations des ondes lumineuses amènent un dédoublement de la substance en ses deux éléments, chlore et argent; d'autres y ont vu la formation de sous-chlorures. Ce qu'il y a de certain, c'est qu'une partie de l'argent contenu dans le chlorure est mise en liberté; et c'est cet argent réduit qui produit les colorations que l'on observe.

L'explication n'est peut-être pas aussi simple qu'on le croit généralement.

La lumière n'est pas toujours un agent de décomposition; elle détermine souvent des combinaisons. Je citerai comme exemple le chlore et l'hydrogène gazeux, qui ne se combinent pas dans l'obscurité et qui s'unissent, avec grand dégagement de chaleur, quand leur mélange est frappé par un rayon de soleil.

D'après M. Berthelot, la lumière ne jouerait, dans les réactions chimiques, que le rôle d'un agent excitateur. Les réactions dues à la lumière sont, en général, exothermiques. Le seul fait connu d'une réaction endothermique déterminée par la lumière est celui de la décomposition de l'acide carbonique par la chlorophylle dans les plantes. Mais il y a là une complication véritable, à raison des diverses réactions qui se produisent, à la fois, dans l'organisme végétal.

Pour en revenir au chlorure d'argent, nous ajouterons, comme fait bien établi : que le chlorure humide est plus sensible que le chlorure sec ; que sa sensibilité augmente quand on le mélange à une matière organique hydrogénée, collodion, gélatine, etc... Au contraire, lorsqu'on supprime, à son contact, toute substance renfermant de l'hydrogène et de l'eau en particulier ; et lorsqu'on lui enlève le mieux possible son humidité, en le plaçant dans une atmosphère parfaitement sèche, sa sensibilité décroît rapidement.

De là n'est-il pas légitime de conclure que, *si le sel était chimiquement pur à l'abri de toute trace d'un corps hydrogéné, la lumière serait impuissante à le décomposer ?*

Si, dans les circonstances ordinaires, une altération se produit dans le chlorure d'argent sous l'influence du rayon lumineux, c'est que le chlore du sel se combine avec l'hydrogène de l'eau ou de la matière organique pour former un chlorure plus stable que le précédent : l'acide chlorhydrique.

Quelle que soit l'hypothèse que l'on adopte pour expliquer la transformation du chlorure d'argent, il reste toujours ce fait indéniable que, dans toutes les parties de ce chlorure où la lumière a agi, de l'argent est devenu libre, et la teinte alors produite est d'autant plus foncée que la radiation agissante a été plus intense.

Il suit de là qu'aux blancs de l'objet qui émettent la lumière la plus vive correspondent les noirs de l'image, et aux noirs de l'objet les blancs de l'image. En un mot, l'image est inverse de l'objet en ce qui concerne la valeur des teintes : c'est cette image inverse qu'on appelle *image négative*.

CHAPITRE II

LES PRÉCURSEURS

NICÉPHORE NIEPCE, DAGUERRE

Ce n'est point au chlorure d'argent qu'eut recours, pour sensibiliser ses plaques, le premier inventeur de la photographie, Nicéphore Niepce[1]. Il voulait produire d'emblée l'image directe, l'image positive ; et le chlorure d'argent ne pouvait lui fournir qu'une image négative.

Niepce, né à Chalon-sur-Saône, en 1765, consacra une partie de sa jeunesse au métier des armes. Engagé volontaire en 1792, il servit comme lieutenant en Sardaigne et en Italie, devint pendant plusieurs années administrateur du comté de Nice et rentra en France en 1801. Il s'adonna dès lors, avec ardeur, à l'étude de la mécanique et de la chimie ; et c'est en 1813 qu'il conçut la pensée de fixer, d'une manière définitive, sur l'écran mis au foyer de la chambre noire, l'image qu'y faisaient apparaître momentanément les rayons lumineux venus des objets extérieurs. Il fut aidé dans ses recherches par son frère Claude.

Niepce mit à l'essai, pour atteindre son but, la plupart des substances impressionnables à la lumière qu'on connaissait à cette époque.

---

[1] Voir DAVANNE, *Conférence sur Nicéphore Niepce*. Gauthier-Villars, 1845.

Après bien des tâtonnements, il fixa son choix sur le bitume de Judée.

Cette matière, à l'état naturel, jouit de la propriété de se dissoudre dans l'essence de lavande et dans le pétrole rectifié. Chose remarquable! elle perd cette faculté de dissolution quand elle a été insolée au préalable, ou, plus exactement, cette faculté décroît à mesure que l'exposition aux rayons lumineux est prolongée davantage.

Mettant à profit cette propriété, Niepce prit une lame d'un métal poli — du cuivre — et fit adhérer à sa surface une mince couche de bitume de Judée. La lame fut ensuite portée, dans la chambre noire, au lieu et place de l'écran de verre dépoli, mis antérieurement au foyer. Dans ces conditions, l'image des objets extérieurs se forma sur la couche de bitume, après que l'action lumineuse eut été continuée pendant plusieurs heures.

La couche sensible, ainsi modifiée par l'insolation, fut ensuite soumise à l'action des dissolvants habituels du bitume de Judée. Ceux-ci n'enlevèrent que les parties non insolées et laissèrent à leur place les parties incomplètement dissoutes, qui produisaient, par leur ensemble, des gradations de teintes correspondant aux variations d'intensité des rayons lumineux.

Le dessin se trouvait, par ce fait, dégagé et rendu persistant. L'image apparaissait alors avec un ton jaune d'or sur fond noir; ce fond noir était constitué par le métal poli. L'image était, bien entendu, renversée par rapport à l'objet. Malheureusement on ne la voyait bien que sous certaines inclinaisons, à raison du miroitage des fonds, et en réalité elle était fort imparfaite.

Niepce, en 1824, essaya d'en tirer parti d'une autre façon.

La planche de cuivre recouverte de bitume, après

une exposition prolongée dans la chambre noire, ne se présentait-elle pas comme préparée spécialement pour fournir une gravure à l'eau-forte? Pourquoi ne l'utiliserait-il pas à cette fin? La lumière avait opéré le travail du graveur; à la suite de son action, le métal se trouvait mis à nu aux points que l'acide aurait attaqués?

Cette tentative ne lui réussit pas mieux que la précédente.

Il ne se doutait guère qu'il y avait là, pourtant, le point de départ d'une industrie future, qui devait être des plus florissantes : la *Photogravure*.

Ils sont grandement à plaindre ces chercheurs intrépides, comme Niepce, qui, poursuivant sans relâche, avec un désintéressement absolu, la réalisation d'une idée qui leur paraît féconde, manquent des moyens matériels pour la faire aboutir.

Niepce avait dû construire, de ses mains, les nombreux appareils destinés à ses essais. La chambre noire de Porta perfectionnée, le chariot destiné à la mise au point, étaient son œuvre. L'objectif était représenté par une simple lentille enlevée à une lorgnette et qu'il avait enchâssée dans l'ouverture de la chambre noire.

Cette insuffisance complète des moyens de travail le décida à partir pour Paris.

Il y fit la connaissance d'un peintre décorateur fort habile, Daguerre (Louis-Jacques-Mandé), qui, par des moyens différents des siens, s'occupait de recherches du même genre. Daguerre était déjà connu du public par l'invention du diorama en 1822, dont le succès à Paris dura plus de vingt ans.

Niepce et Daguerre s'associèrent. En 1829, ils mirent en commun les résultats acquis par leurs travaux antérieurs et poursuivirent ensemble la solution du problème de la chambre noire. Par un traité régulier, l'association des deux chercheurs devait durer dix ans (de 1829 à 1839). Niepce mourut en 1833, quatre ans après la signature du traité, et Daguerre continua seul les recherches.

En 1839, au moment où le traité allait expirer, Daguerre communiqua sa découverte à l'Académie des Sciences, avec pièces à l'appui. Elle était le fruit de la collaboration avec Niepce, de 1825 à 1833, puis de ses travaux personnels depuis 1833.

Le problème était résolu, Daguerre obtenait, *fixée d'une manière durable sur plaque métallique, l'image des objets extérieurs recueillie dans la chambre noire.*

Parmi les faits nouveaux signalés par Daguerre, le plus important, sans conteste, est la production de l'*image latente*, quand la couche sensible est formée par de l'iodure ou du bromure d'argent.

Expliquons ce qu'on entend par ces mots : *image latente*.

Quand on fait agir peu de temps la lumière sur une surface sensible de cette espèce, l'altération produite n'est pas visible ; elle existe, mais sans qu'on puisse l'apercevoir. Il faut, pour dégager l'image, faire intervenir un corps nouveau qu'on appelle un *révélateur*; c'est, en général, un composé chimique possédant des propriétés réductrices.

Le révélateur fait apparaître l'image ; elle existait donc avant son emploi ; mais on ne la voyait pas. On a dit alors qu'elle était latente. Avec le chlorure d'argent, rien de semblable, quand on opère à la façon ordinaire. Nous l'avons dit plus haut, le chlorure d'argent se colore en violet, et la couleur est d'autant plus foncée que la lumière a plus longtemps agi.

On a beaucoup disserté sur la nature de cette image latente.

Les uns ont pensé que, dans le cas qui nous occupe,

l'action chimique de la lumière n'ayant intéressé qu'une très faible épaisseur de la couche sensible, l'argent réduit était en trop petite quantité pour changer la couleur de la surface impressionnée. Mais, quand intervenait le révélateur, son action réductrice sur l'iodure ou le bromure portant sur les parties altérées de la couche sensible, la quantité d'argent déjà déposé se trouvait augmentée.

D'autres ont nié l'action chimique, telle qu'on la conçoit d'ordinaire ; ils admettent une modification purement physique. La lumière aurait simplement déterminé, dans les points atteints, un groupement moléculaire nouveau, sur lequel le révélateur agirait, en tant que réducteur, uniquement par sa propriété réductrice.

Quoi qu'il en soit de ces deux explications, la découverte de l'image latente a été une découverte de premier ordre ; elle a ouvert la voie aux progrès si rapides que la photographie a accomplis de nos jours.

Examinons maintenant le procédé opératoire de Daguerre.

CHAPITRE III

PROCÉDÉ OPÉRATOIRE DE DAGUERRE

AMÉLIORATIONS APPORTÉES PAR FOX TALBOT FOUCAULT ET FIZEAU

Production de la couche sensible. — Une lame d'argent plane et bien polie, soudée à une lame de cuivre plus épaisse, servait de support à la couche sensible. La surface de l'argent était nettoyée avec grand soin; on la frottait avec du tripoli très fin et du rouge d'Angleterre, puis on la lavait soigneusement à l'acide azotique faible, à l'eau et à l'alcool.

On l'introduisait, ainsi préparée et la face argent en dessous, dans une caisse ou cuvette de porcelaine portant, dans le fond, de l'iode en cristaux. On fermait ensuite la boîte et on laissait la vapeur d'iode agir sur la surface argentée qu'elle attaquait uniformément. On retirait la plaque après un temps plus ou moins long, selon la température ambiante.

Quand elle avait pris un ton d'un beau jaune d'or, l'iodure d'argent s'était formé; il était régulièrement réparti à la surface de l'argent et constituait la couche sensible.

Exposition à la chambre noire. — La vieille chambre noire de Porta avait été perfectionnée par Niepce; elle fut rendue encore plus apte à sa destination par Daguerre, qui substitua tout d'abord à la lentille simple une lentille achromatique.

Plus tard même, un physicien allemand, Petzewall, employa un objectif double formé de deux lentilles achromatiques, fixées à une distance invariable l'une de l'autre, aux deux extrémités d'un même tube de cuivre. A l'aide d'une vis sans fin et d'une crémaillère, ce tube pouvait être déplacé tout d'une pièce, rapproché ou éloigné de la glace dépolie servant d'écran, de manière à rendre facile la *mise au point*.

Dans d'autres appareils, la lentille antérieure était rendue mobile par rapport à l'autre, au gré de l'opérateur.

La chambre noire de Daguerre se trouvait constituée par une caisse prismatique en bois, noircie à l'intérieur et posée sur un support à trois pieds ; elle pouvait tourner autour d'un axe vertical et être ainsi dirigée dans le sens de sa grande longueur vers un point quelconque de l'horizon. De plus, on pouvait lui donner une inclinaison quelconque, à l'aide d'une vis de réglage.

Dans la caisse prismatique, glissait à frottement doux, le long d'une rainure servant de coulisse, une caisse de même forme, qui permettait d'allonger ou de raccourcir à volonté l'appareil tout entier. On lui donnait une position fixe avec une vis de serrage.

La boîte mobile était fermée à l'arrière par un châssis pouvant se mouvoir dans une glissière, de manière qu'on l'enlevait ou qu'on le replaçait sans difficulté. Dans le châssis, on plaçait la glace dépolie qui, après la mise au point, était exactement remplacée par la plaque sensible renfermée dans un châssis tout à fait pareil.

En avant de la glace dépolie, les châssis étaient fermés par un volet mobile que, de l'extérieur, on pouvait soulever à un moment donné pour laisser l'image de l'objet se former librement sur la plaque.

A l'appareil ainsi agencé, Daguerre donna son nom, il l'appela le *Daguerréotype*.

La description de l'appareil suffit pour faire comprendre comment s'effectue la mise au point.

L'obturateur qui ferme le tube de cuivre antérieur étant enlevé, on dirige l'axe de la lunette, qui porte l'objectif vers le point central de l'objet à reproduire, de telle sorte que cet axe soit à peu près perpendiculaire au plan tangent aux surfaces que l'on veut obtenir avec le plus de netteté. Puis, la tête recouverte d'une étoffe noire pour n'être pas gêné par la lumière extérieure, l'opérateur, en déplaçant, avec lenteur, soit la boîte mobile, soit l'objectif, arrive par tâtonnement à obtenir le maximum de netteté de l'image.

La mise au point est obtenue. L'obturateur ferme momentanément l'objectif; le châssis à verre dépoli est remplacé par un châssis identique contenant la plaque sensible.

On soulève alors le volet du châssis; on enlève l'obturateur, et dès lors la lumière agit et impressionne la surface sensible.

La durée de la pose est très variable; elle dépend de bien des circonstances : l'intensité de la lumière renvoyée par l'objet à reproduire ; la nature du sensibilisateur; la qualité de l'objectif; le diamètre d'ouverture du diaphragme placé soit en avant de la première lentille, soit entre les deux lentilles.

Ces diaphragmes ont pour but la suppression d'une partie des rayons marginaux ; ils procurent, par suite, une netteté plus grande de l'image.

En général, quand on veut procéder avec des chances plus grandes de succès, on a recours à des essais préalables qui permettent de fixer, dans les conditions où l'on se trouve placé, la durée de pose la plus convenable.

Les plaques que Daguerre présenta à l'Académie des Sciences avaient exigé une pose de quinze minutes en plein soleil. Elles reproduisaient l'extérieur de maisons, de monuments... N'oublions pas que l'agent sensibilisateur utilisé dans ce cas avait été l'iodure d'argent.

Développement de l'image. — La pose terminée, si l'on examinait la plaque sensible à la faible lueur d'une bougie, on constatait que l'aspect de la surface sensible n'avait pas changé : même couleur, même état physique qu'auparavant, en apparence, du moins.

L'image était latente.

Comment la dégager? Comment la rendre visible?

Après bien des tentatives infructueuses, Daguerre eut une inspiration heureuse. Il eut recours au mercure. Probablement fut-il guidé, en cette occasion, par la connaissance d'une propriété du mercure : l'amalgamation facile de l'argent. En tout cas, voici comment il opéra :

Au fond d'une boîte profonde dont la paroi inférieure était formée par une cuvette de tôle, il versa un peu de mercure. Il introduisit ensuite obliquement dans la boîte la plaque impressionnée. Celle-ci était maintenue là avec une inclinaison de 45° sur l'horizon, à l'aide de rainures creusées à cet effet dans la paroi de la boîte. On ferma la boîte avec son couvercle, et on porta de 50 à 60° la température du mercure, à l'aide d'une lampe à alcool placée en dessous. Une petite fenêtre fermée par une glace avait été ménagée dans la paroi antérieure de la caisse. Elle permettait à l'opérateur de suivre les progrès du développement sous l'action de la vapeur de mercure.

Quand le développement avait atteint le degré voulu (celui qu'avaient indiqué comme préférable des expériences antérieures), on retirait l'épreuve en la maintenant toujours dans l'obscurité.

L'image était, cette fois, dégagée, mais pas encore fixée.

Que serait-il arrivé si on l'avait abandonnée à l'action de la lumière ambiante ?

Elle aurait totalement disparu au bout de peu de temps. Car les points de la plaque non atteints par la radiation lumineuse dans la chambre noire auraient été, cette fois, altérés comme les autres par la lumière diffuse, et le tout aurait pris une teinte uniforme.

Fixage de l'image. — Il suffit de la plonger dans un bain formé de volumes égaux d'eau et d'une dissolution saturée d'hyposulfite de soude. Ce sel jouit de la propriété, depuis longtemps connue, de dissoudre l'iodure d'argent. Tout l'iodure non altéré par la lumière disparaît donc dans le bain, et l'image demeure seule intacte et désormais inaltérable.

Daguerre avait ainsi obtenu du premier coup, d'une façon qu'on peut appeler directe, une image positive : car les blancs de l'image étaient dus à l'argent amalgamé et correspondaient, par suite, aux blancs de l'objet, et les noirs étaient produits par l'argent poli mis à nu et correspondaient aux noirs de l'objet ; seulement l'image était renversée par rapport à l'objet.

La découverte de Daguerre fit sensation dans le monde de la science :

Arago, — alors secrétaire perpétuel de l'Académie des Sciences, — dans un rapport demeuré célèbre, analysa, avec une compétence indéniable, les travaux des deux inventeurs, montra la haute importance des résultats acquis, pressentit l'avenir réservé à cette science nouvelle ; et, avec une impartialité complète, il tâcha de démêler la part d'invention qui revenait à chacun d'eux. Mais, dans une association comme celle de Niepce et de Daguerre, tout avait été mis en commun : idées, expériences déjà faites, aperçus plus ou moins justifiés par le succès. Il était impossible de ne pas attribuer un égal mérite à l'un et à l'autre des associés.

A la suite du rapport d'Arago, le Gouvernement français, convaincu de l'importance de l'invention, voulut qu'elle fût immédiatement livrée au public; il l'acheta en accordant à chaque associé une pension viagère de 4.000 francs, réversible par moitié sur la tête de leurs veuves.

La *Daguerréotypie* était créée et entrait dans le domaine public.

L'image daguerrienne a de réelles qualités. Quand la mise au point a été rigoureuse, les objets placés devant l'appareil sont représentés par un dessin très fin et avec des tons bien fondus. Ce qu'on lui reproche avec raison, c'est de manquer de relief. L'opposition des ombres et de la lumière est insuffisamment indiquée; l'image est trop plate.

Un reproche plus grave qui fut adressé à la méthode de Daguerre, c'est que la couche impressionnable à la lumière manquait de sensibilité; il fallait une durée de pose trop longue dans la chambre obscure. Comment faire le portrait, si le sujet devait, sans bouger, rester exposé au soleil pendant plusieurs minutes?

Enfin on constatait que l'épreuve une fois terminée s'altérait à la longue quand elle séjournait dans une atmosphère humide qui renfermait des traces de vapeurs sulfureuses.

Le défaut de sensibilité, on en fut promptement maître.

De nombreux chercheurs, parmi lesquels il est juste de citer Fox Talbot, Claudet, Foucault, Fizeau, se mirent à l'œuvre et ne tardèrent pas à trouver le moyen de raccourcir considérablement le temps de pose. Au lieu d'exposer la plaque d'argent à l'action unique de la vapeur d'iode, ils employèrent un mélange de vapeur d'iode et de vapeur de brome.

Plus tard on eut recours à la vapeur qu'émettait l'eau bromée, ou le bromure d'iode, ou la chaux bromée, ou le chlorure d'iode, et l'on parvint ainsi à ramener la durée de l'exposition dans la chambre noire à 10 ou 15 secondes, l'objet à reproduire étant placé à l'ombre.

Le plus important des progrès accomplis, en vue de l'amélioration de l'épreuve daguerrienne, fut due à Fizeau.

Après avoir fixé l'image à la façon ordinaire, il posait la plaque (face argent en dessus) sur un support horizontal, la recouvrait d'une dissolution d'hyposulfite d'or et de soude, en mince couche, et la chauffait par dessous avec une lampe à alcool. On voyait alors l'épreuve se renforcer, prendre de la vigueur et du relief, et, en même temps, elle se recouvrait d'une très mince couche d'or, sorte de vernis transparent qui la mettait désormais à l'abri des gaz nuisibles.

La plaque daguerrienne, à la suite des perfectionnements que nous venons d'indiquer, eut un grand succès pendant une dizaine d'années. Elle était pourtant atteinte de deux vices radicaux, qui devaient la faire abandonner avant longtemps.

Le premier, c'est le miroitement insupportable que présente toute épreuve, même la mieux réussie, miroitement qui est dû à l'argent poli, mis à nu dans toutes les parties qui correspondent aux noirs de l'image. Si l'on veut voir l'image dans son ensemble avec quelque netteté, il faut recourir à une série de tâtonnements, afin de donner à la plaque l'inclinaison la plus convenable par rapport aux rayons lumineux qui doivent l'éclairer.

C'est là, bien évidemment, un défaut inhérent au système et qu'on ne peut songer à faire disparaître.

Le second, c'est l'impossibilité où l'on se trouve, quand on possède une bonne épreuve, d'en multiplier à volonté les exemplaires. Il faut chaque fois, pour chaque épreuve nouvelle, reprendre *ab ovo* la suite des mêmes opérations, perdre par suite beaucoup de temps et courir le risque de ne plus produire que des images moins bonnes que la première.

L'idéal que l'on concevait et auquel le procédé de Daguerre ne pouvait donner satisfaction, *c'est que l'épreuve-type, une fois obtenue, pût servir, comme la planche de l'imprimeur ou la plaque burinée du graveur, à la reproduction d'exemplaires identiques, en nombre quelconque.*

CHAPITRE IV

PHOTOGRAPHIE SUR PAPIER. — PHOTOGRAPHIE A L'ALBUMINE

OBTENTION DU NÉGATIF

Photographie sur papier. — Pour se débarrasser de ce miroitement que nous savons inévitable dans l'épreuve daguerrienne, un Anglais, Fox Talbot, eut l'idée de donner pour support à la couche sensible, non plus un métal poli, mais une simple feuille de papier.

Le problème consistait alors à trouver un moyen facile d'étendre et de fixer d'une manière régulière, sur cette feuille, le réactif sensible à la lumière (iodure, bromure, chlorure d'argent ou un mélange de ces sels). Prendra-t-on ces sels solides à l'état pulvérulent? Il sera alors bien difficile d'en obtenir une couche homogène d'égale épaisseur partout et de la faire adhérer au papier.

La difficulté fut tournée comme il suit : On choisit un papier bien uni offrant un aspect mat, uniforme, et, par transparence, un grain aussi fin que possible. On le débita en rectangles de même surface, et chacun de ces rectangles fut plongé séparément dans une solution d'iodure et de bromure d'ammonium, jusqu'à ce que l'imprégnation fût complète. Le papier, égoutté ensuite et séché à l'ombre (en le préservant de la poussière), était sensibilisé, peu d'instants avant son exposition dans la chambre noire.

Cette sensibilisation fut obtenue en étendant successivement chaque bande de papier par l'une de ses faces, sur un bain de nitrate d'argent. Il fallut seulement faire disparaître avec soin les bulles d'air qui s'interposent toujours entre le papier et le liquide et qui auraient occasionné des taches sur l'épreuve.

On prévoit aisément la réaction chimique qui devait se produire sur le papier, au contact du liquide.

C'était évidemment une double décomposition entre l'iodure et le bromure alcalins, d'une part, et le nitrate d'argent, de l'autre. Il en résultait de l'iodure et du bromure d'argent constituant les sels sensibles à la lumière, et de l'azotate d'ammoniaque qui restait incorporé à la pâte du papier. — Cette dernière opération devait, bien entendu, se faire dans l'obscurité. — Le papier sensibilisé était introduit, encore tout humide, dans la chambre noire. Sur un papier sec, la sensibilité eût été considérablement diminuée.

Pour que la feuille de papier mouillée se maintînt plane et bien tendue dans le châssis, il était bon, avant l'exposition, de la fixer d'une manière invariable, avec des punaises, sur une planchette mince de bois. Cette planchette allait prendre ensuite exactement la place de l'écran de verre dépoli sur lequel on avait effectué, à l'avance, la mise au point.

Après le temps de pose jugé nécessaire, la feuille retirée du châssis dans l'obscurité possédait une image latente, comme la plaque de Daguerre ; il ne s'agissait plus que de la développer.

Cette fois, la vapeur de mercure était inapplicable comme révélateur ; elle n'avait aucune prise sur cette surface humide.

Talbot tâtonna, et, en 1840, on finit par adopter pour liqueur réductrice un mélange d'acide gallique et de nitrate d'argent. Plus tard on eut recours au sulfate ferreux ou à l'acide pyrogallique, qui révélèrent pareillement l'image jusque-là restée latente.

Ce fut, bien entendu, une image négative que l'on obtint ainsi. On la rendit inaltérable par son immersion dans une solution d'hyposulfite de soude, qui servit à dissoudre toute la portion des sels haloïdes d'argent non altérés par la lumière. Talbot avait, le premier, indiqué comme fixateur l'iodure de potassium et l'hyposulfite de soude.

Cette image négative, dont on n'apprécia guère l'importance au premier moment, fut l'origine d'un des plus grands progrès de la science photographique. C'est à Talbot qu'il est juste de reporter l'honneur de cette découverte. Elle mettait entre les mains de l'opérateur *une sorte de cliché qui lui permettait l'obtention d'autant d'épreuves positives qu'il pouvait le souhaiter.*

A coup sûr, ce procédé de la photographie sur papier que nous venons de décrire n'est pas à recommander. Il ne donne que des produits médiocres ou mauvais. Les images positives qu'on obtient finalement en plaçant sous le cliché un papier sensible et en exposant le tout à la lumière sont toujours dures, heurtées, sans relief. C'est qu'en effet, lorsqu'il faut passer du négatif au positif, au lieu de cette transparence que doit posséder le négatif nous trouvons ici une pâte de papier inégalement translucide, souvent peu homogène, granuleuse, qui ôte toute régularité à la transmission des rayons lumineux et, par suite, toute netteté à l'image.

On chercha à atténuer ces défauts; et c'est M. Légray, je crois, qui améliora le procédé, en se servant de papier ciré.

Le négatif, placé entre deux papiers buvards, était saupoudré de raclures de cire blanche; puis, la feuille supérieure du papier buvard étant rabattue sur l'épreuve, on passait sur ce buvard un fer chaud; la cire fondant, imprégnait le papier porteur de l'épreuve, et l'excès de cire se trouvait absorbé par les deux buvards.

Le perfectionnement était insuffisant; il fallait trouver mieux.

La photographie sur papier n'eut donc qu'un succès éphémère. Si nous en avons parlé ici avec quelques détails, c'est qu'au point de vue du progrès en photographie elle a joué un rôle important: *elle a créé le cliché.*

Photographie à l'albumine. — Obtention du négatif. — Niepce de Saint-Victor, le neveu de Nicéphore, qui a travaillé toutes ces questions de photographie avec passion et quelquefois avec succès, eut recours à l'albumine pour servir de véhicule aux sels haloïdes d'argent.

Le procédé opératoire qu'il indique a été plus ou moins heureusement modifié.

Nous le décrirons sommairement, tel qu'on l'a pratiqué dans ces derniers temps, car il est d'un emploi avantageux dans quelques cas particuliers.

Le papier est, cette fois, remplacé par une pellicule d'albumine d'une transparence parfaite, et on donne pour support à la pellicule une lame de verre ou mieux de glace à laquelle elle adhère fortement.

Voici, rapidement indiquée, la série des opérations.

Préparation du liquide albumineux. — L'albumine est empruntée au blanc d'œuf, duquel on élimine toute la portion membraneuse des cellules : d'abord par un battage rigoureux, puis par une et même plusieurs décantations.

Le liquide albumineux, alors parfaitement limpide, est additionné d'iodure d'ammonium (1 0/0) et de bromure d'ammonium (1/4 0/0); on a la précaution de dissoudre d'abord ces deux sels dans l'eau, afin qu'ils soient plus complètement miscibles à l'albumine.

On filtre le mélange en ayant la précaution de recouvrir l'entonnoir, dans lequel la filtration s'opère, d'une large lame de verre. Il est très important, en effet, de mettre le liquide à l'abri des poussières transportées par l'air.

Épandage de l'albumine sur la glace. — Dessiccation. — Cette opération est très délicate : il s'agit de répartir et de faire adhérer à la lame de glace une très mince couche d'albumine, de manière à lui conserver une même épaisseur dans toute son étendue et en même temps à la préserver, pendant l'épandage et la dessiccation, des poussières qui feraient ensuite tache sur l'épreuve finale.

La glace est tenue à la main à l'aide d'une ventouse. Sur sa face supérieure on fait couler, en le répartissant également partout, le liquide albumineux.

Il est commode, à cet effet, de se servir d'une pipette qu'on peut porter successivement au-dessus de chacun des points à recouvrir d'albumine.

Si la couche ainsi obtenue est trop épaisse, on l'incline vers l'un des angles pour faire écouler l'excédent du liquide dans un flacon destiné exclusivement à cet usage. La glace est alors ramenée à l'horizontalité et, avec une baguette de verre bien propre, on égalise la couche, en faisant disparaître en même temps les bulles d'air et les grains de poussière.

La dessiccation se fait ou à l'air libre ou dans une étuve chauffée très modérément, en ayant le soin de maintenir la plaque horizontale.

Quand la couche d'albumine adhérente à la glace est bien sèche, on doit la conserver soigneusement, en boîte close, à l'abri d'une atmosphère humide qui l'altérerait promptement.

Conversion de la couche d'albumine en couche sensible. — On a reconnu la nécessité de soumettre avant tout la couche d'albumine sèche à l'action de la vapeur d'iode, comme le faisait Daguerre pour la plaque d'argent. L'albumine, comme l'argent, prend la teinte jaune d'or. Quand l'excès d'iode s'est dégagé dans l'air, au milieu duquel la plaque est abandonnée à elle-même dans l'obscurité, on la plonge dans une solution d'azotate d'argent au dixième, additionnée d'une petite quantité d'acide acétique cristallisable.

L'immersion doit durer quatre ou cinq minutes. La plaque est ensuite retirée du bain, égouttée et lavée à l'eau distillée avec le plus grand soin.

L'exposition à la chambre obscure se fait dans les conditions habituelles; seulement la durée de la pose est beaucoup plus longue dans le procédé à l'albumine qu'avec les procédés plus récents dont nous parlerons bientôt.

Développement de l'image. — Le bain ordinairement employé est une solution d'acide gallique à laquelle on ajoute progressivement quelques gouttes d'acide pyrogallique dissous dans l'alcool.

L'image se dégage avec beaucoup de lenteur. Il faut une grande patience de la part de l'opérateur; seulement celui-ci a le moyen d'activer un peu ce développement, en ajoutant au bain successivement de petites quantités d'azotate d'argent dissous.

Quand l'image a atteint le degré de vigueur voulu,

on retire la plaque, on l'égoutte et on la lave à grande eau, toujours avec l'eau distillée.

Elle est ensuite fixée à l'hyposulfite de soude, comme il a été dit pour les procédés déjà décrits.

On le voit, l'emploi de l'albumine comme véhicule de l'iodure et du bromure d'argent entraîne à des opérations nombreuses et délicates.

L'amateur, qui presque toujours est incomplètement outillé, doit s'attendre à de nombreux insuccès.

L'albumine est très altérable par nature ; l'humidité, la chaleur, ont une grande action sur elle ; ce corps doit donc être manié avec de grandes précautions.

Le grand défaut du procédé, c'est de manquer de sensibilité — pose longue, développement très lent. — Toutefois il n'y a pas lieu de le rejeter d'une manière absolue ; il peut rendre de vrais services dans certains cas, pour l'exécution d'une certaine catégorie de travaux. Les épreuves qu'il fournit sont d'une très grande finesse dans les détails et accusent un modelé très pur qu'on rencontre rarement dans l'image daguerrienne.

Quant à la conversion de l'image négative en image positive, nous indiquerons plus loin, avec tous les détails nécessaires, la marche à suivre pour l'effectuer ; le mode opératoire varie peu, quel qu'ait été le procédé mis en œuvre pour l'obtention de l'image négative.

CHAPITRE V

PHOTOGRAPHIE AU COLLODION

Photographie au collodion. — Le collodion, — voilà un véhicule excellent pour les sels haloïdes d'argent et de beaucoup préférable à ceux dont nous venons de parler. C'est un liquide visqueux, incolore, se desséchant rapidement, adhérant fortement au verre, d'une préparation facile et qui donne en somme, quand on l'a sensibilisé, d'excellents résultats.

On peut dire avec vérité que son emploi a fait époque dans l'histoire de la photographie.

A qui faut-il attribuer son introduction dans la technique photographique? C'est une question à laquelle il est assez difficile de répondre. On a cité les noms de MM. Legay, Fry et Archer ; c'est tout ce que nous pouvons dire sur ce point.

Le collodion s'obtient en faisant dissoudre le coton-poudre ou pyroxyle dans un mélange d'alcool et d'éther. Maintenant quel coton-poudre doit-on prendre ? Car il y en a de plusieurs espèces. Les propriétés de ce corps et, en particulier, son degré de solubilité dans le mélange d'alcool et d'éther varient notablement avec son mode de préparation.

On s'accorde généralement à reconnaître que l'espèce qui convient le mieux dans le cas qui nous occupe doit être préparée de la manière suivante : du coton cardé, qui représente de la cellulose à peu près pure, est lavé avec soin et débarrassé, avec une liqueur faiblement alcaline, des quelques matières grasses qui empâtent les fibres. Il est ensuite séché à l'air libre.

D'autre part, dans une cuvette de porcelaine ou dans un cristallisoir en verre, on introduit 1.500 grammes d'acide sulfurique du commerce auquel on ajoute, petit à petit, 1.000 grammes d'azotate de potasse; une réaction chimique se produit; il se forme du bisulfate de potasse et de l'acide azotique, qui est là à l'état naissant. Cet acide se dégagerait en vapeur si on élevait la température du mélange. Tout au contraire, le cristallisoir est plongé dans un bain d'eau froide, afin que la température baisse et se maintienne vers 50° environ.

C'est à ce moment qu'on introduit dans le mélange 100 grammes de coton lavé et purifié, comme il a été dit plus haut. Le coton est immergé par petites portions, et on remue vivement la masse avec une baguette de verre. Au bout de quelques minutes, la cellulose ordinaire est devenue *cellulose nitrique* ou, comme on dit, *coton-poudre*. Il n'y a plus qu'à décanter et à laver à grande eau la matière fibreuse ainsi transformée, jusqu'à disparition de toute trace d'acidité.

Le coton-poudre, bien lavé et bien séché, a l'aspect du coton ordinaire; il est seulement plus rude au toucher, il est devenu facilement inflammable et a augmenté de poids : 100 grammes de coton donnent jusqu'à 130 grammes de coton-poudre.

Préparation et sensibilisation du collodion. — Il existe une foule de formules, proposées par les divers opérateurs, en vue de la préparation et de la sensibilisation du collodion. Nous empruntons à l'excellent *Traité de Photographie moderne*, publié par M. Albert Londe[1],

---

[1] Albert LONDE, *Photographie moderne*, 2ᵉ édition. Victor Masson.

celle qui paraît avoir conduit aux meilleurs résultats.

Le produit qu'on a appelé le *collodion normal* se prépare comme il suit :

On fait dissoudre 11^{gr},3 à 14 grammes de coton-poudre — selon le degré de solubilité du pyroxyle dont on dispose — dans :

Éther rectifié à 65°........................	660 cm³
Alcool rectifié à 90°........................	340 cm³

L'éther est d'abord versé sur le coton-poudre, puis on ajoute l'alcool par petites portions successives.

Le collodion normal étant ainsi obtenu, il faut maintenant le sensibiliser.

A cet effet, on mélange 90 parties de collodion normal, à 10 parties de la liqueur iodo-bromurée, dont voici la composition :

Alcool absolu........................	1.000 cm³
Iodure d'ammonium..................	40 gr.
Iodure de cadmium..................	40 gr.
Bromure de cadmium	40 gr.

Le collodion étant ainsi rendu apte à être sensibilisé, est abandonné à lui-même, pendant deux ou trois jours, dans un flacon de verre bien bouché. Puis on le décante pour le répartir entre plusieurs flacons plus petits qu'on remplit complètement, et qui doivent être tenus hermétiquement clos à l'abri de la lumière.

Grâce à ces précautions, le collodion, qui a pris une teinte jaune pâle, peut se conserver, assez longtemps, sans altération notable.

Épandage du collodion iodo-bromuré. — C'est une lame de verre ou de glace qui sert de support au collodion.

On la lave avant tout très minutieusement, comme il a été dit à l'occasion de l'albumine. Si elle a déjà servi à la production d'images daguerriennes, il est nécessaire de la placer pendant quelques heures dans l'acide azotique étendu pour achever ensuite le nettoyage et la dessiccation, à la façon ordinaire.

Il s'agit maintenant de répandre uniformément ce collodion iodo-bromuré en lame mince, à la surface de la glace. Voici l'une des façons de procéder, qui est très commode, quand le support de verre à recouvrir de collodion ne dépasse pas les dimensions moyennes des photographies ordinaires.

La lame de verre est saisie, par un de ses angles, avec la main gauche, qui la maintient à peu près horizontale. A sa surface, on verse, de la main droite, du collodion, un peu en excès. Par un mouvement légèrement oscillatoire imprimé à la lame de haut en bas et de gauche à droite, on recouvre, sans peine, toute la lame d'une couche de même épaisseur du liquide visqueux. Ceci réalisé, on l'incline avec lenteur en faisant aboutir l'un de ses angles à l'ouverture du goulot d'un flacon. L'excès du liquide s'écoule alors dans le sens de l'inclinaison ; il est reçu dans le flacon. La lame, rendue de nouveau horizontale, ne conserve plus, adhérente à sa surface, qu'une couche très mince de collodion, transparente et parfaitement homogène.

Par suite de l'évaporation spontanée de l'alcool et de l'éther, le collodion se dessécherait promptement sur la plaque. On doit donc, sans tarder, — au bout de deux minutes au plus, — le plonger dans le bain d'azotate d'argent.

Conversion de la couche de collodion sensibilisé en couche sensible. — C'est toujours par une double décomposition qu'au contact de l'azotate d'argent les iodures et bromures alcalins contenus dans le collodion sensibilisé sont convertis en sels haloïdes d'argent. Seulement il est bon, cette fois, que l'azotate d'argent employé renferme déjà en dissolution tout l'iodure d'argent qu'il peut dissoudre, ou, comme on dit, qu'il en soit saturé.

A cette fin, on verse à l'avance dans l'azotate, goutte à goutte, une solution d'iodure de cadmium dans l'alcool, jusqu'à ce qu'il se forme un léger précipité persistant d'iodure d'argent; puis on filtre la liqueur qui est alors prête à servir.

Le bain d'argent qui doit produire la couche sensible renferme habituellement de 8 à 10 d'azotate pour 100 d'eau distillée.

Il est maintenu acide par l'addition au préalable de quelques gouttes d'acide azotique ou d'acide acétique cristallisable.

La lame collodionnée, pour devenir *sensible*, doit être plongée rapidement dans le bain d'argent, de manière à être entièrement recouverte du liquide dans le plus court temps possible. Cette opération sera faite dans l'obscurité. L'immersion doit durer quelques minutes, et on juge qu'elle est suffisante lorsque la lame est devenue également opalescente sur toute sa surface.

Pour la retirer du bain: il est nécessaire, si l'on ne veut pas noircir ses doigts, de se servir d'un petit crochet en argent ou en corne avec lequel on relève la plaque en la saisissant par le milieu de son bord antérieur.

Quand elle est bien égouttée, on la place sans retard dans le châssis de la chambre noire, car le collodion ne possède toute sa sensibilité que lorsqu'on le soumet, encore humide, à l'action de la lumière. On peut même dire que cette sensibilité est en rapport direct avec le degré d'humidité de la couche impressionnable. Sec, la lumière ne l'altère que lentement et faiblement.

Développement de l'image. — Les révélateurs employés pour le collodion sont ou le sulfate ferreux ou l'acide pyrogallique.

Le premier a l'avantage de faire apparaître plus promptement l'image et même de la rendre plus brillante.

Il faut remarquer toutefois que le sulfate ferreux du commerce est toujours plus ou moins acide ; et cette acidité, il la doit à la présence dans le sel d'un peu d'acide sulfurique libre. Il faut le débarrasser de cet excès d'acide qui nuit à la vigueur des épreuves. A cet effet, dans une première solution de :

Eau.................................... 250 cm^3
Sulfate ferreux....................... 50 gr.

on en verse une seconde ainsi composée :

Eau.................................... 100 cm^3
Acétate de plomb..................... 3 gr.
Acide acétique cristallisable......... 20 cm^3

Un précipité de sulfate de plomb apparaît par le fait du mélange des deux liqueurs ; on filtre alors pour éliminer le sulfate de plomb formé, et on ajoute au mélange devenu limpide :

Eau.................................... 400 cm^3
Éther acétique........................ 3 cm^3
Éther nitreux......................... 3 cm^3

Dès lors la liqueur révélatrice est prête ; il n'y a plus, pour dégager l'image latente, qu'à la verser en nappe sur la plaque récemment extraite de la chambre noire. Pour faciliter l'opération, qui est pratiquée dans une demi-obscurité, cette plaque est maintenue inclinée en appuyant son bord inférieur sur le fond d'une cuvette de porcelaine.

Les parties de l'objet les plus éclairées se dessinent immédiatement, puis viennent les parties moins brillantes.

On peut aussi, selon les cas, au lieu de laver la plaque impressionnée par une affusion continue de sulfate ferreux, la plonger tout entière et d'un seul coup dans un bain de la liqueur révélatrice et suivre alors sans peine le développement progressif.

On retire la plaque et on l'égoutte, quand l'image a acquis une vigueur suffisante. Ceci est affaire de pratique. L'opérateur, en tout cas, ne doit pas oublier que le liquide fixateur, qui va intervenir peu après, a toujours pour effet d'affaiblir notablement l'image fournie par le révélateur.

L'obtention d'un bon négatif avec la plaque collodionnée dépend d'une foule de circonstances, dont un praticien exercé peut seul estimer approximativement, dans chaque cas, le degré d'importance.

La difficulté, pour lui, sera toujours d'évaluer à l'avance la part d'influence qu'il faut attribuer à chacune d'elles, en vue de la fixation de la durée de pose.

Voici les principales de ces circonstances, dont il y a lieu de tenir compte : la nature du modèle : portrait, paysage, monuments, etc. ; les qualités spéciales de l'objectif dont on se sert ; l'ouverture plus ou moins grande du diaphragme ; le degré d'actinisme de la lumière agissante ; l'heure de la journée à laquelle on opère ; la température ambiante ; la présence ou l'absence des nuages, quand on veut reproduire des objets placés à l'air libre.

En somme, si, par erreur, la pose a été trop longue, l'épreuve est (comme on dit) brûlée. L'image négative prend une teinte d'un gris noirâtre. On n'en peut rien tirer ; si elle a été trop courte, les parties les plus éclairées de l'objet se montrent à peu près seules sur l'image.

Dans ce dernier cas, il y a quelquefois moyen d'améliorer le résultat. Des soins spéciaux apportés au développement, des révélateurs mieux appropriés, peuvent produire un très bon effet.

Quant au mode de renforcement de l'image qui réussit le mieux, nous l'indiquerons plus loin, après avoir parlé du second agent révélateur pour les plaques collodionnées.

On peut recourir, en second lieu, à l'acide pyrogallique, agent réducteur par excellence, qui est d'un maniement facile et qui offre cet avantage de n'agir que progressivement et avec une assez grande lenteur. Dès lors il est possible d'arrêter le développement au moment précis où l'image a pris le degré de vigueur voulu.

Ce second liquide révélateur est préparé comme il suit :

Eau...................................	400 cm^3
Acide acétique cristallisable, de 15 cm^3 à	25 cm^3
Acide pyrogallique	1 gr.

La liqueur est conservée dans un flacon bien bouché et à l'abri de la lumière. Autant que possible, il faut la préparer peu de temps avant son emploi.

Renforcement de l'image. — Quand l'image venue, soit à l'acide pyrogallique, soit au sulfate ferreux, est trop faible, le cliché ne fournirait que des positifs pâles et sans relief ; on la renforce de la manière suivante : dans la solution pyrogallique dont nous venons de donner la composition, on verse quelques gouttes d'une solution d'azotate d'argent à 5 0/0.

La liqueur ainsi modifiée est répandue, à la façon déjà dite, sur l'épreuve à renforcer.

Quelle est la réaction nouvelle qui va se produire ?

L'acide pyrogallique, corps réducteur, agira à ce titre sur l'azotate d'argent et mettra de l'argent en liberté ; et, par une sorte d'action élective, qui se manifeste dans bien des cas du même genre, l'argent réduit ira se déposer sur l'argent qui forme les noirs de l'image ; il en augmentera l'épaisseur, et par suite l'image sera renforcée. Du reste, c'est un fait déjà connu qu'un réducteur quelconque n'agit sur l'iodure d'argent déjà modifié par la lumière qu'autant que cet iodure se trouve au contact de l'azotate d'argent.

Fixage de l'image. — Après le développement, la plaque collodionnée, abandonnée à l'action de la lumière, ne tarderait pas à prendre un ton noirâtre uniforme, et l'image qui y figurait semblerait comme effacée. La lumière agit cette fois sur des portions de la couche sensible non atteintes jusqu'alors et leur imprime le même genre d'altération qu'à celles qui correspondent à l'image. Il est donc indispensable de faire disparaître les sels d'argent non encore impressionnés.

On a, pour ce faire, toujours recours au même moyen : plonger la plaque dans un bain d'hyposulfite de soude au cinquième et l'y laisser en agitant, jusqu'à ce que le ton opalin que présentait l'épreuve avant son immersion ait disparu dans toutes les régions de la plaque.

Il ne reste plus alors qu'à la laver à grande eau pendant plusieurs heures. Un lavage incomplet peut avoir de très fâcheuses conséquences. Les moindres traces d'hyposulfite qui resteraient sur la plaque seraient une cause de prompte détérioration pour l'image.

Le fixage peut être aussi obtenu avec une solution de cyanure de potassium (2^{gr},5 de cyanure pour 100 d'eau). Dans le bain de cyanure, l'image se dégage rapidement et quelquefois même elle présente un éclat particulier que l'hyposulfite ne saurait lui donner. Mais nous croyons, d'après notre propre expérience, qu'il vaut mieux avoir toujours recours à l'hyposulfite.

Le cyanure agit souvent d'une façon trop corrosive et dévore, pour ainsi dire, l'image. Il est difficile de limiter son action destructive, juste à l'instant voulu. Nous avons perdu, par ce fait, des épreuves qui jusque-là s'annonçaient comme très bonnes. En outre, n'oublions pas que le cyanure de potassium est un poison violent qu'il ne faut pas laisser, à l'abandon, dans un laboratoire.

Nous avons donné assez de détails sur la technique de la photographie au collodion pour qu'il nous soit possible de faire apprécier par une vue d'ensemble les qualités et les défauts du collodion, quand on s'en sert pour former la couche sensible.

Le collodion sensibilisé est d'une préparation facile et peu coûteuse. On peut l'obtenir toujours identique à lui-même. Son degré de sensibilité peut varier au gré de l'opérateur. Il se prête, à ce point de vue, à une foule de combinaisons qui permettent de réduire à volonté le temps de pose. Avec une bonne lumière, le temps de pose pour le portrait ne dépasse pas deux ou trois secondes. Les images qu'il donne sont d'une grande finesse et d'une grande douceur de ton. Il est d'un très bon emploi pour la reproduction des modèles dans l'atelier, alors que les plaques lentes sont suffisantes.

Son grand défaut, on peut dire son unique défaut, — nous l'avons déjà signalé, — c'est qu'il ne garde sa sensibilité qu'autant qu'il est humide.

L'inconvénient est grave.

On ne peut, dès lors, photographier que dans le laboratoire ou à une petite distance du laboratoire. Impossible d'opérer en plein champ, de prendre en voyage des vues de monuments, des paysages, à moins de traîner à sa suite une sorte de tente disposée *ad hoc*, avec un outillage assez compliqué et pas mal encombrant.

Photographie au collodion sec. — On a été ainsi conduit à chercher les moyens d'utiliser le collodion, même quand il est sec. Si l'on y réussissait, les plaques pourraient être préparées à l'avance dans le laboratoire, mises ensuite dans une boîte bien close à l'abri de la lumière et être exposées dans la chambre noire au lieu voulu et au moment voulu. L'exposition terminée, les plaques seraient réintégrées dans la même boîte, et leur développement aurait lieu, un ou plusieurs jours après, dans les conditions les plus favorables.

Pour tirer parti du collodion quand il est sec, il fallait de toute nécessité :

1° Changer la constitution de la couche sensible ;

2° Adopter un mode de sensibilisation nouveau ;

3° Recourir à un révélateur plus énergique.

Préparé comme nous l'avons indiqué, le collodion, après avoir été sensibilisé, se sèche promptement ; l'éther et l'alcool s'évaporent et laissent, sur le support de verre, une sorte d'enduit transparent, compact, résistant, dans lequel les sels sensibles se trouvent comme empâtés.

A raison même de cette compacité, le liquide révélateur, au moment du développement, ne pénétrera que difficilement dans l'épaisseur de la couche sensible ; le contact avec les sels d'argent n'aura lieu que superficiellement.

La première amélioration devait donc porter sur la texture de la lamelle de collodion ; il fallait la rendre plus poreuse, plus spongieuse, pour qu'elle pût conserver dans sa masse une certaine moiteur.

Dans ce but, on a substitué au coton-poudre, préparé comme nous l'avons dit, une autre variété de pyroxyle.

Celle qu'on avait utilisée jusqu'alors s'obtenait en plongeant le coton ordinaire purifié dans un mélange d'acide sulfurique et d'azotate de potasse qu'on maintenait à une température peu élevée ; elle est très bonne pour fabriquer le collodion humide. La variété qui l'a remplacée, avec beaucoup d'avantage, pour préparer le collodion sec, et dite coton-poudre à haute température, s'obtient en malaxant le coton ordinaire dans un mélange de 1 partie d'acide azotique monohydraté avec 2 parties d'acide sulfurique à 66° et en laissant la température s'élever librement.

A la suite d'un lavage complet avec l'eau légèrement alcalinisée, on se trouve en possession d'un coton à fibre courte, plus sèche, se brisant facilement sous les doigts. On l'a nommé *coton-poudre pulvérulent*.

Sa dissolution dans le mélange d'éther et d'alcool fournira un collodion plus facilement pénétrable, — quand il sera sec, — par les diverses liqueurs employées d'ordinaire en vue de la production de l'image. Sa moiteur sera à peu près conservée, si on lui ajoute l'une ou l'autre de ces diverses substances qu'on a successivement prônées : sucre, gommes, miel, baume, etc... Mais c'est là un moyen purement empirique dont il ne faut pas abuser.

Ce qui vaut mieux, pour protéger la couche de collodion sec contre toute altération, c'est de la soumettre à une opération que le collodion humide n'exige pas : nous voulons parler de l'emploi d'un *préservateur* capable de conserver à la couche, en même temps que sa moiteur, sa perméabilité.

Le préservateur reconnu comme le meilleur, c'est le tannin. On en fait une solution à 5 0/0. On la verse sur la plaque au sortir du bain d'azotate d'argent, après que cette plaque a été soigneusement lavée pour la débarrasser de toute trace d'azotate. Le tannin n'agit pas seulement comme préservateur, il contribue à donner à la couche sensible cette porosité, si difficile à obtenir, qui la rend perméable à la liqueur révélatrice.

Voilà une première modification qui porte sur la constitution physique de la couche sensible ; une autre, non moins importante, portera sur le mode suivi pour la sensibilisation.

Pour accroître la sensibilité, on doit viser à diminuer la proportion des iodures et à augmenter, par contre, celle des bromures.

Rappelons que, peu après la découverte de Daguerre, les premiers progrès consistèrent dans la substitution à la vapeur d'iode employée d'abord seule, d'un mélange de vapeur d'iode et de vapeur de brome.

On reconnut, à cette époque déjà lointaine, que le bromure d'argent était plus sensible à la lumière que l'iodure.

Parmi les bromures, il y a encore un choix à faire. On choisira de préférence les plus solubles dans l'alcool et l'éther, tels par exemple : le bromure d'ammonium, le bromure de cadmium, etc.

Ces principes posés, voici une formule qui paraît remplir les conditions les meilleures :

Coton-poudre pulvérulent...............	9 gr.
Alcool à 90°............	500 cm³
Éther sulfurique.....................	500 cm³
Iodure de cadmium...................	5 gr.
Bromure de cadmium.................	14 gr.
Bromure d'ammonium................	6 gr.

La couche collodionnée étendue, comme pour le collodion humide, sur la lame de verre, sera sensibilisée par son immersion dans un bain d'argent où la dose de nitrate sera un peu augmentée : 12 grammes pour 100 d'eau distillée au lieu de 10.

On la maintiendra acide par quelques gouttes d'acide azotique ou d'acide acétique cristallisable, et elle devra subir auparavant la petite opération déjà dite pour qu'elle soit saturée d'iodure d'argent.

La plaque, retirée du bain, sera égouttée, puis lavée à l'eau distillée, pour enlever les dernières traces d'azotate d'argent. Nous savons, en effet, que l'azotate d'argent agit sur les matières organiques et est en même temps altéré par elles. Cette altération sera d'autant plus marquée qu'il s'écoulera plus de temps entre la sensibilisation de la plaque et son exposition à la lumière.

Donc lavage à l'eau distillée, sérieux, complet; sans cela, on s'expose à de réels mécomptes.

Ce lavage préventif n'empêche pas, d'ailleurs, qu'au moment du développement on ne puisse, on ne doive même ajouter quelques gouttes de la solution d'azotate d'argent au bain révélateur pour favoriser le développement.

Développement dans le cas du collodion sec. — Le révélateur qui, après de nombreux essais, a obtenu la préférence, c'est le révélateur alcalin. Nous ne saurions mieux faire que de reproduire ici la formule qu'a donnée M. Davanne, dont la parfaite compétence dans les questions de photographie est indiscutable.

On prépare les trois solutions suivantes :

A { Sesqui-carbonate d'ammoniaque...   10 gr.
    Eau.............................. 1.000 cm³
    Bromure de potassium.............. 10 gr.

B { Acide pyrogallique................ 10 gr.
    Eau.............................. 1.000 cm³

C { Eau.............................. 1.000 cm³
    Acide gallique...................   3 gr.
    Acide pyrogallique...............   3 gr.
    Acide acétique cristallisable.... 15 cm³

On met dans l'eau distillée l'épreuve extraite de la chambre noire pour qu'elle se mouille et s'imprègne un peu d'eau. Retirée du bain et égouttée, elle est recouverte d'un mélange à parties égales des liqueurs A et B.

Quand l'image a acquis une vigueur que des expériences antérieures ont montrée suffisante, la plaque, débarrassée de la solution alcaline, est de nouveau égouttée et recouverte de la liqueur C. L'alcalinité du premier bain se trouve neutralisée par l'acide acétique du dernier, et c'est à ce moment qu'on doit ajouter une petite quantité d'azotate d'argent, en vue de renforcer l'image.

L'image monte et, quand elle est au point, on lave l'épreuve et on procède au fixage.

CHAPITRE VI

LE GÉLATINO-BROMURE D'ARGENT

MODE D'ACTION
DE LA SUBSTANCE RÉVÉLATRICE

Photographie au gélatino-bromure d'argent. — Depuis Daguerre, la science photographique a réalisé de bien grands progrès; mais il n'en est pas de plus important, de plus considérable que *la découverte et l'emploi du gélatino-bromure d'argent pour faire acquérir aux plaques une grande sensibilité.*

Poitevin, vers 1850, avait déjà employé la gélatine pour la formation de la couche sensible. On n'y prit pas garde. Son procédé ne fut repris et perfectionné que vers 1870.

Il y a, par le fait du gélatino-bromure, deux éléments nouveaux qui interviennent, en vue de régulariser et d'accroître la promptitude de l'action lumineuse sur la couche impressionnable.

En premier lieu, les aptitudes chimiques spéciales du véhicule employé, — la *gélatine*, — qui, malgré son altération facile au contact de l'air humide, agit toujours favorablement, à raison de sa richesse en hydrogène.

En second lieu, le mode de préparation mis en jeu, qui a pour résultat de permettre à la substance sensible, au bromure d'argent, d'acquérir un groupement moléculaire nouveau, le rendant beaucoup plus apte à se modifier sous l'influence de la lumière.

La méthode dont nous parlons porte le nom d'*émulsionnage*.

Jusqu'à présent nous avions opéré par voie de *trempage*, — c'est l'expression adoptée. — Le bromure ou l'iodure alcalin déjà engagés dans le véhicule choisi : albumine, collodion, etc., était épandu en couche mince sur une plaque transparente servant de support. Cette plaque était ensuite *trempée* dans une solution d'azotate d'argent ; et là se produisaient les réactions chimiques faisant apparaître deux sels nouveaux :

1° Le bromure d'argent — le corps sensible à la lumière ;

2° Un azotate alcalin correspondant au bromure employé.

En outre, il pouvait rester dans la couche sensible : parfois un excès de bromure alcalin, parfois un excès d'azotate d'argent. Ces divers corps, l'azotate d'argent surtout, exerçaient, dans bien des cas, une action nuisible, ou rendaient au moins le résultat final incertain.

De plus le bromure d'argent, qui avait pris naissance, se trouvant comme empâté dans son véhicule, était peu accessible, dans toutes ses parties, aux rayons de lumière qu'on dirigeait sur lui ; de là diminution de la sensibilité.

Le procédé de l'émulsionnage, tout au contraire, rend facile, comme nous le verrons, l'élimination complète des sels étrangers ; puis il permet aux particules du bromure d'argent, demeurées en suspension dans l'émulsion, de réaliser le mode de groupement qui convient exclusivement à leurs attractions réciproques. Suivant la température, suivant l'alcalinité ou la non-alcalinité du véhicule, suivant l'ancienneté plus ou moins grande de la préparation, le bromure se montre : tantôt sous forme de houppes ou flocons, tantôt de poudre très fine, tantôt de poudre grenue ou cristalline.

En un mot, *les particules du corps sensible se groupent librement dans chaque cas, sans subir un empâtement forcé.*

Nous n'entrerons pas dans de grands détails sur la préparation de la plaque au gélatino-bromure d'argent, comme semblerait pourtant l'exiger l'importance de ce produit. Cette préparation est assez délicate; elle demande des soins minutieux; elle réclame une installation spéciale, un outillage qui ne se trouve pas toujours à la disposition des amateurs de photographie et même des professionnels.

D'ailleurs elle se fait aujourd'hui en grand dans l'industrie, et cela dans les conditions les plus favorables.

On a donc tout intérêt, même au point de vue de la dépense, à s'adresser, pour l'achat de ces plaques, à une maison justement renommée pour l'authenticité et la bonne qualité de ses produits. Si on veut fabriquer soi-même, on trouvera tous les renseignements qu'on peut souhaiter dans les traités spéciaux[1].

Indiquons rapidement les opérations successives qu'exige la préparation du gélatino-bromure d'argent.

I. **Dissolution de la gélatine dans l'eau.** — On prend une gélatine de bonne qualité, à peu près pure et peu ou point colorée; on la fait gonfler d'abord dans l'eau froide, puis dissoudre dans l'eau *distillée* chaude.

Disons une fois pour toutes que c'est l'eau distillée ou l'eau de pluie filtrée dont il faut exclusivement se

---

[1] Albert LONDE, *Photographie moderne*, 1896 ; DAVANNE, *la Photographie théorique et pratique*, 1888 ; GEYMET, *Traité pratique de Photographie*, 1895.

servir dans toutes les manipulations ci-dessous décrites. Les eaux de source renferment toujours des sels calcaires et des chlorures qui amènent des réactions, souvent nuisibles à la pureté des clichés.

II. **Gélatine bromurée.** — On fait dissoudre, dans l'eau qu'on maintient tiède, un poids déterminé de bromure d'ammonium. — Les iodures sont exclus. — Le collodion sec nous a en effet appris que c'est le bromure d'argent qui permet d'atteindre les grandes sensibilités. La solution chaude du bromure est intimement mélangée à la solution chaude (1) de gélatine. Ce mélange constitue la *gélatine bromurée*.

III. **Gélatino-bromure d'argent.** — Un poids d'azotate d'argent équivalent à celui du bromure d'ammonium (II) est dissous dans l'eau chaude.

On verse, goutte à goutte, cette liqueur toujours chaude dans la gélatine bromurée, en prenant la précaution très importante d'agiter le mélange, d'une manière continue. On empêche, de cette façon, la précipitation, au fond du vase, du bromure d'argent qui prend naissance, et l'on maintient en même temps par un moyen mécanique le sel sensible dans un grand état de division.

Il demeure entendu que cette troisième opération et celles qui vont suivre doivent être pratiquées à l'abri de la lumière du jour. On ne doit s'éclairer qu'avec la lumière la moins actinique pour le bromure d'argent, celle que laisse passer le verre, dit *verre rouge*.

IV. **Maturation du gélatino-bromure d'argent.** — A la suite de ces trois opérations, la liqueur gélatineuse (III) constitue une véritable émulsion ; le bromure d'argent s'y trouve en suspension. Il s'y serait d'abord montré sous la forme floconneuse; mais l'agitation prolongée de la liqueur lui a fait prendre la forme pulvérulente, et maintenant, pour accroître encore sa sensibilité, il faut lui faire acquérir la forme grenue ou cristalline.

La forme grenue se manifeste par une augmentation, visible au *microscope*, du diamètre des particules isolables du bromure; mais est-ce à dire que la molécule proprement dite a grossi?

Nous ne savons rien sur les dimensions de cette molécule; elle échappe à tous nos moyens d'investigation. Ce sont des groupements, des agrégations de molécules qui forment le grain, et c'est sur eux seulement qu'on a pu effectuer des mesures.

Pour amener le gélatino-bromure à cette forme grenue, on pratique une nouvelle opération, dite *la maturation*.

Elle peut être obtenue de plusieurs façons.

La plus commode et la plus rapide se pratique en maintenant dans l'obscurité, pendant une demi-heure, la liqueur à une température d'environ 100°, à l'aide d'un bain-marie, — c'est le procédé de l'ébullition. — La maturation se produit aussi sous l'influence des alcalis, et enfin on l'obtient encore en abandonnant la liqueur à elle-même, à la température ambiante.

Dans ce dernier procédé, le grossissement particulaire se produit spontanément sans l'intervention d'une énergie étrangère; seulement il faut alors plusieurs jours pour que la maturation soit complète.

C'est Maddox qui a signalé l'effet exercé par la maturation, en vue d'accroître la sensibilité de la couche et de la porter même au maximum. En la poussant trop loin, on arriverait à produire le *voile*.

V. **Prise en gelée du gélatino-bromure.** — Nous savons que, lorsqu'on chauffe à 100° pendant un temps assez long une solution de gélatine, il se manifeste, dans cette substance, un travail moléculaire qui a pour résultat la transformation de la gélatine en un *isomère*. Les propriétés de la gélatine normale sont, par suite, modifiées, et, en particulier, le nouveau corps ne se prend plus que difficilement en gelée, quand il revient à la température de 8 à 10°.

Il fallait donc, pour obtenir la lame solide et résistante que doit offrir le gélatino-bromure, lui rendre la faculté de se prendre en gelée.

A cet effet, on ajoute à la gélatine modifiée, placée dans un cristallisoir et refroidie, une solution de gélatine ordinaire; au bout de quelque temps, le mélange se prend en masse.

VI. **Élimination des sels étrangers dans le gélatino-bromure.** — Il s'agit maintenant de le débarrasser des sels alcalins et de l'excès d'azotate d'argent qu'il peut contenir.

Dans ce but, on le coupe en menus morceaux qu'on lave, à grande eau, — cette eau étant plusieurs fois renouvelée.

Pour que le lavage complet soit facilité, on place les morceaux dans un linge à mailles assez larges. On peut alors les pétrir légèrement sous l'eau avec la main et enlever par voie de dissolution les dernières traces des sels nuisibles.

VII. **Épandage du gélatino-bromure.** — Le gélatino-bromure liquéfié est épandu sur la lame de verre bien nettoyée, en procédant comme nous l'avons indiqué pour le collodion. Seulement il faut avoir la précaution de chauffer légèrement la lame de verre avant de la recouvrir. Sans cela, l'adhérence de la gélatine au verre pourrait être insuffisante.

VIII. Séchage de la plaque de gélatino-bromure. — Il ne reste plus qu'à sécher la plaque. On peut la sécher à l'air libre, en une chambre obscure. On peut aussi recourir à une étuve. Ce dernier moyen paraît préférable. L'étuve doit être maintenue à une température convenable, et l'air doit s'y renouveler facilement, à la condition qu'on arrête au passage les poussières qu'il apporte inévitablement.

Il y a dans cette opération deux écueils à éviter : ne pas trop longtemps chauffer pour éviter la transformation isomérique de la gélatine ; en second lieu, ne pas laisser la plaque s'humidifier, après être sortie de l'étuve, car elle représente alors un terrain de culture excellent pour les microbes.

La plaque de gélatino-bromure est conservée en boîte close. Sans lui faire subir une opération nouvelle, on l'expose quand on veut dans la chambre noire.

La durée de la pose dépend, comme nous l'avons dit, d'une foule de circonstances déjà mentionnées ; c'est à l'opérateur qu'il appartient de régler à l'avance cette durée, en tenant compte de ces influences diverses.

Quand on a abaissé le volet du châssis et retiré la plaque, on constate, en s'éclairant uniquement avec la lanterne à verre rouge, qu'elle n'a en rien changé d'aspect ; et ce n'est qu'en la mettant en contact avec un révélateur approprié qu'on voit l'image se dessiner et se développer progressivement.

Donc, encore cette fois, *l'image existait sur la plaque avant que le révélateur n'intervînt ; elle s'y trouvait à l'état latent.*

Le même fait se produit toujours, quelle que soit la nature du véhicule employé.

APERÇU THÉORIQUE DE LA FORMATION DE L'IMAGE ET DE SON DÉVELOPPEMENT

Pour nous rendre compte de la formation de l'image latente et pour faire comprendre le mode d'action de la substance dite révélatrice, il est nécessaire de rappeler certains principes, certaines lois physiques qu'une étude approfondie de l'agent lumineux a permis d'établir.

On admettait autrefois que le spectre total fourni par une source lumineuse résultait de la superposition de trois spectres : le spectre calorifique, le spectre lumineux, le spectre chimique. C'était là une interprétation inexacte des faits observés.

En réalité, *chaque radiation définie par la longueur d'onde qui lui correspond est une et homogène. Seulement, l'effet produit par elle, le mode de transformation de son énergie, dépend de la nature chimique et de la constitution physique de l'écran qui la reçoit.*

Étant donné un écran récepteur convenablement choisi, l'énergie empruntée à la source par la radiation considérée pourra acquérir l'une ou l'autre des formes suivantes : calorifique, lumineuse, chimique, mécanique.

Prenons, par exemple, le rayon bleu que nous isolons dans le spectre solaire : nous constatons qu'en le faisant tomber sur un thermomètre pris comme écran, celui-ci accuse une élévation de température ; l'énergie primitive de la radiation s'est transformée en énergie *calorifique*.

Faisons tomber ce même rayon bleu sur l'écran rétinien de notre œil : il y provoque une modification spéciale, et, par suite, une sensation transmise au cerveau : la forme *lumineuse* de l'énergie s'est manifestée.

Concentrons cette même radiation sur une plaque au bromure d'argent, dans certaines conditions que nous préciserons bientôt : le bromure est décomposé ou, du moins, ses éléments simples contractent des combinaisons nouvelles ; l'énergie s'est transformée en énergie *chimique*.

Maintenant, pour un écran donné, il arrivera que telle ou telle modification de l'énergie ne pourra se produire à son contact qu'autant que la radiation incidente appartiendra à une certaine région du spectre solaire ; ou, pour parler d'une façon plus précise, qu'autant que *cette radiation aura une longueur d'onde comprise entre certaines limites bien définies*.

Ainsi la rétine, chez l'homme, n'est sensible que pour des rayons dont la longueur d'onde est comprise entre $0^\mu,81$ et $0^\mu,36$ (le micron étant pris pour unité de longueur), c'est-à-dire depuis le rouge sombre jusqu'à l'extrême violet.

Au-dessus de $0^\mu,81$ dans l'infra-rouge et au-dessous de $0^\mu,36$ dans l'ultra-violet, notre rétine placée, comme elle l'est, dans les milieux que renferme l'œil, n'est nullement impressionnée par les radiations venues du soleil.

Pourtant il existe dans l'infra-rouge des radiations capables d'agir sur le thermomètre et même, quoique faiblement, sur le chlorure d'argent.

Pareillement, nous trouverons, dans l'ultra-violet, des radiations pouvant agir sur le thermomètre et sur les sels haloïdes d'argent. Seulement, cette fois, la forme chimique de l'énergie sera prédominante. Mais ni les unes ni les autres de ces radiations ne pourront impressionner notre rétine, au moins dans les conditions particulières où cette rétine se trouve placée, car les milieux de l'œil : humeur aqueuse, cristallin, humeur vitrée, exercent, il n'en faut pas douter, une action absorbante sur les radiations qui les traversent avant d'atteindre la rétine.

Pour une même dépense d'énergie effectuée par la source qui émet une radiation déterminée, l'action sur la rétine ou la sensation lumineuse qui en est la conséquence est fonction de la longueur d'onde du rayon considéré.

Ainsi, en prenant pour unité la sensation lumineuse produite par le rayon rouge sombre dont la longueur d'onde λ est égale à $0^μ,75$, l'intensité de la sensation acquiert, d'après M. Langley, les valeurs suivantes :

$$1.200 \text{ dans le rouge où } λ = 0^μ,63$$
$$28.000 \text{ dans le jaune où } λ = 0^μ,55$$
$$100.000 \text{ dans le vert où } λ = 0^μ,53$$
$$1.600 \text{ dans le violet où } λ = 0^μ,40$$

Il va sans dire que ces nombres n'ont rien d'absolu. Leur valeur change d'un observateur à l'autre ; mais il importe de constater que la variation a lieu pour tous dans le même sens ; et toujours le maximum d'effet se montre dans le jaune verdâtre.

Maintenant, laissons de côté l'écran rétinien et prenons pour écran récepteur une couche sensible, renfermant l'un ou l'autre des sels haloïdes d'argent : iodure, bromure, chlorure. Nous reconnaissons que, pour l'un de ces sels d'argent donné, *l'altération a lieu ou n'a pas lieu ; qu'elle est plus ou moins forte quand elle se produit (toutes choses égales d'ailleurs), suivant que la radiation lumineuse mise en jeu correspond à telle ou telle longueur d'onde.*

Citons, pour prouver la réalité de ce fait, l'expérience suivante qu'il est facile de répéter :

Sensibilisons une plaque au collodion en lui incorporant, à la façon ordinaire, de l'iodure d'argent dont l'équivalent chimique a pour valeur 235. Seulement, prenons la précaution de choisir cet iodure pur et surtout absolument débarrassé de toute trace de l'un de ses congénères : bromure ou chlorure.

Faisons tomber sur elle, dans une chambre non éclairée, un spectre solaire que nous rendrons fixe en nous servant d'un héliostat bien orienté ; laissons les couleurs qui composent le spectre agir pendant un temps suffisant pour que l'image latente ait pu se former. — Il est nécessaire de recourir pour cette expérience à des lentilles et des prismes de quartz.

Développons et fixons l'image par les procédés habituels ; nous verrons une portion seulement du spectre reproduite sur la plaque. Ce sera toute la région comprise entre la raie F et l'ultra-violet. Les rayons de longueur d'onde supérieure à celle qui caractérise la raie F n'ont que très faiblement impressionné l'iodure.

Il s'est manifesté un maximum très marqué d'intensité très près de la raie F, du côté de G.

Répétons, dans les mêmes conditions, la même expérience, en substituant dans la couche collodionnée, à l'iodure, le bromure d'argent dont l'équivalent chimique est 188, et nous verrons que la limite de décomposition du sel d'argent se trouve reportée du côté du rouge.

Enfin remplaçons, dans la couche que nous voulons sensibiliser, le bromure par le chlorure, dont l'équivalent a pour valeur 143,5 ; et nous constaterons que l'attaque du chlorure s'est effectuée dans toute l'étendue du spectre et même dans l'infra-rouge, en présentant des maxima dans diverses régions.

Cette expérience nous conduit donc à la conclusion suivante : A mesure que l'équivalent chimique de la substance impressionnable diminue, la radiation extrême du côté du rouge, capable d'altérer sa constitution chimique, correspond à une longueur d'onde de plus en plus grande.

Tel est le résultat obtenu avec le collodion pris comme véhicule. Serait-il le même avec le gélatino-bromure ou l'albumine ?

On ne saurait l'affirmer *a priori;* mais il est, en tout cas, grandement probable que la relation générale qui existe entre ces deux variables : l'équivalent chimique du sel haloïde d'argent d'une part et la longueur d'onde de la radiation extrême du côté du rouge pouvant le décomposer, d'autre part, *offre des variations dans le même sens, quel que soit le véhicule utilisé.*

En tout cas, nous devons tirer de ce qui précède la conclusion suivante : Tandis que ce sont les rayons jaunes qui impressionnent le plus vivement la rétine, ce sont les rayons bleus et violets qui agissent le plus fortement sur les plaques photographiques.

Examinons maintenant quel parti nous pouvons tirer des notions précédentes, — tout spécialement dans le cas du gélatino-bromure d'argent, — quand il s'agit de rendre compte de la formation de l'image latente et du rôle des révélateurs.

Nous savons que, pour expliquer les phénomènes si variés qu'on étudie en optique, les physiciens ont été conduits à admettre l'existence d'un milieu élastique d'une très faible densité, l'éther, lequel serait répandu dans tout l'espace et même dans l'intérieur des corps.

L'éther servirait de véhicule à la lumière, de même que l'air sert de véhicule au son. Son existence n'est pas scientifiquement établie ; seulement on peut dire que *tout se passe comme* si l'éther existait réellement, avec les propriétés et la constitution que les physiciens lui attribuent.

Par le mouvement ondulatoire de ce milieu élastique, l'énergie que fournit une source lumineuse : le soleil, les étoiles, etc., est transportée à distance avec une énorme vitesse.

A chaque espèce de radiation simple émanée de la source, correspond une longueur d'onde déterminée, longueur qui caractérise la radiation considérée.

Cette longueur d'onde est, pour tous les rayons, d'un ordre de grandeur extrêmement faible. On en acquerra une idée exacte, en sachant que pour le violet du spectre solaire (raie K) cette longueur λ = 393 millionièmes du millimètre. Pour la raie A (rouge limite), λ = 760 millionièmes de millimètre.

L'éther vibre en transportant l'énergie lumineuse ; et les vibrations de ses particules sont normales à la direction de propagation.

L'onde lumineuse, en cheminant, rencontre, sur sa route, une plaque transparente de gélatino-bromure. Que va-t-il se passer?

Évidemment son mouvement vibratoire va se continuer à la faveur de l'éther qui remplit les espaces intermoléculaires du bromure d'argent et de la gélatine. Mais, dans la molécule simple de bromure, qui est formée par un groupe d'atomes de brome et d'argent, il y a aussi de l'éther qui s'y trouve avec une densité différente de celle de l'éther ambiant. Cet éther pourra vibrer ou ne pas vibrer ; cela dépendra, nous l'avons montré plus haut, étant donnée la valeur numérique de l'équivalent chimique du bromure, de la longueur d'onde des rayons lumineux agissants.

Si l'éther contenu dans la molécule ne vibre pas, le groupe atomique demeure intact. Rien n'est changé dans sa constitution.

S'il vibre, *l'énergie lumineuse concentrée dans la molécule pourra se transformer en énergie mécanique.* Des ébranlements, des déplacements seront alors communiqués aux atomes, dont l'ensemble forme cette molécule, et leur état primitif d'équilibre stable sera rompu. Les atomes d'argent deviendront libres, et ceux de brome se trouveront dans des conditions favorables pour contracter avec les éléments simples, placés dans leur voisinage ou à leur contact, des combinaisons nouvelles plus stables que la précédente. *L'énergie mécanique se transformera alors en énergie chimique.*

Dans le cas particulier qui nous occupe, celui du gélatino-bromure d'argent, il n'y a que l'eau contenue dans la gélatine ou bien la substance même de la gélatine, qui puisse fournir l'hydrogène au brome pour former de l'acide bromhydrique, ou *bromure d'hydrogène*, composé plus stable que le bromure d'argent.

Plusieurs cas sont à considérer :

1° L'action lumineuse peut avoir une intensité très faible, trop faible pour que les atomes dans les molécules du bromure soient ébranlés, puis déplacés. Il faut, nécessairement et avant tout, triompher de l'inertie de la matière ; le mouvement des atomes n'est possible qu'à cette condition.

C'est dire que *l'intensité de la radiation doit atteindre ou dépasser une certaine valeur, un minimum,* au-dessous duquel aucun changement ne se produira dans le groupe atomique, quelle que soit la durée de la pose ;

2° Il peut se faire, en second lieu, que l'intensité de la radiation, tout en restant faible, soit pourtant supérieure à cette valeur minimum ; alors la transformation de l'énergie lumineuse en énergie mécanique pourra s'opérer ; le travail accompli sera peu considérable d'abord ; mais, comme chaque travail nouveau s'ajoute au précédent, ce ne sera plus qu'une question de temps ; le travail total ira croissant.

La molécule de bromure emmagasinera une dose de plus en plus grande d'énergie mécanique *sans que toutefois la transformation en énergie chimique ait encore eu lieu*.

Si, à ce moment, on retire la plaque de la chambre noire pour la soustraire aux radiations lumineuses, les atomes, dans la molécule du bromure, conserveront l'état nouveau d'équilibre qu'elles ont acquis. L'image existera dans le gélatino-bromure sans être percevable pour notre œil; aucun signe extérieur n'en indiquera l'existence; nous aurons une image *latente*.

Cette image latente persistera dans l'obscurité; elle pourra même gagner en force, dans les premiers moments, pour décroître ensuite très lentement avec le temps.

Si maintenant, pendant cette période d'inertie, on fait intervenir une énergie étrangère, celle qui proviendra, par exemple, d'un corps avide d'oxygène, lequel enlèvera son oxygène à l'eau, ou à la gélatine, au contact du bromure; *cette énergie nouvelle s'ajoutera à la précédente; et, dès lors, il y aura manifestation d'une énergie chimique*. L'argent du bromure sera mis en liberté, et le brome s'unira à l'hydrogène de l'eau pour former du bromure d'hydrogène.

Ainsi s'explique l'apparition de l'image et son développement par l'emploi d'un réducteur. C'est au moins l'explication qui nous paraît la plus plausible, dans l'état actuel de nos connaissances.

Le lecteur qui serait peu familiarisé avec ces questions des transformations de l'énergie pourra lire, avec grand profit, les livres de M. R. Colson sur l'énergie et ses transformations et sur la plaque photographique[1].

[1] L.-R. COLSON, *l'Énergie et ses transformations*, G. Carré et Naud, éditeurs; *la Plaque photographique*, G. Carré et Naud, éditeurs.

3° Si, au lieu d'arrêter la pose à un moment tel que l'image soit encore latente, on laisse les radiations lumineuses continuer leur action sur la plaque, on constatera qu'au bout d'un temps plus ou moins long l'image se dégage d'elle-même et devient visible, sans le secours d'un réducteur. *L'énergie mécanique accumulée finit par se transformer en énergie chimique.*

M. Janssen, l'éminent directeur de l'Observatoire de Meudon, a reconnu, en effet, en 1880, sur des photographies solaires, qu'en augmentant convenablement l'intensité de la lumière ou bien en prolongeant la pose, la plaque de gélatino-bromure passe par des états successifs qui se suivent toujours dans le même ordre. Nous signalerons seulement les trois premiers.

I. Production d'une image négative;

II. Teinte de la plaque rendue uniformément foncée par un révélateur, ce qui représente un *état neutre;*

III. Image positive, c'est le phénomène dit de la *solarisation.* Dans cette troisième période, l'image a subi ce que l'on appelle le *renversement.*

En somme, ces modifications successives de l'image ont pour cause la continuation et, par suite, l'accroissement du travail opéré par l'énergie lumineuse dans les molécules du bromure et dans celles de la gélatine en contact. Cet accroissement provoque des réactions chimiques nouvelles entre le brome et la gélatine.

Développement et fixage. — Le développement, dans le cas du gélatino-bromure, est chose plus délicate qu'on ne le croit généralement; il demande beaucoup de soin et, en même temps, la connaissance exacte des réactions dues au bain révélateur employé et à ses auxiliaires, l'*accélérateur*, le *retardateur*.

Le procédé opératoire, du reste, est toujours le même; nous n'y insisterons pas; nous dirons simplement que le révélateur est versé dans une cuvette de porcelaine ou de verre et que la plaque impressionnée doit y être rapidement immergée, afin d'éviter les bulles d'air et la poussière. En imprimant alors au récipient un mouvement oscillatoire très lent, on peut suivre facilement le développement de l'image.

Le but à atteindre, en tout cas, c'est l'obtention d'une image négative dans laquelle tous les détails du modèle se trouvent reproduits, même dans les ombres. En outre, cette image doit posséder une intensité suffisante, dans les noirs et les demi-teintes, pour qu'elle puisse servir au tirage de positifs vigoureux.

Quand il s'agit du gélatino-bromure, les révélateurs préférés sont : les uns d'origine minérale, l'oxalate ferreux, le chlorure cuivreux, etc., en solution neutre ou acide; les autres d'origine exclusivement organique. Ces derniers appartiennent à la série aromatique et ne fonctionnent généralement qu'en solution alcaline[1]. Ce sont : l'acide pyrogallique (triphénol), l'hydroquinone, l'iconogène, le paramidophénol, etc.

Tous ces révélateurs ou *développateurs*, comme on les a nommés, en employant un mot nouveau d'allure un peu bizarre, ont une propriété commune, c'est d'être très avides d'oxygène : les premiers en solution neutre ou acide, les autres en solution alcaline.

Grâce à l'affinité de ces corps pour l'oxygène, qui agit dans le même sens et, par conséquent, s'ajoute à l'affinité du brome pour l'hydrogène, l'eau est décomposée; son hydrogène s'unit au brome, et alors l'argent se dépose. L'image, jusque-là latente, devient visible.

Dans le cours du développement, trois cas peuvent se présenter :

[1] Voir A. et L. Lumière, *les Développateurs organiques*.

Ou bien la pose a eu une durée normale, correspondant à la sensibilité de la plaque;

Ou elle a été trop prolongée;

Ou bien enfin la pose a été insuffisante.

Dans le premier cas, l'image se montre habituellement après quelques minutes d'immersion dans la liqueur révélatrice :

On aperçoit d'abord les points atteints par les lumières les plus vives, puis viennent les demi-teintes et enfin les ombres.

Il n'y a alors rien à ajouter au bain révélateur; il faut seulement surveiller le développement en examinant, de temps en temps, le cliché par transparence et fixer aussitôt que l'image a acquis le degré de vigueur voulu. C'est affaire de pratique. Le fixage se fait avec une solution, dans l'eau, d'hyposulfite au 1/15.

Si la pose a été trop longue, on s'en aperçoit bien vite. L'image est presque immédiatement visible en totalité; mais elle se voile sans tarder beaucoup, et elle conserve une teinte uniformément grise.

Dès les premiers signes d'un excès de pose, on doit recourir à un retardateur, à un composé qui retarde l'action du révélateur.

Le choix à faire parmi les retardateurs dépend de la nature du bain réducteur.

Ce bain est-il formé par l'oxalate ferreux, on ajoute de dix à quinze gouttes d'une solution de bromure de potassium au 1/10. A-t-on affaire à un bain d'acide pyrogallique, on peut ajouter de l'acide tartrique ou même augmenter la proportion d'acide pyrogallique? Le diamidophénol sert-il de révélateur, on pare à l'excès de pose en augmentant la proportion de diamidophénol dans le bain.

Si la pose a été trop courte, ce qu'on reconnaît à l'apparition tardive de l'image, laquelle demeure pâle et sans détails dans les ombres, une liqueur accélératrice devra être introduite dans le bain de telle sorte que le nouveau corps agisse dans le même sens que le réducteur.

On se trouve bien, dans le cas de l'oxalate ferreux, d'ajouter quelques gouttes d'une solution d'hyposulfite de soude au millième ; — dans le cas de l'acide pyrogallique, on devra préférer une solution alcaline contenant à la fois du sulfite et du carbonate de soude. Dans le cas du diamidophénol, on augmente la dose du sulfite de soude.

On a reconnu utile, avant de fixer l'épreuve, de l'immerger dans un bain d'alun au 1/20. Le cliché en est amélioré ; il est plus transparent et moins sujet au décollement.

Pendant longtemps, on a cru que le véhicule du sel haloïde d'argent dans les plaques sensibles ne jouait d'autre rôle que celui d'un support inerte. Le collodion, l'albumine, la gélatine, pensait-on, n'exerçaient, par la matière organique qui les constitue, aucune influence sur la formation de l'image et sur son développement.

C'était une erreur. L'eau n'est pas le seul corps servant d'intermédiaire entre le révélateur et le sel d'argent. Des expériences du capitaine Abney et de M. R. Colson montrent, au contraire, que la substance organique de ces véhicules (au moins en ce qui concerne la gélatine) a sa part d'action dans le phénomène.

Voici la conclusion à laquelle a été conduit M. R. Colson, à la suite d'expériences logiquement interprétées[1] :

« Les considérations que je viens d'exposer con-

---

[1] R. COLSON, *la Plaque photographique*, p. 20.

« duisent à une conclusion plus complète : l'oxydation
« du révélateur au détriment de l'oxygène de l'eau, au
« contact des molécules du gélatino-bromure, produit
« un dégagement d'énergie; celui-ci termine le travail
« moléculaire amorcé dans le composé d'argent et dans
« la *matière organique* par la lumière ou par une
« autre forme de l'énergie et provoque la *combinaison*
« *de l'hydrogène de la gélatine*, soit directement avec
« le brome du bromure, soit avec l'oxygène de l'eau,
« laquelle fournit ainsi une nouvelle quantité d'hydro-
« gène au bromure impressionné.

« Ce mécanisme est une conséquence directe et
« logique du grand principe de la transformation et de
« la conservation de l'énergie. »

Le capitaine Abney explique même le phénomène du *renversement* de l'image, dont il a été question plus haut, par l'oxydation du sous-bromure, *au détriment de la gélatine*.

Il paraît donc incontestable que la matière organique du véhicule joue, au contact du bromure, un rôle important dans le développement de l'image. Mais est-on en droit, à cause de cela, d'affirmer que sa présence est *indispensable* pour que la lumière soit capable de créer l'image latente et la rendre apte à se révéler plus tard sous l'influence d'un réducteur ?

Un fait bien connu semble contredire une pareille affirmation, c'est le fait de la formation de l'image latente dans la plaque de Daguerre. Il n'y a, cette fois, que l'argent et la vapeur d'iode ou de brome qui interviennent pour la formation de la couche sensible ; il n'y a que la vapeur de mercure qui concoure au développement de l'image. Quant à la substance hydrogénée, elle fait absolument défaut.

La contradiction pourrait bien n'être qu'apparente.

Pour arriver à une conclusion non discutable, il faudrait opérer comme il suit :

1° Détruire, à la surface de la plaque, toute trace de matière organique, en portant préalablement cette plaque à une haute température ;

2° La sensibiliser et développer l'image hors de tout contact possible avec la vapeur d'eau ; par suite, exécuter ces deux opérations dans une atmosphère parfaitement sèche.

Si l'on obtenait une image, en opérant ainsi, il serait démontré que *la présence d'une matière hydrogénée n'est pas indispensable pour provoquer la conversion de l'énergie lumineuse en énergie mécanique et en énergie chimique*. A notre connaissance, aucune expérience de ce genre n'a été tentée jusqu'à présent.

Il reste à indiquer la composition des bains révélateurs. Nous répéterons ce qui a été déjà dit à propos du collodion : il existe pour le gélatino-bromure une foule de formules se rapportant à la composition de ces bains réducteurs. Chaque opérateur a, pour ainsi dire, la sienne, qu'il considère naturellement comme la meilleure.

Pour nous renfermer dans les limites que comporte cette étude, c'est-à-dire dans un historique rapide de la photographie, depuis ses origines jusqu'à nos jours, nous ne parlerons que de celles qui concernent :

1° Le bain révélateur à l'acide pyrogallique ;

2° Le bain au diamidophénol.

Nous ne pouvons mieux faire que de reproduire ici, à cet effet, les formules publiées par MM. Lumière, de Lyon, qui ont si largement contribué par leurs recherches personnelles à la vulgarisation de la plaque au gélatino-bromure [1].

[1] Voir A. et L. Lumière, *Développement et Tirage en photographie*.

I. **Bain à l'acide pyrogallique.** — On prépare séparément les deux solutions suivantes :

A
- Eau.................................... 300 cm³
- Sulfite de soude....................... 60 gr.
- Acide pyrogallique..................... 20 gr.

B
- Eau.................................... 300 cm³
- Sulfite de soude....................... 60 gr.
- Carbonate de soude..................... 75 gr.

MM. Lumière recommandent l'emploi du sulfite de soude anhydre qui, à poids égal, est deux fois plus actif que le sulfite cristallisé.

Pour développer une plaque déjà plongée dans la solution A, on n'ajoute d'abord que quelques gouttes de la solution B. Le reste ne sera ajouté que peu à peu, si cela devient nécessaire. Pour une pose trop longue, une faible quantité de carbonate de soude suffit. S'il y a manque de pose, on ajoutera la totalité de la solution B.

II. **Bain au diamidophénol.** — La composition du révélateur normal est la suivante :

- Eau.................................... 1.000 cm³
- Sulfite de soude anhydre............... 30 gr.
- Diamidophénol (chlorhydrate)........... 5 gr.

Cette solution doit être préparée au moment de s'en servir :

Il faut ensuite :

1° Faire dissoudre à l'avance le sulfite de soude anhydre dans l'eau ;

2° Prélever approximativement sur cette solution la

Bibliothèque des écoles et des familles, pp. 8 et 10. Henri Gauthier, éditeur.

quantité de liquide nécessaire pour une opération et y ajouter le poids correspondant de diamidophénol (50 centigrammes pour 100 grammes de solution à 3 0/0).

Si la pose est trop longue, ajouter progressivement du diamidophénol; si elle est trop courte, ajouter du sulfite.

CHAPITRE VIII

PLAQUES ORTHOCHROMATIQUES. — TIRAGE DES POSITIFS

Plaques orthochromatiques. — Nous savons que les différentes sources lumineuses impressionnent inégalement une même plaque sensible. Celles qui sont riches en radiations jaunes et rouges impressionnent faiblement; telles sont la flamme du gaz, des résines, etc. Au contraire celles qui émettent en grand nombre des radiations bleues, violettes, ultra-violettes, l'arc voltaïque, par exemple, agissent (toutes choses égales d'ailleurs) beaucoup plus fortement.

Or, quand un objet, présentant des couleurs diverses, est placé devant un objectif de chambre noire, chacune des radiations colorées qu'il envoie va frapper la plaque pendant le même temps — la durée de la pose. — Le jaune à ce compte n'agit pas plus longtemps que le bleu.

Il en résulte que les valeurs relatives des différentes lumières ne seront pas reproduites dans l'image obtenue, comme elles le sont sur l'objet lui-même. Les rapports d'intensité sont changés. L'image, développée et transformée en image positive, ne donnera pas avec ses clairs, ses ombres et ses demi-teintes, la représentation exacte de l'objet tel que l'œil le perçoit.

Pour remédier à ce grave inconvénient, le premier moyen qui se présentait à l'esprit, c'était de rendre la pose pour les radiations lumineuses les moins actives, plus longue que pour les autres.

Il a suffi pour cela de placer devant l'objectif une lame mince, d'un jaune clair, à faces rigoureusement parallèles. Dès lors les radiations du côté du violet seront affaiblies, tandis que celles appartenant à la région du rouge conserveront sensiblement leur valeur première ; une compensation pourra s'établir, et les valeurs relatives des différentes couleurs seront conservées dans l'image que fournira la plaque sensible.

Quelquefois, avant de terminer la pose, on s'est bien trouvé d'enlever le verre jaune pour permettre à toutes les radiations d'agir à la fois pendant quelques instants ; seule, la durée de la pose se trouvera augmentée.

On a plus généralement recours aujourd'hui aux plaques dites *orthochromatiques* ou *isochromatiques* qu'on trouve dans le commerce.

On les prépare en introduisant ou, pour mieux dire, en incorporant dans l'émulsion de gélatino-bromure d'argent une matière colorante artificielle convenablement choisie, qui augmentera la sensibilité du vert, du jaune et du rouge et qui, en même temps, contractera une sorte de combinaison avec la gélatine.

Ainsi l'éosine agit dans ce sens pour le vert et le jaune. Associée à la chlorophylle, elle sensibilise le vert et le rouge.

La cyanine additionnée d'ammoniaque convient pour l'orangé et le rouge.

Comment peut-on comprendre le genre d'action de ces teintures artificielles ?

Voilà, par exemple, la cyanine qui sensibilisera pour le rouge. Eh bien ! La cyanine absorbe les radiations rouges. Pareillement l'éosine sensibilisera pour le vert et le jaune, et il est établi qu'elle absorbe ces deux sortes de lumières colorées. Il en est de même pour les autres teintures employées.

Il semble y avoir là opposition entre les deux effets. Comment la radiation peut-elle sensibiliser le bromure si elle est d'abord absorbée par une substance étrangère ?

M. R. Colson en donne une explication que nous croyons devoir reproduire *in extenso :* d'abord, parce qu'elle nous paraît tout à fait rationnelle ; et qu'en second lieu elle est très clairement formulée [1].

« Puisqu'on observe que les teintures en question semblent former avec le gélatino-bromure de véritables combinaisons, il est naturel de penser que le nouvel arrangement moléculaire qui en résulte est tel que le mouvement vibratoire lumineux puisse y déterminer plus facilement le travail préliminaire, cause de l'image latente. Lorsqu'une teinture sensibilise pour une lumière d'une certaine couleur, l'examen spectroscopique montre que les rayons de cette couleur sont en effet absorbés par le composé, ce qui se traduit, dans le spectre, par une bande obscure à la place que cette couleur doit occuper. *Il y a donc travail absorbé par la teinture et transformation en impression latente.* »

« Cette condition d'absorption est nécessaire, mais elle n'est pas suffisante ; car beaucoup de substances qui ont la propriété d'absorber certaines radiations ne sont pas capables d'y rendre sensible le gélatino-bromure. Cela tient sans doute à ce que l'association des molécules de la teinture à celles du gélatino-bromure n'est pas assez intime pour que les vibrations imprimées aux premières par la lumière puissent entraîner les secondes, surtout si les premières ne subissent pas de décomposition chimique sous l'action de ces radiations. L'énergie absorbée, qui doit toujours se retrouver sous

---

[1] Voir R. Colson, *loc. cit.*, p. 56.

une forme quelconque, se manifeste alors probablement sous la forme calorifique. »

Avec les plaques orthochromatiques, la durée de la pose est certainement augmentée; mais on sait que, grâce à la maturation, on peut accroître la sensibilité du gélatino-bromure autant qu'on le veut; l'augmentation de pose rendue nécessaire par l'emploi des plaques orthochromatiques peut toujours être amenée à une valeur telle qu'elle soit négligeable.

Ainsi on obtient avec ces plaques convenablement choisies des instantanés, c'est-à-dire qu'on parvient à réduire la durée de la pose à une petite fraction de seconde.

MM. Lumière, par exemple, pour impressionner les clichés qui doivent servir au fonctionnement de leur cinématographe, n'emploient qu'une pose de 1/15 à 1/20 de seconde.

Obtention directe d'un positif. — A l'époque où le collodion avait la vogue comme véhicule des sels sensibles, on se procurait des positifs sans passer par le cliché. Il suffisait de couler, sur l'épreuve négative obtenue, du bitume de Judée, qui y formait une couche noire rapidement solidifiée.

L'épreuve négative se trouvait, du coup, transformée en positive.

La raison en est que l'argent déposé sur le négatif est opaque quand on le regarde par transparence et donne, par suite, l'impression du noir, tandis qu'il paraît blanc quand on reçoit dans l'œil la lumière qu'il renvoie par réflexion. Si donc vous placez le cliché sur un fond noir et si vous avez pris la précaution de ne pas trop le forcer comme vigueur, les blancs du négatif vous paraîtront noirs, par transparence; et les noirs, blancs par réflexion. L'image vous produira dès lors l'effet d'un positif.

Seulement, une pareille méthode ne peut nous donner qu'un seul positif à la fois ; il faut tout recommencer : préparation, exposition à la chambre noire, développement, etc., pour en avoir un nouveau ; la multiplication des épreuves est impossible.

Tirage des positifs. — Il faut en définitive passer par le négatif pour arriver à un positif qu'on puisse multiplier à volonté.

La technique du procédé est des plus simples.

Placez, dans l'obscurité, sous l'image négative et en contact parfait, par tous ses points, avec la couche impressionnée, une feuille de papier sensibilisé de même étendue que le cliché ou même qui le déborde un peu. Faites agir la lumière du jour ou directement celle du soleil à travers le verre qui sert de support au négatif et, autant que possible, arrangez-vous de telle façon que cette lumière tombe à peu près normalement sur le cliché.

Bientôt les noirs apparaîtront en blanc sur la feuille de papier et les blancs en noir.

Quand l'impression sera suffisante et aura même dépassé un peu le point que vous voulez atteindre comme vigueur, vous fixerez le positif avec l'hyposulfite. Il ne faut pas oublier que le fixage a pour effet d'affaiblir toujours un peu l'épreuve.

Examinons maintenant comment on peut réaliser ces indications dans la pratique.

1° Le *papier sensible*. — En fait de papiers sensibles, on en a prôné de bien des espèces.

Nous citerons : le papier albuminé au chlorure d'argent ; le papier au citrate d'argent, au collodio-bromure, au gélatino-bromure; avec ces papiers-là, on opère par noircissement direct.

Puis vient le papier au gélatino-bromure avec recours au développement. Les papiers aux sels de platine : soit par noircissement direct, soit par développement, etc...

L'opérateur trouve ces papiers dans le commerce; il n'a que l'embarras du choix. Nous pouvons encore mentionner les papiers aux sels de fer, de chrome et enfin les papiers au charbon, qui offrent des avantages tout spéciaux.

Aujourd'hui, l'emploi du papier albuminé, qui a eu jadis tant de vogue, est à peu près abandonné. On ne se sert guère maintenant que de papiers émulsionnés.

2° *Le châssis-presse.* — Le châssis-presse est destiné à maintenir invariablement, pendant l'exposition à la lumière, la feuille de papier découpée de grandeur contre la couche sensible.

Il comprend essentiellement un cadre en bois épais portant une glace qui repose sur une feuillure creusée à l'intérieur sur le pourtour du cadre. Sur la glace on pose, par sa face verre, le cliché avec la feuille sensible en dessus, laquelle doit être appliquée directement contre l'image. Par-dessus le tout, fermant le cadre, se trouve un couvercle à charnières et à brisures, armé de forts ressorts qui l'obligent à exercer, par l'intermédiaire d'une lame de feutre, une certaine pression contre le papier sensible placé sur l'image. Des barres de fer mobiles, fixées sur le couvercle, servent à le maintenir en place.

Les dispositions sont telles qu'on peut, à un moment quelconque, pendant l'exposition à la lumière, en faisant tourner l'une des barres, relever l'un ou l'autre des deux côtés du couvercle (sans que la feuille sensible puisse se déranger), afin d'estimer le degré de vigueur acquis par le positif.

Quand l'exposition a été suffisante, on retire l'épreuve du châssis; il ne reste plus qu'à la virer et à la fixer.

C'est l'opération du virage qui donne à l'épreuve le ton voulu. Quand on ne vire pas et qu'on fixe simplement, la photographie obtenue garde une teinte d'un gris verdâtre qui n'est pas acceptable. Par le virage, on donne à volonté, en variant la composition du bain, le ton noir, le ton violet ou le ton pourpre rose.

On emploie le plus souvent le bain préconisé par M. Davanne :

> Eau.................................... 1.000 cm³
> Chlorure d'or......................... 1 gr.
> Craie en poudre

on agite, on laisse reposer la liqueur jusqu'à ce qu'elle devienne parfaitement limpide, et on décante.

L'or se substitue à l'argent sur l'épreuve, et celle-ci prend un très beau ton et devient beaucoup moins altérable. Il est bien entendu qu'avant le virage l'épreuve a été lavée avec beaucoup de soin.

Le fixage se fait ensuite avec un bain d'hyposulfite de soude au cinquième, dans lequel on agite l'épreuve pendant un quart d'heure environ.

Une dernière opération très importante, c'est le lavage. On se plaint souvent de voir apparaître, au bout d'un certain temps, des taches brunes, des maculatures de tout genre. La cause en est le plus souvent dans un lavage incomplet qui a laissé sur la feuille des traces d'hyposulfite.

Le mode de lavage qui nous a le mieux réussi consiste à adapter au robinet d'eau un tube en caoutchouc avec tube de verre, qui conduit l'eau au fond d'une terrine, dans laquelle est mise l'épreuve. L'eau remplit bientôt la terrine, s'échappe par le haut, aussi lentement qu'on veut, et se renouvelle ainsi sans cesse d'elle-même.

Quelquefois on effectue à la fois, dans un même bain de composition appropriée, le virage et le fixage. Il n'y a à cela aucun inconvénient. L'essentiel, c'est toujours un lavage parfait à la suite de cette double opération.

CHAPITRE VIII

PHOTOGRAPHIE DES COULEURS

LES PREMIÈRES TENTATIVES

Photographie des couleurs. — Tous les procédés que nous avons décrits jusqu'à présent n'ont servi qu'à reproduire la figure, ou, si l'on veut, la forme détaillée des objets placés devant l'objectif de la chambre noire. Cette forme, nous savons aujourd'hui en obtenir la reproduction sur une plaque, sur une feuille de papier, avec une fidélité parfaite.

C'est la lumière qui, remplissant l'office d'un dessinateur impeccable, nous a donné des dessins d'une grande finesse avec les clairs, les ombres, les demi-teintes, distribués comme sur l'objet lui-même.

Il restait un problème fort intéressant à résoudre, celui de la reproduction des couleurs avec leurs nuances si diverses, telles qu'elles se montrent à nous sur l'écran dépoli de la chambre noire. Et c'était encore à la lumière qu'on allait demander d'effectuer ce travail.

La question est à l'étude depuis de longues années. La magnifique découverte de Niepce et Daguerre date de 1839, et les premiers essais sur l'obtention des couleurs en photographie remontent à 1848.

Il y eut d'abord la période des tâtonnements avec des demi-succès; les progrès furent lents. Vinrent ensuite les vues théoriques, et les chercheurs reprirent courage. Si le but n'est pas complètement atteint, on peut du moins affirmer qu'on s'en est notablement rapproché.

Poitevin, ce travailleur modeste, qui avait la passion des recherches en photographie, eut, le premier, l'idée de recourir à l'argent chloruré pour fixer les couleurs sur *papier*.

Voici comment il procédait : Le papier, imprégné d'une solution de sel marin, passait dans un bain d'azotate d'argent au cinquième. Le chlorure de sodium, en réagissant sur l'azotate, donnait du chlorure d'argent insoluble dans l'eau et de l'azotate de soude. Le chlorure d'argent se trouvait ainsi incorporé à la pâte du papier.

Après avoir été bien lavé et séché, le papier était immergé dans une solution de chlorure d'étain. Séché de nouveau, on le soumettait à l'action de la lumière jusqu'à ce qu'il eût pris une teinte d'un violet très foncé.

A ce moment, nouveau trempage du papier dans une liqueur résultant d'un mélange de trois solutions : de sulfate de cuivre, de bichromate de potasse et de chlorure de sodium ; à la suite de cette dernière opération, le papier était apte à recevoir l'impression de la lumière. Placé alors dans un de ces châssis-presses décrits plus haut, destinés à l'obtention des positifs en photographie, et recouvert d'un écran translucide diversement colorié, il était exposé, pendant vingt ou vingt-cinq minutes, à la radiation solaire.

La lumière avait agi à travers l'écran sur le papier sensible, mais non d'une manière uniforme ; elle avait imprimé, pour ainsi dire, sur la surface chlorurée, chacune des couleurs qu'elle avait rencontrées en traversant l'écran. En un mot *l'écran était reproduit sur le papier avec chacune des teintes qu'il portait*.

Malheureusement les couleurs ne persistaient pas ;

elles s'effaçaient petit à petit, quand on laissait le papier exposé au jour. Le papier prenait bientôt, en tous ses points, une même teinte grise.

Comme on l'a dit, avec raison, la lumière avait indirectement détruit elle-même son œuvre.

Tout récemment, M. de Saint-Florent a repris le procédé de Poitevin, en l'améliorant. Les couleurs qu'il obtient sont plus vives; elles persistent plus longtemps; mais elles disparaissent à la longue.

Malgré les insuccès que nous venons de signaler, il n'en reste pas moins ce fait, désormais acquis à la science : que *l'argent chloruré, quand son état moléculaire a été modifié d'une certaine façon par l'énergie lumineuse, se colore des mêmes teintes que la lumière colorée qui le frappe.*

M. Wiener, en 1895, s'est occupé de ces colorations, on peut dire spontanées, des couches sensibles, lesquelles ont été nommées *chromo-sensibles*. Il semble d'après lui que de telles combinaisons colorées sont de véritables teintures, dues à la formation d'un sous-chlorure d'argent actif. Ce sous-chlorure serait capable de prendre des couleurs très variées et de teindre ainsi une couche de collodion ou de gélatine, que le chlorure ordinaire servirait seulement à mordancer.

Avant Poitevin, un physicien éminent, Edmond Becquerel, et un expérimentateur qui avait déjà fait ses preuves, Niepce de Saint-Victor, poursuivirent, chacun de son côté, la solution du même problème. Tous les deux échouèrent sur la question du fixage des couleurs. Leurs travaux n'en offrent pas moins un grand intérêt.

E. Becquerel opéra sur la lame d'argent poli de Daguerre.

Il la portait d'abord et la maintenait pendant un certain temps, à la température de 300°, non pas seulement, comme on l'a dit, pour détruire les impuretés qui pouvaient salir sa surface, mais bien pour la constituer dans un état moléculaire nouveau, que des expériences antérieures avaient désigné comme le plus propre à l'apparition des couleurs.

Il s'agissait ensuite de chlorurer l'une de ses faces. Le moyen employé par E. Becquerel n'était pas banal.

Il fit l'électrolyse de l'acide chlorhydrique étendu, en employant comme électrode positive la lame d'argent, et comme électrode négative un pinceau de fils de platine. Ces derniers étaient immergés dans l'acide chlorhydrique, à quelques centimètres de distance de la lame, et pouvaient être promenés devant elle. Le courant était fourni par une pile de trois éléments Bunsen.

Avec une semblable disposition, le courant cheminait dans le liquide de la lame d'argent aux fils de platine, entraînait dans le même sens le métal hydrogène, tandis que le chlore, marchant en sens contraire du courant, arrivait sur la lame d'argent et la chlorurait.

La plaque ainsi sensibilisée, après avoir été lavée et séchée dans l'obscurité, était ensuite maintenue, pendant plusieurs jours, à l'abri de la lumière, dans une étuve chauffée à 40°. C'était une sorte de recuit qu'on lui faisait subir et qui avait pour résultat un accroissement de sensibilité.

E. Becquerel faisait alors tomber sur elle, après l'avoir placée dans une chambre obscure, un spectre solaire rendu fixe, pendant un temps assez long. Cette fixité était réalisée par l'emploi d'un héliostat convenablement orienté, qui donnait au faisceau lumineux, avant sa dispersion par le prisme, une direction invariable, malgré le déplacement apparent du soleil.

La plaque retirée de la chambre obscure offrait,

exactement reproduit, le spectre avec ses couleurs naturelles; mais, comme précédemment, les couleurs s'effaçaient progressivement, à la suite de l'exposition prolongée de la plaque au plein jour.

Niepce de Saint-Victor chlorurait ses plaques, soit avec un hypochlorite alcalin, soit avec un bain chlorurant ordinaire; mais il parvenait à conserver plus longtemps les couleurs, en recouvrant la plaque d'un vernis au chlorure de plomb, la faisant ensuite recuire et l'exposant enfin à l'action des faisceaux de lumière colorée.

En somme, *on produit directement les couleurs soit sur papier, soit sur plaque métallique; mais on ne sait pas les fixer.*

CHAPITRE IX

PROCÉDÉ DE MM. CROS ET DUCOS DU HAURON

Le procédé de MM. Cros et Ducos du Hauron[1] est un procédé indirect; il faut passer par le négatif pour arriver aux épreuves positives. Il a donc le grand avantage de permettre la multiplication de l'image colorée, sans être obligé de recourir à l'exposition dans la chambre noire, pour chaque épreuve nouvelle.

L'idée fondamentale de ce procédé est fort originale, et ce qui sera toujours considéré comme un fait des plus curieux dans l'histoire de cette branche de la science photographique, qu'on a nommée la *Photographie des couleurs*, c'est qu'elle est venue, on peut dire au même moment, à l'esprit de deux Français qui ne se connaissaient pas et qui vivaient à deux cents lieues de distance l'un de l'autre.

Dans la séance du 7 mai 1869, la Société française de Photographie recevait deux communications, l'une de M. Cros, l'autre de M. Ducos du Hauron, traitant la même question, en partant des mêmes principes et en indiquant le même mode pratique de réalisation. Seulement M. Cros n'envisageait le problème de la photographie des couleurs qu'à un point de vue théorique, et M. Ducos du Hauron, s'appuyant sur la même théorie, avait déjà expérimenté et obtenu des résultats concluants.

---

[1] Voir Ducos du Hauron, *la Triplice photographique des couleurs*. Gauthier-Villars, 1897.

La brochure de M. Cros était intitulée : *Solution générale du problème de la photographie des couleurs;* celle de M. Ducos du Hauron avait pour titre : *Les couleurs en photographie; solution du problème.*

M. Cros est mort sans avoir vu un succès complet répondre à ses prévisions; M. Ducos du Hauron *est resté seul sur la brèche*, comme il le dit lui-même.

Il a donné, par ses travaux personnels, la preuve d'une énergie de volonté à laquelle on ne saurait trop rendre hommage et que soutenait seul un ardent amour de la science.

Rien n'a pu le décourager depuis trente ans : ni les insuccès partiels, inévitables quand on voyage dans une région inconnue; ni le manque d'un outillage suffisant; ni les doutes élevés sur l'avenir de ses méthodes par des savants de marque.

Il a tenu bon malgré tout et malgré tous; et aujourd'hui, grâce à sa ténacité et à un labeur incessant, la *reproduction photomécanique* des spécimens de la photographie des couleurs gagne de plus en plus du terrain et occupe déjà un rang honorable parmi les opérations industrielles.

La place nous manque pour entrer, autant que nous le voudrions, dans les détails techniques du procédé.

Nous nous bornerons à indiquer le principe de la méthode, tel que M. Ducos du Hauron l'avait compris au début de ses recherches et dont il a rectifié, depuis, le sens et la portée; nous signalerons ensuite la première application pratique qu'il sut en tirer.

M. Ducos du Hauron admettait que, parmi les couleurs dont l'ensemble constitue la lumière blanche, il y en a trois de *simples* appelées primitives : le bleu, le jaune et le rouge; ce sont ces trois couleurs qui, par leur mélange en proportion, aussi diverses qu'on peut l'imaginer, fournissent toutes les nuances que nous rencontrons dans la nature.

Aujourd'hui, ce principe plus que discutable, il l'a ainsi modifié[1] : « La vérité est que le spectre solaire est composé d'autant de couleurs simples qu'il y a de degrés de réfrangibilité, c'est-à-dire d'un nombre infini de couleurs simples. En ce qui concerne les surfaces colorées des corps terrestres, elles émettent des étendues plus ou moins considérables des rayons du spectre; mais il arrive que trois de ces étendues jouissent de la propriété de produire, par leurs additions ou leurs soustractions respectives, toutes les sensations possibles de la couleur » ; nous les appellerons les couleurs-mères.

Partant de là, nous allons sommairement décrire le procédé Ducos du Hauron :

Un objet, dont la surface offre à l'œil différentes couleurs, est placé immobile, et avec une pose suffisamment prolongée, devant l'objectif de la chambre noire. Chacune des radiations colorées qu'il envoie va impressionner, à des degrés divers, la lame sensible placée au foyer. Mais si, sur le trajet des faisceaux lumineux envoyés par l'objet, nous mettons en avant de l'objectif une lame mince de verre à faces parallèles (de couleur *orangée*, par exemple), que va-t-il arriver?

L'orangé peut être obtenu par un mélange de jaune et de rouge. Il lui manque la troisième couleur-mère, le bleu. Donc les rayons jaunes et rouges contenus dans le faisceau incident pourront traverser la lame de verre, pénétrer ensuite dans l'objectif et aller impressionner la couche sensible. Seuls les rayons bleus seront interceptés, quoique préexistant dans la lumière incidente.

Développez maintenant le cliché avec les révélateurs

---

[1] Ducos du Hauron, *loc. cit.*, p. 450.

ordinaires et fixez-le. Les rayons bleus qui n'ont pas agi seront représentés par des transparences sur l'épreuve négative; les autres, qui ont impressionné, donneront des opacités plus ou moins fortes, suivant leurs intensités relatives.

On aura ainsi le *négatif du bleu* ou, plus exactement, *le négatif qui accusera, sur l'image positive, à la suite du tirage, la présence du bleu dans le faisceau incident et sa distribution sur l'objet exposé.*

Replacez au foyer de la chambre noire une nouvelle plaque sensible identique à la première et répétez exactement les mêmes opérations, après avoir substitué au verre orangé un verre vert.

Le vert est composé de jaune et de bleu. Il lui manque la troisième couleur-mère, le rouge.

Le nouveau négatif possédera, cette fois, des transparences sur tous les points de l'épreuve qu'auraient atteints les radiations rouges si elles avaient été transmises.

Après pose, développement et fixage, nous aurons le *négatif du rouge.*

Enfin répétons la même expérience en plaçant devant l'objectif un verre violet au lieu du verre vert, et en introduisant dans la chambre noire un troisième châssis avec plaque neuve occupant la même place que les deux précédentes.

Le violet étant un composé de rouge et de bleu où le jaune fait défaut, nous aurons un négatif où les transparences apparaîtront aux places qu'auraient frappées les radiations jaunes, si elles avaient été transmises.

Après développement et fixage, nous aurons le négatif du jaune.

Nous voici donc en possession de trois clichés : l'un pour le bleu, l'autre pour le rouge, le troisième pour le jaune.

Il est impossible de trouver dans le commerce des verres qui remplissent les conditions de couleur, de pureté, d'homogénéité que réclament ces opérations.

M. Ducos du Hauron a été obligé de préparer lui-même des écrans colorés avec des vernis convenablement choisis, étendus sur des lames de verre. Il découpait ensuite ces lames en rondelles ayant toutes le même diamètre et les encastrait dans un tube de cuivre qui s'adaptait à frottement doux à l'extrémité du tube portant l'objectif. Le changement des écrans colorés pouvait alors s'opérer sans difficulté et rapidement. De même, les trois châssis, portant les trois plaques, pouvaient se succéder promptement, en occupant tous exactement la même place.

Il est pourtant certain que, malgré tout, ces changements devaient rendre la pose plus longue. Les absorptions de lumière par les écrans colorés contribuaient à l'accroître encore. Heureusement l'emploi des plaques orthochromatiques au gélatino-bromure a permis de diminuer le temps total de pose.

Les trois clichés ainsi obtenus vont nous permettre de tirer trois positifs qui leur correspondront chacun à chacun (Planches I, II et III).

Seulement, au lieu de tirer les contre-types de chaque négatif sur l'un des papiers sensibles connus, comme on le fait pour les positifs ordinaires, on choisira des papiers translucides, gélatinés, au charbon (des pellicules) : l'un bleu pour être exposé sous le cliché du bleu; le second rouge, sous le cliché du rouge; le troisième jaune, sous le cliché du jaune.

Le premier, à la suite du tirage et du développement, donnera à leur place véritable toutes les colorations bleues que présentait l'objet posé devant l'objectif, et pareillement pour les deux autres.

Comme les papiers au charbon que livre le commerce

sont toujours plus ou moins défectueux, M. Ducos du Hauron a confectionné des papiers spéciaux qu'il a appelés *papiers mixtionnés*, lesquels renferment, avec la gélatine comme véhicule, la matière colorante la plus convenable :

Le bleu de Prusse pour le bleu ;
Le carmin pour le rouge ;
Le jaune de chrome pour le jaune.

On peut lire tous les détails de la préparation dans les mémoires de l'auteur[1].

Les trois papiers gélatinés étaient sensibilisés par leur immersion dans une solution de bichromate de potasse au dixième, additionnée de 25 grammes de sucre par litre. Cette gélatine bichromatée devra s'insolubiliser sur les parties insolées, d'autant plus fortement que la radiation agissante sera plus intense.

Chaque monochrome, transporté sur une lame de verre à laquelle on la fait adhérer par toute sa surface, était ensuite placé sous le cliché correspondant et exposé pendant un temps suffisant à la lumière qui tamisait à travers le cliché. On le retirait alors pour le plonger dans l'eau tiède où l'image allait se développer.

Les parties de la gélatine bichromatée, fortement impressionnées par la lumière, ne se dissolvent pas dans l'eau ; elles englobent fortement, en quantité proportionnelle à l'impression reçue, la poudre colorante qui s'y trouvait auparavant disséminée. Les parties claires, au contraire, ayant été abritées contre l'action de la lumière par les opacités du cliché et, par suite, insolées, se dissolvent, en grande partie, dans l'eau tiède.

Les trois monochromes ainsi traités et séchés reproduisent alors : l'un en bleu, toutes les parties de l'objet qui ont émis de la lumière bleue ; le second en rouge,

---

[1] Voir aussi E. Dumoulin, *les Couleurs photographiques*. Gauthier-Villars, 1894.

les parties rouges ; le troisième en jaune, les parties jaunes.

Reste une dernière opération qui exige une certaine habileté de main. Il faut superposer les trois monochromes de manière que leur ensemble forme un tout unique ; et, par suite, dans cette superposition, les contours des objets doivent coïncider *très exactement*.

Ce repérage qu'il faut rendre très rigoureux est indispensable.

Si l'ensemble des trois monochromes est collé sur une feuille de papier blanc, on aura, par réflexion, l'image de l'objet avec les couleurs, telles qu'elles sont réparties sur sa surface. Si on le colle sur verre, on pourra les voir par transparence; mais, cette fois, les monochromes devront être plus vigoureux.

M. Adolphe Richard[1] a proposé une modification au procédé Ducos du Hauron qui paraît avantageuse.

Il tire les contre-types des trois négatifs sur trois supports différents, émulsionnés au gélatino-bromure. Ces contre-types donnent en noir les intensités relatives du bleu, du rouge, du jaune dans le sujet. Puis il substitue à l'argent réduit, contenu dans la gélatine de ces positifs ordinaires, une matière colorante organique donnant la couleur voulue. Dès lors la superposition des trois monochromes donne toute la finesse de ton du sujet.

Maintenant, comment substituer la matière organique à l'argent réduit?

M. Richard indique deux procédés. Nous ne parlerons que du premier.

M. Richard opère la transformation chimique du dépôt

---

[1] *Comptes Rendus de l'Académie des Sciences*, numéro du 6 mars 1896 vol. CXXII, p. 610.

argentique en un sel d'argent capable de fixer ou de précipiter la couleur que l'on veut employer; le positif ainsi mordancé ne retient alors la couleur qu'aux endroits antérieurement noirs, et cela proportionnellement à l'intensité de ces noirs.

C'est à l'expérience à prononcer sur la valeur de ce procédé.

Peu à peu la méthode déjà ancienne de M. Ducos du Hauron a été perfectionnée; et aujourd'hui on est arrivé à l'emploi des tirages polychromes photomécaniques aux encres grasses (Pl. I, II, III, IV).

I. Tirages en photocollographie;

II. Tirages en phototypographie, — impressions sur planches métalliques gravées en relief par la lumière;

III. Tirages en photoglyptographie, impressions sur planches métalliques gravées en creux par la lumière.

C'est à Poitevin qu'est due la première indication de l'emploi des encres grasses en photographie. Il partait de la propriété que possède la gélatine bichromatée de ne retenir l'encre d'imprimerie que dans une proportion correspondante à l'intensité de l'impression lumineuse qu'elle a reçue.

Il y a eu bien des tâtonnements avant d'arriver à un résultat acceptable.

Les données scientifiques manquaient, l'empirisme seul servait de guide. Aujourd'hui la plupart des difficultés sont vaincues, ainsi qu'on peut en juger par la belle planche ci-jointe extraite d'un ouvrage en préparation : *Recherches embryologiques, physiologiques et histologiques sur les glandes à venin de la Salamandre terrestre*, et que je dois à l'obligeance de Mme Phisalix-Picot.

Nous avons reproduit (Pl. IV) l'épreuve définitive et (Pl. I, Pl. II et Pl. III) les trois épreuves dont la superposition donne l'image colorée.

CHAPITRE X

PROCÉDÉ DE M. LIPPMANN

Voici un procédé vraiment original. L'empirisme n'a joué aucun rôle dans sa découverte. Il a été déduit, tel quel, de considérations purement théoriques. L'auteur est un membre de l'Institut, un savant professeur de physique de la Sorbonne, M. Lippmann.

Son procédé est direct comme l'étaient ceux de MM. Becquerel, Niepce de Saint-Victor, etc. Mais, à la différence de ces derniers procédés, qui n'ont conduit qu'à l'obtention de colorations fugitives mal définies, celui de M. Lippmann permet de fixer l'image colorée et de rendre son inaltérabilité absolue. Le problème de la photographie des couleurs est ainsi résolu et — nous allons le montrer — d'une façon élégante.

M. Lippmann a pris, comme point de départ, la théorie des *interférences de la lumière*. Ce n'est point ici le lieu d'exposer cette théorie dans tous ses détails ; on la trouvera développée dans les traités de physique. Nous n'en dirons que juste ce qu'il en faut pour faire comprendre la méthode de M. Lippmann à des lecteurs qui ne sont point familiarisés avec les questions d'optique supérieure.

A cet effet, nous rappellerons les idées généralement admises aujourd'hui sur le mode de propagation de la lumière, et nous indiquerons ensuite les résultats qu'a donnés le calcul, lorsqu'on l'a appliqué à la théorie des ondulations.

Nous l'avons déjà dit et nous le répétons ici pour ne point laisser de lacunes dans notre exposé : la lumière se propage, en traversant l'air, avec l'énorme vitesse de 300.000 kilomètres par seconde. Pour expliquer le mécanisme de cette propagation, on admet l'existence, dans tout l'espace et même dans l'intérieur des corps, d'un milieu parfaitement élastique, et très peu dense, l'*éther*. L'éther, à la faveur d'un mouvement ondulatoire, sert de véhicule à la lumière. L'air ne se transporte pas d'un point à un autre, quand il propage le son ; de même l'éther ne se déplace pas quand il propage la lumière.

C'est uniquement *le mouvement vibratoire dont il est animé qui se transmet de proche en proche, de molécule à molécule, sur le trajet du rayon lumineux, et la direction de la vibration est toujours normale à la direction de propagation*.

La propagation de l'ondulation dans l'éther s'effectue avec une vitesse constante.

Le mouvement est donc uniforme, à la condition toutefois que le milieu ambiant reste le même. Dans chaque corps, en effet, l'état de condensation de l'éther varie, par suite des actions réciproques des molécules du corps et des molécules d'éther ; et, pour un même corps, la densité de l'éther change selon les contractions, les dilatations ; en un mot, selon les modifications diverses auxquelles le corps est soumis.

On comprend, par suite, que le changement de milieu doit entraîner un changement de vitesse de la lumière.

Pour un milieu donné, la longueur d'onde, λ, d'une radiation lumineuse *est mesurée par l'espace que parcourt, dans la direction de propagation, pendant la durée d'une oscillation complète, l'ébranlement initial de la molécule d'éther*. Cette longueur est très petite, de l'ordre de grandeur des dix millièmes de millimètre. Pour en donner une idée précise, voici quelques-unes

Pl. I.

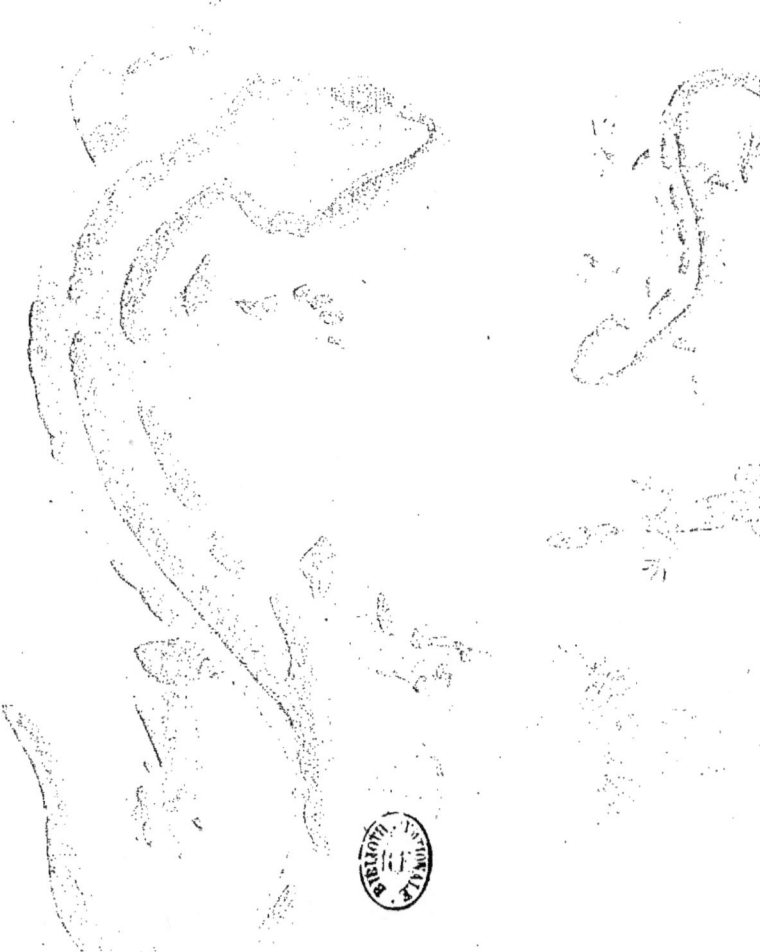

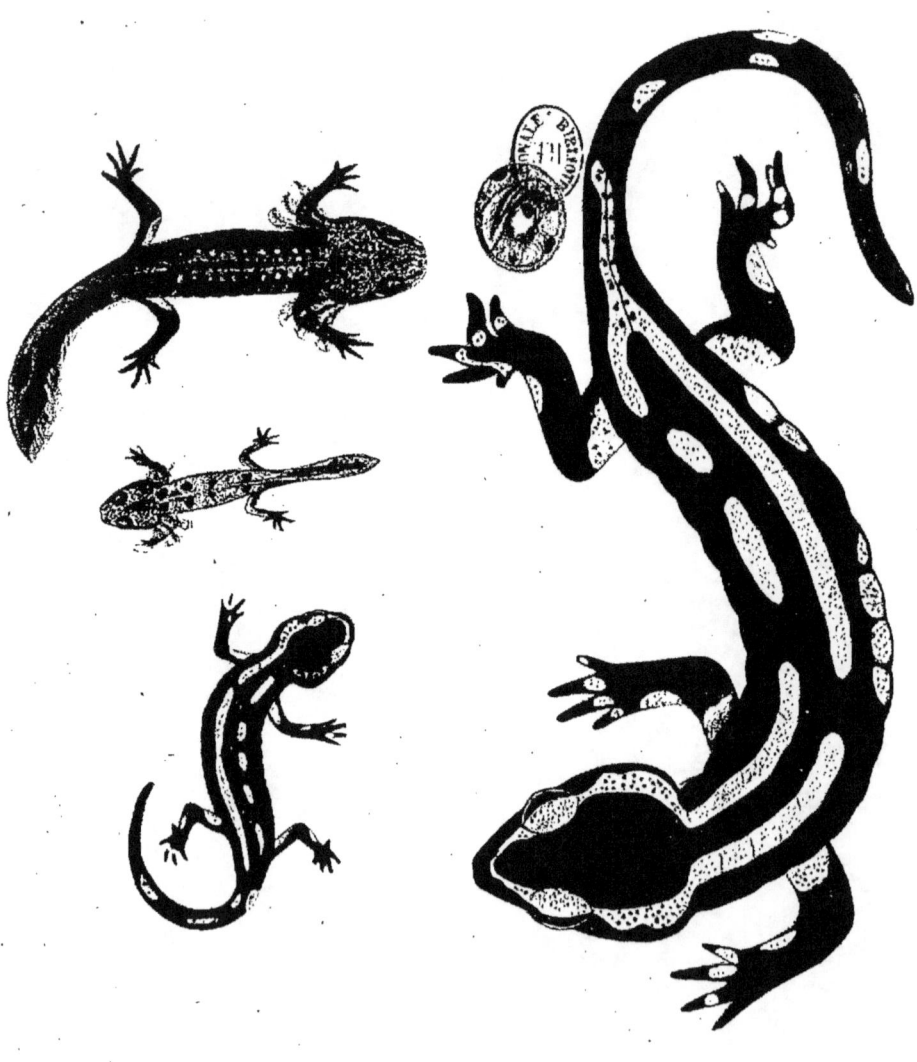

Pl. III.

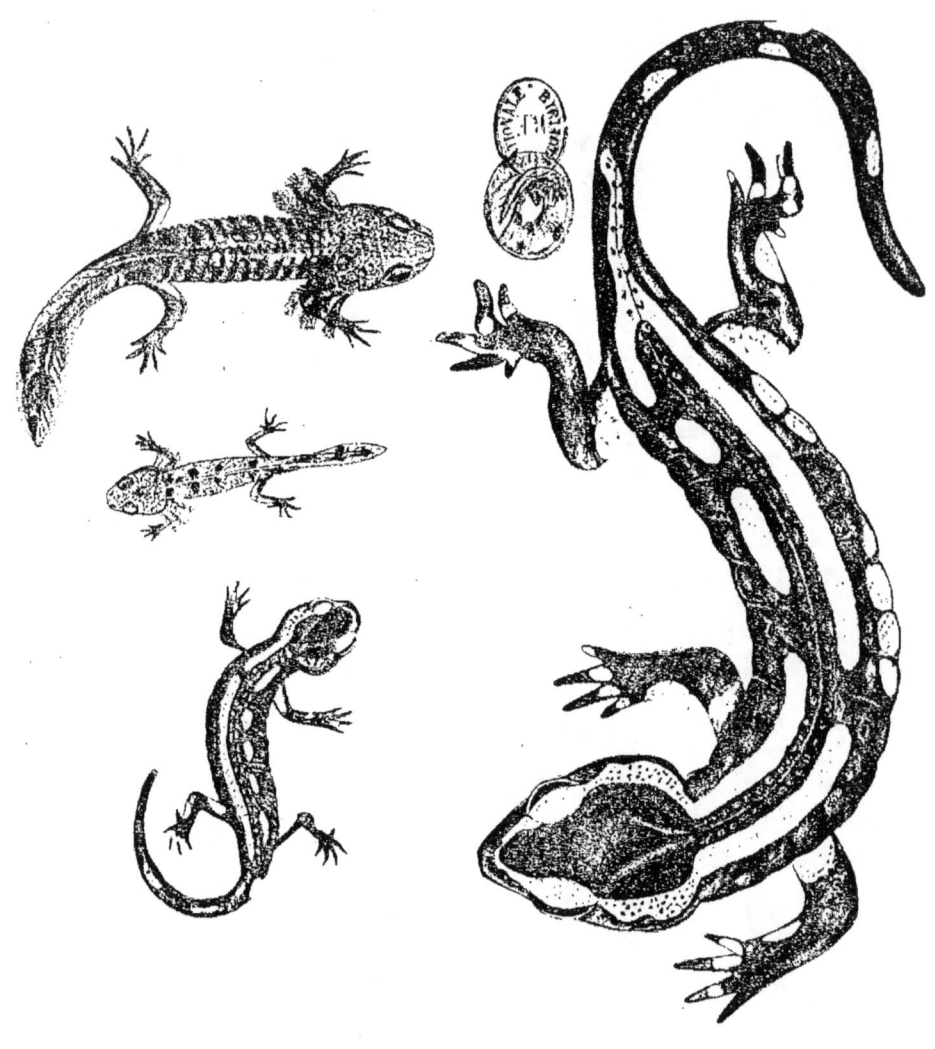

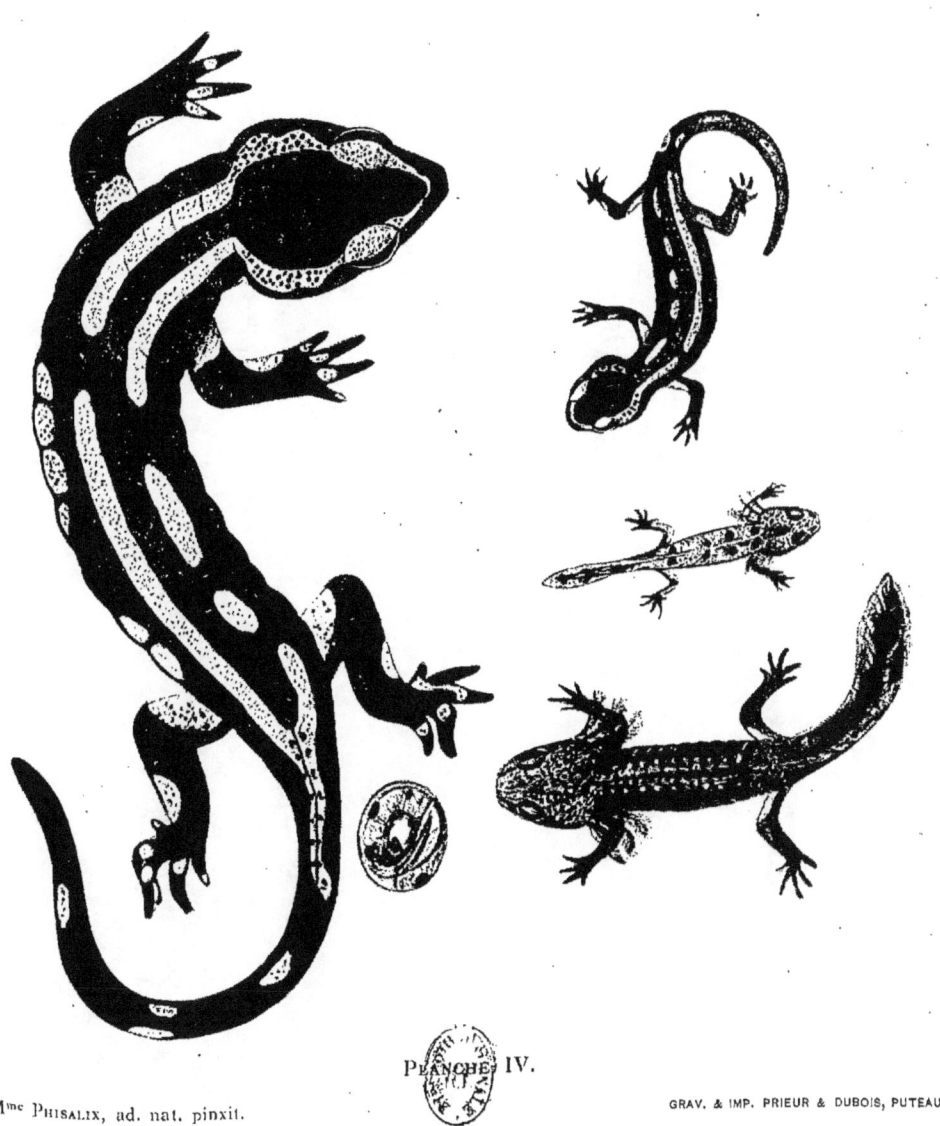

Mme Phisalix, ad. nat. pinxit.

PLANCHE IV.

GRAV. & IMP. PRIEUR & DUBOIS, PUTEAUX.

ÉVOLUTION DE LA SALAMANDRE TERRESTRE

(D'après l'ouvrage de Mme PHISALIX-PICOT : Recherches embryologiques, physiologiques et histologiques sur les glandes à venin de la Salamandre terrestre.)

de ces longueurs. Elles ont été exactement repérées en se servant des raies du spectre solaire.

Raie A du rouge limite................	$0^{mm},0007604$
Raie F du vert bleu................	$0^{mm},0004861$
Raie H du violet................	$0^{mm},0003967$
Raie U à l'extrême ultra-violet......	$0^{mm},0002948$

Ces premières données étant connues, supposons deux centres lumineux A et B, placés à une très petite distance l'un de l'autre. Nous les considérons comme *absolument identiques;* et ils envoient, l'un et l'autre, sensiblement dans la même direction des radiations de même longueur d'onde.

1° Si les radiations ont parcouru le même chemin pour atteindre une certaine molécule d'éther placée sur leurs trajets respectifs, lesquels peuvent être considérés comme se confondant à très peu près, — il y aura concordance complète entre les mouvements ondulatoires des deux radiations; ils se superposeront pour ainsi dire, et leurs effets s'ajouteront; l'intensité de la lumière sera donc augmentée;

2° Si la différence de marche des deux rayons est égale à une longueur d'onde ou, ce qui est la même chose, à deux demi-longueurs d'onde $2\frac{\lambda}{2}$, les vitesses communiquées à un même point de l'éther par l'un et par l'autre rayon auront encore la même valeur et le même sens, à cause de la périodicité des mouvements ondulatoires s'effectuant dans le même milieu; et, par suite, l'intensité lumineuse sera augmentée.

Le résultat sera le même quand la différence des chemins parcourus sera égale à un nombre pair quelconque de demi-longueurs d'onde;

3° Si la différence de marche est d'une demi-longueur

d'onde $\frac{\lambda}{2}$, les mouvements ondulatoires seront discordants.

Dans ce cas, en effet, la molécule d'éther considérée recevra, à la fois, deux impulsions de sens contraire. L'effet total produit sera donc affaibli; et, au point où ces deux actions de sens contraire seront égales, leur résultante sera nulle; il y aura immobilité de la molécule d'éther, c'est-à-dire obscurité.

C'est ce qui a fait dire que *de la lumière ajoutée à de la lumière* peut donner de l'obscurité; — même résultat quand la différence de marche sera égale à un nombre impair de demi-longueurs d'onde.

— Voilà, dans toute sa simplicité, en quoi consiste le phénomène des interférences.

Pourquoi avons-nous posé au début cette condition formelle que les deux sources A et B devaient être identiques (ce qui est irréalisable au moins directement)? Nous allons montrer que, sans cela, notre raisonnement n'eût pas été admissible.

Fresnel a fait voir qu'une flamme quelconque, même dans l'air le plus calme, était une source de lumière sujette à de nombreuses perturbations.

Le moindre accident la trouble à nos yeux, soit que cet accident ait pour cause les mouvements de l'air environnant, soit qu'il résulte de ce que le corps combustible qui engendre la lumière ne demeure pas identique à lui-même pendant toute la durée de la combustion. Tous ces accidents inévitables changeront subitement le mouvement périodique émané de chacune des deux sources A et B; elles le ralentiront, l'accéléreront ou même l'arrêteront, et généralement ces variations auront lieu d'une façon différente pour l'une et pour l'autre des deux sources considérées.

Dans ces conditions, qui seraient les conditions réelles de notre expérience, le raisonnement de tout à l'heure n'est plus évidemment applicable.

Il est vrai que tous les corps lumineux ne sont pas aussi sujets qu'une flamme à des perturbations; mais, si l'on prend un cas des plus favorables, celui d'un fil de platine porté au rouge par une pile dans le vide, les variations accidentelles de l'intensité du courant, l'action du gaz qui se trouve toujours en quantité sensible, même dans le vide le plus parfait que nous puissions obtenir, les rayonnements du dehors, les altérations de la structure du fil, sont autant de causes perturbatrices qui modifient la stabilité du phénomène.

Heureusement, on a pu, par voie indirecte, se placer dans des conditions telles qu'une source unique produisît le même effet que deux sources distinctes, et alors les deux systèmes d'ondes qui devaient interférer subissaient simultanément les mêmes perturbations, puisqu'ils dérivaient originairement tous les deux d'une source unique.

Arrivons maintenant au cas particulier qui nous occupe.

Comment M. Lippmann a-t-il tourné la difficulté pour pouvoir utiliser la méthode interférentielle?

Tout d'abord M. Lippmann appliquait exactement la lame transparente sensibilisée, sur laquelle il opérait, contre la surface rigoureusement plane et parfaitement polie d'une plaque métallique. Il faisait tomber alors sur elle, dans une direction à peu près normale, un spectre solaire rendu fixe.

Considérons l'un des rayons simples de ce spectre, le vert, par exemple.

Il va traverser la couche sensible, qui est transparente, puis se réfléchir sur la lame métallique formant miroir, et enfin retraverser, en sens inverse, cette même couche.

Nous allons donc pouvoir observer là deux systèmes d'ondes se propageant les unes et les autres dans un même milieu, la couche sensible; les unes seront incidentes sur le miroir et les autres réfléchies par lui. Ces ondes suivront en sens inverse des chemins à peu près parallèles, et elles seront émises par deux centres lumineux distincts. L'un, A, sera placé en avant de la surface réfléchissante; l'autre, B, peut être considéré comme placé en arrière.

Ces centres lumineux seront bien identiques, puisque, en réalité, c'est la même source qui les fournira. Donc *les conditions requises pour qu'il y ait interférence se trouveront réalisées.*

Que va-t-il arriver?

Voici les résultats que donne le calcul:

1° A la surface de contact de la couche sensible avec le miroir, les impulsions communiquées à l'éther par l'onde d'aller et l'onde de retour doivent être égales et de sens contraires; et il y aura, d'une manière permanente, immobilité de l'éther ou, comme on dit, *nœud, surface nodale;*

2° A la distance d'un quart de longueur d'onde du miroir réflecteur, l'effet produit sera maximum sur les molécules d'éther; il y aura donc *ventre* ou mieux *surface ventrale;*

3° A partir de ce premier ventre, de demi-longueur d'onde en demi-longueur d'onde, s'espaceront de nouveaux *plans ventraux* parallèles au premier.

En somme, le calcul montre qu'il va s'établir un système stationnaire tel que les ondes, en interférant, maintiendront à une même place fixe pour chacun:
1° les points où l'éther ne vibre pas, — les nœuds;

2° et ceux où l'effet de vibration atteint un maximum, — les ventres.

Le nombre de ces ventres sera considérable dans une couche sensible d'épaisseur ordinaire. Le calcul en est facile.

Dans le vert, par exemple, la demi-longueur d'onde est de $0^{mm},000243$; si l'on suppose que la couche sensible présente un demi-millimètre d'épaisseur, le nombre de plans ventraux y dépassera 2.000.

Que résultera-t-il de l'existence de tous ces plans ventraux?

Ce que nous savons sur le mode de production de l'image dans la couche sensible nous conduit à l'interprétation suivante : Au nœud, le sel d'argent ne sera pas décomposé par la lumière, puisque l'éther y est immobile ; cette décomposition suppose, en effet, une dépense d'énergie manifestée par la vibration de l'éther.

Pas de vibration au nœud ; par suite, *pas de décomposition du sel d'argent.*

Dans la région du ventre, au contraire, la dépense d'énergie devient maximum ; par suite, *la décomposition du bromure d'argent atteindra la plus grande valeur ;* et l'argent réduit s'accumulera sur le plan ventral, y formant une lamelle, une sorte de feuillet d'une très faible épaisseur, et par suite transparent.

S'il n'y avait pas eu de miroir derrière la couche sensible, la lumière agissant à la façon ordinaire, sans interférences possibles, aurait disséminé l'argent réduit, dans l'épaisseur de la couche sensible, d'une manière tout à fait confuse.

Grâce au miroir, la répartition devient régulière ; nous trouvons dans la couche, après avoir développé et fixé l'image à la façon ordinaire, des sortes de stratifications de lamelles d'argent, très minces, en nombre considérable, disposées parallèlement au miroir, comme les feuillets d'un livre, et régulièrement espacées dans la couche.

Quand la couche a un demi-millimètre d'épaisseur, nous trouvons, disions-nous, 2.000 plans ventraux pour le vert ; le nombre de lamelles y sera donc de 2.000.

Le résultat sera le même avec une couleur autre que la couleur verte. Seulement la distance de deux lamelles consécutives dans la stratification dont la nouvelle couleur provoquera la formation ne sera plus de 243 millionièmes de millimètre, comme pour le vert ; elle deviendra 198 millionièmes de millimètre, c'est-à-dire la demi-longueur d'onde correspondante, pour le violet ; 380 millionièmes de millimètre pour le rouge, etc.

En général, *les lamelles seront d'autant plus serrées dans une stratification que la couleur qui lui aura donné naissance aura une plus faible longueur d'onde ou sera plus fortement réfrangible.*

Si, au lieu d'une couleur seule, plusieurs radiations colorées interviennent à la fois, ce qui arrive forcément quand la lumière agissante est envoyée dans la chambre noire par des objets de couleurs diverses, aucune confusion ne pourra se produire, pour ce motif, dans la couche sensible.

Chaque rayon coloré organisera ce qu'on peut appeler son *feuilletage* caractéristique, à la place voulue, sans gêner le voisin.

Reprenons maintenant la plaque impressionnée par la lumière qu'a fournie le spectre solaire ; developpons, fixons l'image et séchons la plaque. Éclairons-la par un faisceau de lumière blanche qui tombe sur elle à peu près normalement.

Qu'allons-nous apercevoir sur la plaque?

L'œil, placé dans une position convenablement choisie, recevra la lumière que cette plaque va lui renvoyer et qui aura traversé, par une série de réflexions et de transmissions successives, les lames minces d'argent placées sur son trajet.

Tâchons de prévoir ce qui va arriver. Le phénomène que nous allons observer est tout à fait comparable à celui de *la coloration des lames minces;* des bulles de savon, par exemple, quand elles sont éclairées par la lumière blanche, les bulles de savon envoient précisément à l'œil des radiations colorées, dont l'espèce dépend de leur épaisseur. Si on gonfle la bulle et si, par suite, sa paroi devient plus mince, la coloration change et tend vers le violet.

Les lamelles d'argent stratifiées devront agir de même, et la couleur qu'elles nous renverront correspondra, comme pour la bulle de savon, à une longueur d'onde égale au double de l'intervalle de deux lamelles consécutives.

Cet intervalle est-il de 380 millionièmes de millimètre? c'est le rouge que l'œil recevra. De 245 millionièmes de millimètre? c'est le vert. De 198? c'est le violet.

Remarquons, cependant, que le faisceau lumineux reçu par l'œil est très complexe. C'est, ne l'oublions pas, de la lumière blanche qui tombe sur la plaque pour l'éclairer. Si nous dirigeons notre œil vers la partie de l'image qui correspond à la bande verte du spectre, il y aura d'autres rayons que les rayons verts qui arriveront à l'œil par voie de réflexion et qui se mêleront à ces derniers.

La sensation éprouvée par la rétine ne sera-t-elle point dès lors un peu confuse?

Non, car les rayons verts seuls seront concordants, puisque les chemins qu'ils auront parcourus différeront d'un nombre pair de demi-longueurs d'onde.

Par le fait même de leur concordance, ils impressionneront la rétine; tandis que les rayons des autres couleurs seront discordants. Ces rayons auront, en effet, traversé des lamelles dont les intervalles consécutifs ne correspondront pas à leurs propres longueurs d'onde. Ils seront, par suite, en discordance, et dès lors leur effet sur la rétine sera nul.

Quand, au lieu du spectre solaire, ce sera un objet coloré qui, placé devant l'objectif de la chambre noire, aura, par les radiations qu'il émet, formé son image sur la plaque, les effets produits seront encore les mêmes.

Chaque rayon coloré, venu d'une région A de l'objet, aura édifié, dans la région A' correspondante de l'image, des stratifications de minces lames d'argent, séparées l'une de l'autre par un intervalle égal à la demi-longueur d'onde de ce rayon.

— Éclairons alors la plaque avec de la lumière blanche.

— Les rayons concordants, renvoyés par chaque groupe de lamelles de la région A' vers l'œil convenablement placé, rayons qui, nous le savons, sont seuls capables d'impressionner la rétine, seront précisément de même couleur que ceux provenant de la région A.

En effet ils auront, en traversant les lamelles et en se réfléchissant à leur surface, acquis, les uns par rapport aux autres, des différences de marche égales au double de l'intervalle de deux lamelles consécutives, c'est-à-dire d'une longueur d'onde entière desdits rayons.

En un mot, *les couleurs dans les divers points de*

'*image occuperont les mêmes positions relatives quel dans l'objet.* Celui-ci sera donc reproduit avec ses lignes, ses formes et ses couleurs.

Pour assurer le succès des opérations, certaines précautions doivent être prises.

1° La couche sensible doit être parfaitement transparente, afin de rendre la diminution d'intensité de la lumière qui la traverse aussi faible que possible;

2° Elle doit être exempte de granulations, afin que les lamelles d'argent qui vont prendre naissance ne soient point déformées;

3° Il faut établir un contact parfait entre la couche sensible et le miroir placé derrière elle.

M. Lippmann n'a rien trouvé de mieux, comme surface réfléchissante, qu'une lame de mercure.

Voici le dispositif qu'il a adopté :

Une cuve prismatique aplatie avait pour face antérieure la lame de verre servant de support à la couche sensible (la couche en dedans, le verre en dehors), et pour face postérieure une autre lame de verre ayant les mêmes dimensions. Ces deux lames parallèles étaient maintenues, l'une et l'autre, dans une position invariable, à l'aide de montants en ébonite, munis de crochets de pression. Leur distance ne dépassait pas de 2 à 3 centimètres.

La cuve était ensuite remplie de mercure, lequel faisait ainsi fonction de miroir parfait, dans les conditions voulues. Elle remplaçait le châssis ordinaire dans la chambre noire, sa face réfléchissante se trouvant exactement placée au foyer;

4° La plaque impressionnée doit être complètement séchée, après le développement et le fixage. Si les lamelles sont humides, elles se gonflent et alors l'intervalle de deux lamelles consécutives est changé et, par suite, les couleurs modifiées.

En laissant sécher la plaque mise en observation, on voit peu à peu ses couleurs réapparaître dans les conditions normales ;

5° Il est nécessaire de combattre l'inégalité d'actinisme des différentes lumières colorées. Sans cela, la pose peut devenir trop longue.

On y remédie en employant les teintures qui rendent plus actives les couleurs faiblement actiniques.

C'est dire qu'on a recours aux plaques orthochromatiques.

MM. Lumière, que l'on trouve toujours prêts à seconder les efforts des inventeurs, quand il s'agit d'un progrès à réaliser en photographie, ont fabriqué des plaques spéciales pour satisfaire à tous les desiderata.

Aujourd'hui, avec une pose très réduite, on peut obtenir des représentations très fidèles d'objets colorés : de tableaux, de plantes ; on peut même faire le portrait, avec des poses dont la durée est inférieure à deux minutes.

On peut enfin, par réflexion, obtenir en projection de très belles images avec des couleurs très vives. Par transmission, ces mêmes images donnent les couleurs complémentaires.

M. Lippmann a ainsi fourni la vérification expérimentale, — on peut dire la plus lumineuse, — de la théorie des interférences.

Il est bon de remarquer, en terminant ce chapitre, que les diverses opérations qui conduisent à la production des couleurs dans la méthode de M. Lippmann, réussissent mieux et donnent des couleurs plus brillantes quand on se sert, comme véhicule, du sel d'argent, de collodion au lieu de gélatine.

C'est une preuve de plus à l'appui de ce que nous disions plus haut. La matière organique, en cette circonstance, *ne peut être considérée comme un corps inerte ; elle agit par sa propre substance.*

Elle accélère ou ralentit, selon sa nature, l'action décomposante de la lumière sur le sel d'argent. Le collodion, en particulier, a du bon et du très bon; il ne faut pas le mettre systématiquement à l'écart. Dans maintes circonstances, le collodio-bromure est supérieur au gélatino-bromure.

CHAPITRE XI

COUP D'ŒIL GÉNÉRAL SUR LES PROGRÈS DE LA PHOTOGRAPHIE

Nous bornerons là cet exposé sommaire des progrès accomplis par la photographie dans les soixante années qui ont suivi sa découverte. On peut y reconnaître trois périodes distinctes :

1° La période de la plaque daguerrienne ou *daguerréotypie*;

2° La période du collodion ;

3° La période du gélatino-bromure.

1. La première est caractérisée par l'emploi exclusif de la plaque métallique polie, à la surface de laquelle était produite, par voie chimique, la couche sensible.

C'était là un procédé direct, donnant immédiatement le positif, et auquel on ne pouvait malheureusement demander le cliché découvert plus tard, qui pouvait seul aboutir à la multiplication rapide des épreuves.

Pendant cette période, d'une douzaine d'années environ, le progrès fut très lent; la plaque donna, du premier coup, tout ce qu'elle pouvait donner ; on parvint seulement à accroître la sensibilité de la couche sensible en faisant varier sa composition.

Malgré les prévisions optimistes d'Arago, ni la science, ni l'industrie ne purent tirer un parti avantageux de cette image, pourtant très fine et à tons très doux, développée sur la plaque métallique. Daguerre demeura convaincu toute sa vie, — il mourut en 1850, — qu'en dehors de la plaque il n'y avait pas de photographie possible.

II. La seconde période date de l'invention du cliché par Fox Talbot. A partir de ce moment, la daguerréotypie fut définitivement abandonnée et la photographie — la vraie — prit un essor inespéré.

C'était un procédé indirect; mais le négatif obtenu allait désormais remplir le rôle de la planche du graveur.

Pour constituer le véhicule des sels haloïdes d'argent, on tâtonna d'abord ; on essaya un peu de tout : papier, albumine, collodion, gélatine, etc.

Finalement le collodion fut adopté par la grande majorité des opérateurs.

Le collodion présentait, en effet, des avantages exceptionnels : produits peu coûteux pour la préparation de la couche sensible et qu'on peut toujours se procurer au même degré de pureté; production facile de cette couche, en employant, comme support, la lame de verre ou de celluloïd; tout le monde peut y réussir après un court apprentissage; enfin les négatifs obtenus avec le collodion présentaient une grande finesse et une grande transparence des images.

Le collodion humide ne peut, il est vrai, lutter avec le gélatino-bromure pour la sensibilité; mais il l'emporte sur lui, quand on peut impunément prolonger la pose.

Ce qui a nui au collodion, c'est la nécessité de l'employer toujours humide pour arriver à une sensibilité acceptable.

Le collodion sec eût peut-être satisfait à tous les desiderata, si l'on avait étudié et amélioré sa préparation, en y mettant du soin et de la persévérance; mais le gélatino-bromure, avec sa supériorité écrasante, s'est bien vite imposé à l'amateur et aux professionnels.

III. La troisième période, — on doit faire remonter ses commencements à l'année 1870, — est de beaucoup la plus brillante.

On peut dire que la plaque au gélatino-bromure, dont on augmente ou on diminue la sensibilité à volonté, est l'instrument le plus précieux qui, dans ces derniers temps, ait été mis à la disposition de l'homme de science et de l'industrie.

Avec elle, l'instantané est devenu possible. On obtient aujourd'hui couramment de magnifiques épreuves avec des poses d'un vingtième, d'un cinquantième de seconde.

La plaque est employée sèche; par suite, on peut l'exposer dans la chambre noire, en un lieu quelconque, à une époque quelconque, sans s'inquiéter de l'époque de sa préparation et en ajournant le développement à une date plus ou moins éloignée.

En voyage, pour diminuer le poids et le volume, — qui pourrait être encombrant, — du grand nombre de plaques dont on a fait provision avant le départ, on a la faculté de substituer aux plaques ordinaires à support de glace ou de celluloïd de simples pellicules qui n'occupent plus qu'un espace très restreint.

Avons-nous besoin d'ajouter que, pour sauvegarder, dans le transport, l'intégrité des plaques et surtout de celles qui ont été impressionnées, il y a lieu de recourir aux plus minutieuses précautions, afin de les soustraire à la lumière, à l'humidité, aux variations brusques de température? C'est par des négligences en cette matière que s'expliquent certains défauts de la plaque, qui n'apparaissent qu'au moment du développement : halos, voile, taches, piqûres, etc...

Que dirons-nous des services de premier ordre que,

grâce au gélatino-bromure, la photographie rend, tous les jours, à la science pure, à l'art, à l'industrie? Ils sont tellement nombreux et variés que nous ne saurions, en quelques pages, décrire, même succinctement, ces applications si intéressantes de la photographie. Il eût fallu écrire une monographie pour chacune d'elles. Nous ne pouvons ici qu'énumérer les plus importantes.

En astronomie, les résultats ont été merveilleux. Des radiations pour lesquelles la rétine humaine est insensible, impressionnent le gélatino-bromure et font connaître à l'astronome l'existence de mondes nouveaux, perdus dans l'immensité des espaces.

La plaque impressionnée représente pour nous un sixième sens, qui nous procure la vision de radiations que l'œil ne peut percevoir.

Pour les voyages d'exploration, la plaque devient un auxiliaire des plus commodes et des plus sûrs.

Elle permet la reproduction exacte, rigoureusement fidèle des œuvres d'art, des monuments, des inscriptions, etc., qu'on rencontre sur sa route. Et, cette fois, l'imagination d'un dessinateur ou d'un peintre n'intervient plus pour interpréter la chose vue.

Ensuite, à l'aide des procédés photomécaniques dont le développement grandit tous les jours, les reproductions peuvent être multipliées à l'infini, placées, à titre d'illustrations, entre les pages d'un livre, et constitue ainsi un moyen très efficace d'enseignement par les yeux.

Des résultats pareils et qui ont bien aussi leur valeur sont obtenus pour la reproduction des tableaux, des sculptures, etc., qu'on ne pouvait étudier jadis que dans les Musées.

L'art militaire profite, à son tour, du secours que leur

prête la photographie, pour la confection des cartes et pour les études de balistique.

Les opérations relatives à la topographie, au lever des plans, à l'établissement des courbes de niveau, s'exécutent aujourd'hui avec plus de promptitude que jamais, et elles offrent les meilleures garanties d'exactitude, grâce aux épreuves photographiques que l'on a prises sur le terrain, dans des conditions spéciales, fixées à l'avance.

Voici encore une science relativement nouvelle, la *Chronophotographie*, qui n'eût pu exister avant les découvertes de la plaque sensible.

Les admirables travaux de M. Marey sur la locomotion de l'homme, le vol des oiseaux et même la natation des poissons, lui doivent leurs rapides succès.

Le cinématographe de MM. Lumière est encore dans le même cas.

En histoire naturelle, la plaque sensible a donné naissance à la *microphotographie*.

On a aujourd'hui le moyen de reproduire, avec le grossissement que donne le microscope, l'image exacte des préparations, parfois fort délicates, qui sont déposées sur le porte-objet.

La météorologie l'utilise tous les jours dans plusieurs de ses appareils enregistreurs.

La médecine, la chirurgie, l'histologie sont devenues ses tributaires. Il n'est pas jusqu'à l'*Instruction criminelle* qui n'ait recours au gélatino-bromure, pour la reproduction des pièces à conviction, pour l'anthropométrie, pour la recherche des falsifications.

Il est enfin une science, née d'hier, science pleine de

promesses et qui, en tout cas, découvre déjà des horizons tout à fait nouveaux, la *Radiographie*. — Elle n'a progressé jusqu'à présent qu'à la faveur de la plaque au gélatino-bromure. Nous voulons parler, sous ce titre de radiographie, des rayons Röntgen, qu'on a eu le tort, selon nous, de nommer les rayons X.

Une semblable appellation n'a aucun sens précis et ne peut amener que la confusion dans le langage.

Il y a tant d'autres rayons distincts de ceux-là qui nous sont inconnus ! Ceux qu'on découvrira demain, puisqu'ils sont inconnus aujourd'hui, seront donc encore des rayons X... ?

Dans le même groupe, entrent aussi les radiations fournies par les sels d'uranium qu'a signalées, le premier, M. H. Becquerel, et celles qu'émettent les *corps radiants* étudiés par M. et Mme Curie.

La plaque au gélatino-bromure a été l'instrument indispensable mis en jeu pour toute cette catégorie de recherches. Elle a permis aux chercheurs de ne pas s'égarer par trop dans ce dédale de phénomènes, aussi étonnants qu'inattendus.

DEUXIÈME PARTIE

LA PHOTOGRAPHIE SOUS-MARINE

BANYULS-SUR-MER ET LE LABORATOIRE ARAGO
LES PREMIERS ESSAIS
LA PHOTOGRAPHIE SOUS-MARINE INSTANTANÉE
LA PHOTOGRAPHIE SOUS-MARINE A LA LUMIÈRE ÉLECTRIQUE
ET EN GRANDE PROFONDEUR
LA COULEUR DE L'EAU ET LA PÉNÉTRATION
DE LA LUMIÈRE DANS LES ABIMES
LA PHOTOGRAPHIE SOUS-MARINE
MISE A LA PORTÉE DES AMATEURS
L'AVENIR DE LA PHOTOGRAPHIE SOUS-MARINE

CHAPITRE PREMIER

BANYULS-SUR-MER

Lorsque l'on pénètre dans le Roussillon, en suivant le chemin de fer qui se dirige vers l'Espagne à travers les Pyrénées-Orientales, on se trouve bientôt en

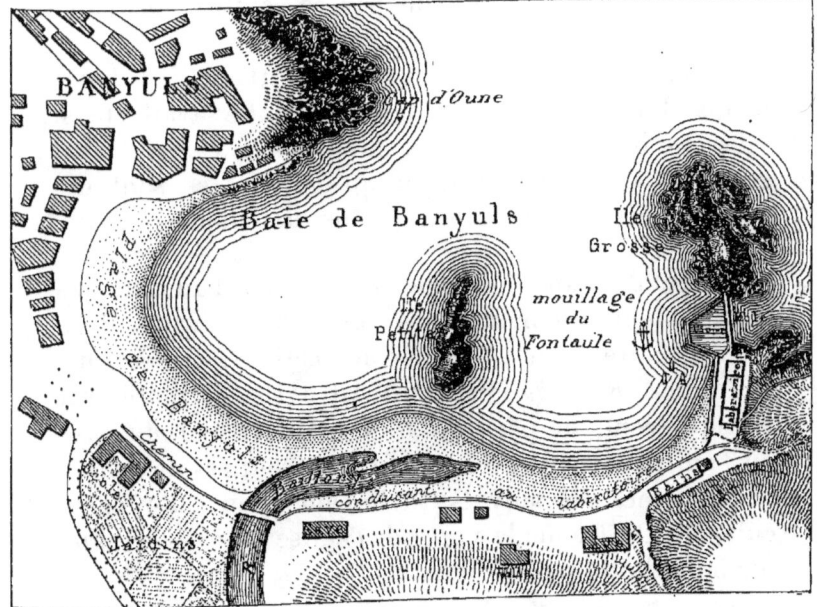

Fig. 1. — Plan de la baie de Banyuls, montrant la position relative de la ville et du laboratoire Arago (d'après H. de Lacaze-Duthiers).

face des derniers contreforts des Pyrénées, dont les escarpements ultimes viennent plonger jusque dans la mer.

Ces chaînons dissociés découpent sur le rivage toute une série d'anses et de baies d'importance très diverse.

D'abord la vaste plage sablonneuse d'Argelès, puis la crique resserrée de Collioure, la belle rade de Port-Vendres et la coquette baie de Banyuls, qui n'est plus qu'à 7 kilomètres environ de la frontière (*fig.* 1).

C'est sur ce dernier point, très rapproché de l'Espagne, dans cette petite vallée pittoresque, ceinturée de toutes parts par la montagne, que M. de Lacaze-Duthiers a fondé le laboratoire Arago.

Tout voyageur épris de pittoresque ne peut qu'être vivement frappé de l'aspect de ce petit coin de terre isolé du reste du continent par sa ceinture de montagnes et par la mer.

A ma première arrivée à Banyuls, il y a déjà longtemps, l'impression que j'avais ressentie avait été si vive que je l'avais consignée dans mes notes, sans songer alors à la faire partager au lecteur; ce sont ces notes que je reproduis presque textuellement.

L'anse de Banyuls a été creusée par l'apport des eaux venant des montagnes voisines; ces eaux diluviennes finirent par constituer une petite rivière à cours irrégulier. En été, le torrent est à sec et représente l'unique route de pénétration vers l'intérieur du pays où l'on ne peut circuler que par des sentiers de mulet.

Les armes de Banyuls traduisent bien cette particularité. On lit sur la porte de l'église au-dessous d'un navire ballotté par les flots :

In mari via tua,
Et semitæ tuæ in aquis multis;

ce qui veut dire, en employant une traduction libre :

Ta grande route, c'est la mer,
Et tes sentiers sont le lit de tes torrents.

Les alluvions, entraînées pendant l'hiver, forment une petite plaine fertile occupée par des jardins. La fécondité du terrain est merveilleuse ; chaque lopin de terre est entouré d'une haie de grenadiers, qui forment un rempart de verdure contre le mistral.

Les coteaux, les premiers contreforts de la montagne, sont plantés en vignes qui s'étagent par terrasses successives, soutenues par des murs en pierre sèche. Beaucoup de ces vignes ont, hélas! disparu, fauchées par le phylloxera; mais la reconstitution du vignoble est en voie d'exécution, à l'aide des plants américains.

Nous suivons un petit sentier; il longe le cours d'eau qui coule à sec, comme le Paillon de Nice. Tantôt il est entaillé dans la paroi abrupte du torrent, tantôt il emprunte le lit lui-même, au milieu des cailloux roulés. Çà et là pointent d'énormes touffes d'agaves et de figuiers de Barbarie, tout hérissés d'épines aiguës.

Nous dépassons le pont du chemin de fer, qui franchit en viaduc la dépression creusée par la rivière : Voici un grand bois de chêne-liège aux troncs biscornus, au feuillage d'un vert sombre.

Chaque tronc porte une date écrite en gros caractères blancs. C'est ainsi que les propriétaires marquent les années de récoltes.

Comme le liège n'est détaché qu'à peu près tous les sept ans, les propriétaires ont soin de sérier leur exploitation, de manière à se constituer un revenu nnuel.

En m'avançant au milieu des herbes, e vois fuir un animal que je prends tout d'abord pour un serpent; il s'est arrêté non loin de là et, en m'approchant avec précaution, je reconnais le lézard ocellé qui atteint, dans ce pays, jusqu'à 50 centimètres de longueur. Je veux m'en emparer; mais l'animal prend une attitude si menaçante et ouvre une si large gueule que je recule instinctivement.

Le lézard ocellé n'est pas dangereux ; mais sa morsure est cependant fort cuisante.

Il est assez abondant aux environs de Banyuls. Les vieux habitants du pays le mangent même communément, et les gamins le pêchent à la ligne, comme un poisson.

C'est un grand amateur d'escargots.

Il suffit d'amorcer un hameçon avec un hélix dépourvu de sa coquille et de promener l'appât le long des vieux murs qu'il habite pour s'en emparer assez facilement.

Le sentier que nous suivons a maintenant quitté le lit de la rivière ; il serpente le long d'une gorge qui s'enfonce vers la montagne des Abeilles.

Après avoir marché pendant une heure, nous arrivons près d'une source fraîche, entourée de cerisiers. Le long des murs en pierre sèche, s'accroche un rideau de citronniers couverts de beaux fruits jaunes très appétissants.

Ce coin de terre faisait autrefois partie du jardin d'un riche propriétaire dont on aperçoit la maison un peu plus loin, sur une colline voisine. Maintenant tout cela est abandonné, depuis l'invasion du phylloxera.

Il y a, en effet, quelque vingt ans, le propriétaire en question avait eu l'idée de faire défricher la montagne et d'y planter de la vigne. Les ceps avaient admirablement poussé dans ce terrain vierge et se couvraient, chaque année, d'une grande quantité de raisins ; mais la difficulté était non pas de recueillir la vendange, mais de l'amener jusqu'au sentier.

Au milieu de ces roches escarpées, les mulets eux-mêmes ne pouvaient pas trouver passage, et l'on était obligé de descendre le raisin dans des hottes, à dos d'homme.

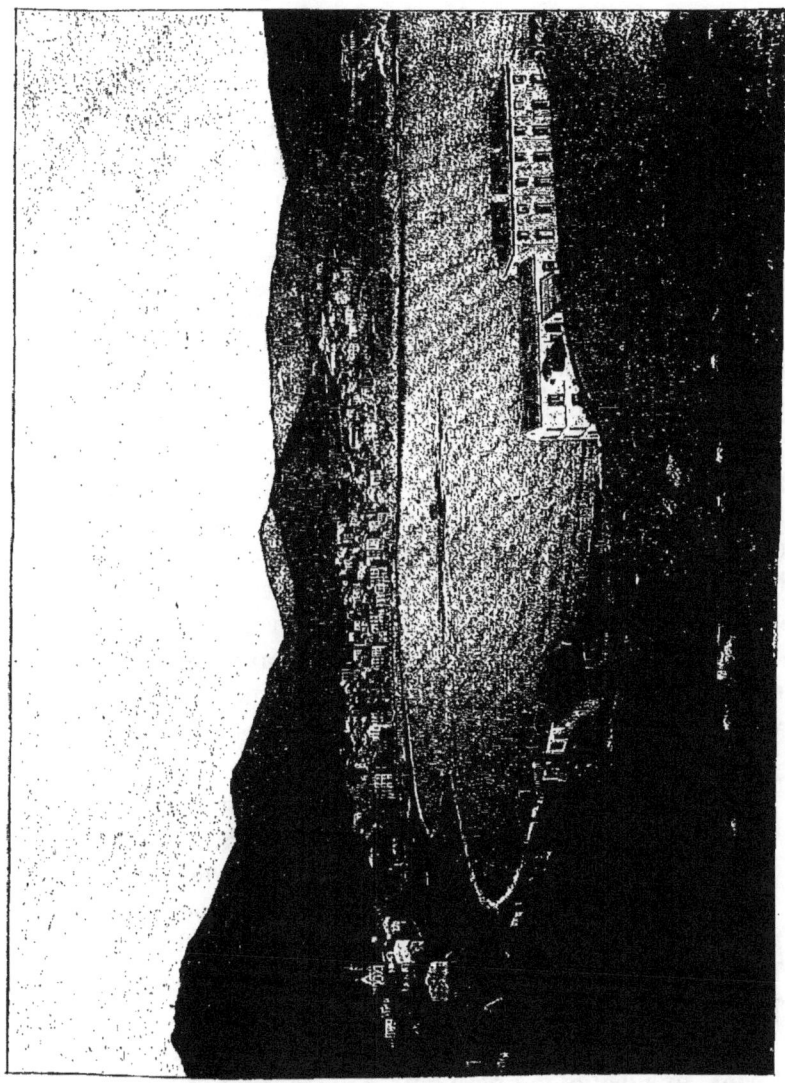

Fig. 2. — Panorama de la baie de Banyuls-sur-Mer.

Le propriétaire trouva une solution élégante à cette question difficile. Il installa au haut de la montagne une cuverie et fit son vin sur place; puis il établit une longue canalisation de près de 3 kilomètres, à l'aide de tuyaux en terre emboîtés les uns dans les autres, et la fit aboutir dans le cellier qui se trouve tout près de nous, à l'état de ruine.

Son vin cuvé, il le lançait dans ces tuyaux, et le vin arrivait en cascade jusque dans ses futailles.

Le lecteur doit penser que le propriétaire pouvait perdre en route une notable partie de sa récolte; mais la pente était assez raide pour que le liquide pût s'écouler intégralement jusqu'à l'endroit voulu.

On ne cite qu'un cas où le déchet fut considérable, les tuyaux s'étant obstrués à moitié trajet; sous la pression du liquide, la canalisation fit explosion, et il se produisit un jet énorme de vin qui montait à plusieurs mètres de hauteur. Plus de 800 hectolitres furent ainsi éparpillés sur les vignes voisines et, chose curieuse, tous les ceps baignés par cette singulière inondation furent tués, ce qui prouve que la vigne qui produit le vin n'aime pas à en boire.

Nous nous asseyons près de la source, et tout en réfléchissant à cette étrange méthode, pour récolter son vin, j'examine le paysage:

Le soir commence à tomber; le soleil, rapproché de l'horizon, va disparaître derrière un grand bois de chêne, dans le lointain... Devant nous se déroule une série de gorges arides, avec une traînée verte dans le fond, marquant le passage des divers petits affluents de la rivière de Banyuls; çà et là, les oliviers et les vignes jettent une note plus claire sur le tableau.

En face de nous, la mer vient échancrer le rivage et forme une belle nappe bleue qui se confond avec le ciel. Bien loin, au-dessous de nos pieds, au milieu des bouquets de verdure formés par les jardins, se massent les maisons de la petite ville, dominées par la flèche aiguë du clocher.

Le paysage a une poésie singulière ; j'ai peine à me figurer que je suis encore en France ; j'ai la sensation de me trouver transporté bien au-delà de l'océan, dans les régions tropicales (*fig.* 2).

J'ai reproduit en entier ces notes rapides, quoiqu'elles puissent sembler étrangères à mon sujet, parce qu'elles me paraissent traduire exactement l'impression que j'ai éprouvée dans le curieux pays où j'ai fait les premiers essais de la photographie sous-marine.

CHAPITRE II

LE LABORATOIRE ARAGO DE BANYULS-SUR-MER
OU ONT ÉTÉ FAITS
LES PREMIERS ESSAIS DE PHOTOGRAPHIE SOUS-MARINE

La station de zoologie de Banyuls-sur-Mer a pris le nom du grand astronome, originaire de la contrée. M. de Lacaze-Duthiers, son fondateur, l'a, en effet, baptisée « le LABORATOIRE ARAGO ».

C'est un vaste bâtiment en briques d'une grande simplicité. Aucune moulure, aucun ornement extérieur ne tranchent sur les grandes lignes droites des murs. Il est cependant très confortablement aménagé au point de vue du travail, quoique le luxe en ait été rigoureusement banni (*fig.* 3).

Le rez-de-chaussée est occupé par une immense salle où sont disposés de nombreux aquariums de forme et de grandeur variables. Les uns sont enchâssés dans les murs et reçoivent la lumière par le haut; les autres sont disposés sur de grandes tables en marbre noir et constituent de vastes parallélipipèdes rectangles formés par d'épaisses glaces.

La salle de l'aquarium, où les visiteurs étrangers ont accès, est naturellement la pièce la mieux ornée de l'établissement. C'est, en quelque sorte, le salon de réception, où les profanes peuvent venir s'initier aux curiosités de la science zoologique.

Pour rompre la monotonie du décor, on a placé, de loin en loin, les bustes des plus illustres savants français, et au centre de la salle on peut admirer une belle reproduction de la Vénus de Milo.

Elle rappelle aux visiteurs que le but, l'idéal des

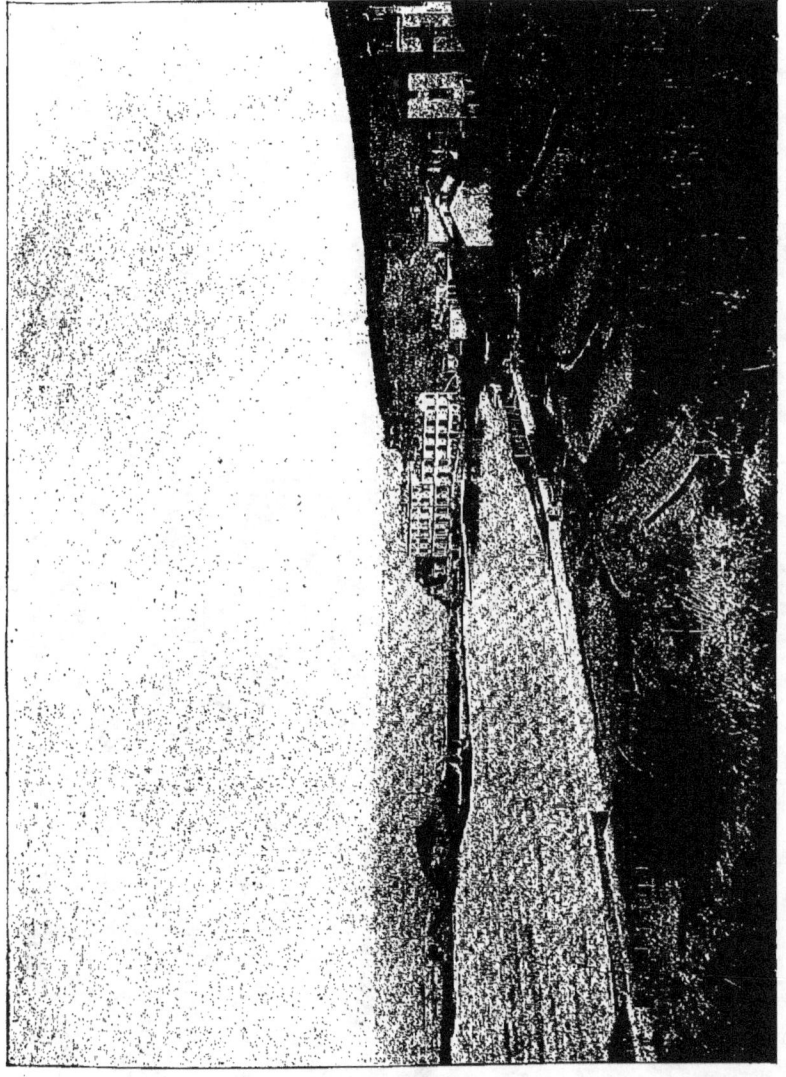

Fig. 3. — Vue extérieure du laboratoire montrant les principaux bâtiments et l'île Grosse sur la gauche.

sciences naturelles, est la recherche du beau dans sa plus belle expression.

118 LA PHOTOGRAPHIE SOUS-MARINE

Au premier étage, l'aspect change; un grand corridor

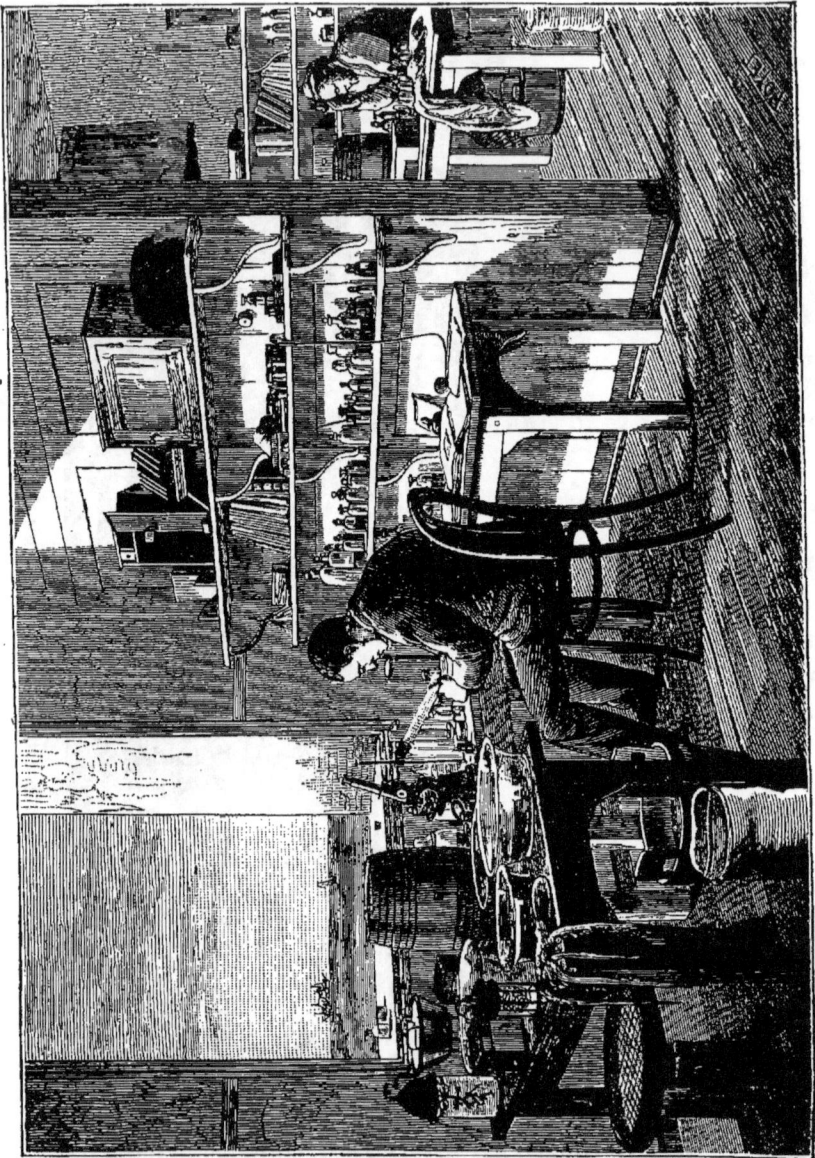

Fig. 4. — L'aspect d'un cabinet de travailleur.

qui part de la salle des collections donne accès dans

une série de chambres de travail, qui rappellent par leur simplicité les cellules des monastères.

Chacun des travailleurs est titulaire d'un de ces cabinets, qui devient son laboratoire particulier ; au centre, un fauteuil tournant où il prend place; autour de lui des tables, sur lesquelles sont disposés les réactifs les plus usuels, les instruments de travail et les cuvettes à dissection. Une armoire et une étagère complètent l'ameublement (*fig.* 4).

Chaque naturaliste est libre d'orner les murs à sa fantaisie, car ceux-ci ne sont enduits que d'une couche de plâtre et n'ont même pas de papier de tentures.

Une large fenêtre jette dans la salle un grand coup de lumière. Pas de rideaux ; un simple store en calicot peut, à la rigueur, les remplacer. On ne l'utilise guère, pour ne pas masquer la vue superbe qui se déroule devant les yeux... la mer bleue piquetée de bateaux, les collines et les montagnes qui la bordent.

Une de ces chambres est cependant plus vaste que les autres. Son décor est également plus soigné.

C'est la bibliothèque, — le salon intime des travailleurs, qui fait pendant à l'aquarium, — le salon des visiteurs.

La bibliothèque, avec ses nombreux livres rangés sur les rayons, représente le plus précieux trésor du laboratoire. A côté des ouvrages de science pure, des mémoires scientifiques et des publications savantes, on trouve, dans une partie réservée, les principales œuvres littéraires.

Le second étage reproduit à très peu de chose près la disposition du premier, quoique sa destination soit différente. Il sert de logement aux travailleurs ; la simplicité est la même, l'absence de luxe aussi complète.

Ici encore, pour traduire l'impression que produit la visite du laboratoire sur quelqu'un qui s'intéresse aux sciences naturelles, je reproduis quelques notes prises par moi, lorsque, jeune étudiant, je fis mon premier séjour dans le laboratoire. Elles amuseront peut-être le lecteur :

L'aquarium, avec son monde d'animaux sous-marins, m'attire dès mon arrivée et me voici dans la grande salle.

Un rayon de soleil se joue au milieu de l'eau de l'un des bacs cimentés dans le mur, et je m'approche pour regarder de plus près. A travers l'eau transparente, au milieu des pierres entassées qui simulent des grottes, je distingue des « Bernard l'Ermite », ces crustacés qui vivent dans les coquilles, dépouilles de quelques mollusques, et qui s'y abritent, comme les tortues dans l'intérieur de leur carapace.

Je suis très fier de les reconnaître ; il y a tant d'animaux dont j'ignore encore le nom ! Mais, au-dessus des coquilles, je distingue de grosses masses charnues, dont je ne comprends pas la signification.

Pendant que j'examine ces objets qui m'intriguent, le vieux gardien du laboratoire s'est approché du bac, et je profite de sa présence pour obtenir quelques renseignements. Je lui montre du doigt les animaux.

— « Ça ? c'est des *Bernards*. »

— « Oui, je les connais, mais qu'est-ce qu'il y a au-dessus de la coquille ? »

— « Ça ?... c'est des *Adamsia Parasitica*. »

— « Des *Adamsia Parasitica* ? Qu'est-ce que c'est que ça ? »

Le vieux gardien me regarde avec commisération. Il pense évidemment :

— « Pauvre garçon, il ne connaît même pas les *Adamsia Parasitica !* »

Il daigne cependant me fournir quelques éclaircissements, pousse un hum! hum! formidable pour s'éclaircir la voix et commence la leçon :

« Les *Adamsia Parasitica*, c'est comme qui dirait
« des fleurs de mer; mais c'est tout de même des ani-
« maux. Ça se croche sur les coquilles des Bernards ;
« alors, quand le Bernard marche, la fleur vivante, qui
« est fixée sur la coquille, marche aussi. Une fleur qui
« marche, ça n'effraie pas les autres animaux, ça les
« étonne, voilà tout ; alors le Bernard s'approche de sa
« proie; comme c'est un malin, il montre sa fleur; la
« proie se dit : « Pas de danger, j'sais ce que c'est, » et
« elle ne se méfie pas... Pan !... le Bernard la mange ;
« mais la fleur, qui est un animal, y trouve son compte,
« car il tombe toujours quelques débris qu'elle ramasse ;
« ça fait que tout le monde est content, sauf la proie
« qui a été mangée. »

Satisfait de son petit discours, il pousse de nouveau son... hum!... hum!... et s'éloigne, tandis que je reste rêveur devant cette fleur, qui est un animal.

Les *Bernards* et leurs *Adamsia* sont en grand nombre dans l'aquarium ; il y en a sous toutes les pierres ; rien n'est curieux comme de les observer attentivement.

En dehors de la coquille, on n'aperçoit que leurs grosses pinces à demi entr'ouvertes et leurs têtes garnies de courtes antennes, à l'aide desquelles ils battent la mesure, comme des chefs d'orchestre.

Quoiqu'ils aient une coquille à traîner, ils sont cependant très agiles. Les uns se tiennent à l'affût; mais la plupart marchent rapidement en quête de nourriture.

Quand ils se rencontrent, ils se heurtent légèrement, et le plus faible rentre bien vite dans sa demeure, ne montrant au dehors que ses pinces menaçantes. Quelquefois un combat s'engage; l'assaillant essaye d'extirper son adversaire hors de son refuge; s'il réussit, un formidable coup de pince dans l'abdomen, et sa victime, éventrée, se trouve à sa merci.

Voici précisément, dans le milieu de l'aquarium, un gros et un petit Bernard qui sont aux prises. Le petit est venu se jeter étourdiment dans les jambes de son adversaire; maintenant, il comprend l'imprudence de

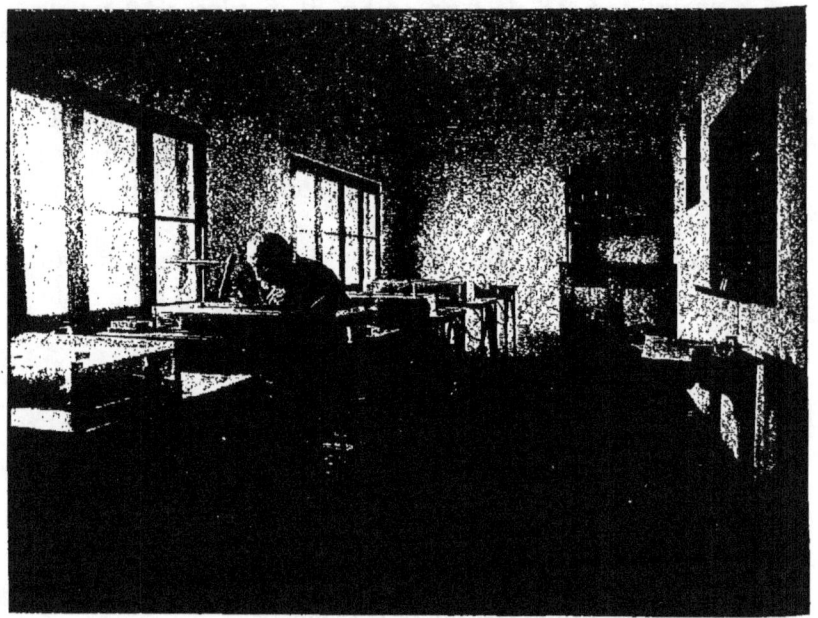

Fig. 5. — Vue d'une salle d'aquarium réservée aux travailleurs du laboratoire.

sa conduite; il s'est retiré au fond de sa coquille et résiste désespérément, tandis que son redoutable ennemi cherche à le happer et tire de toutes ses forces pour l'extraire de son domicile.

Une foule de Bernards sont sortis des trous voisins;

ils paraissent s'intéresser vivement à la lutte et font cercle autour des deux lutteurs, comme les badauds qui entourent les hercules sur les champs de foire. Je crois que ce n'est pas seulement la curiosité qui les guide, ils espèrent intervenir au dénouement pour prendre place au festin qui se prépare.

Le petit est énergique; il oppose une vive résistance. Au moment où le gros renverse sa coquille, il essaye de fuir par la tangente; mais il est bien vite rattrapé.

Le voici sur le dos, visiblement en détresse, le gros tire de toutes ses forces, et le pauvre petit diable faiblit. L'issue de la lutte ne paraît pas douteuse; encore un effort, et c'en est fait du malheureux.

Le gros Bernard se rend compte de la situation désespérée de son adversaire; la traction qu'il exerce sur lui devient plus violente que jamais. Il croit déjà tenir une proie appétissante, et la savourer à son aise; mais il y a quelquefois une justice sous la calotte des cieux.

Le gros Bernard, dans son effort, est sorti à demi de sa coquille. Un des spectateurs de ce duel à mort s'en aperçoit; il s'approche sournoisement, et sa pince s'abat au défaut de la cuirasse.

La blessure est mortelle; en un clin d'œil, le gros Bernard est écartelé, déchiré, disséqué, et ses débris pantelants jonchent le théâtre de la lutte.

Bonne leçon de philosophie! Juste retour des choses d'ici-bas!...

Le petit Bernard, remis de sa chaude alerte, a rétabli sa coquille en bonne place, et, pour réparer ses forces, il prend sa part du festin et suce une patte de son ennemi.

J'ai reproduit cette description du combat des Pagures, écrite avec l'enthousiasme juvénile d'un jeune naturaliste, parce qu'elle me semble bien traduire l'impression que laisse la visite de l'aquarium. Depuis cette époque déjà lointaine, M. de Lacaze-Duthiers a fait construire des salles annexes où sont ingénieusement disposés les aquariums d'études réservés uniquement aux travailleurs et placés à l'abri des regards indiscrets (*fig.* 5).

Il y a encore, dans le laboratoire, une autre partie moins propre à frapper l'esprit du visiteur, mais qui contribue à en faire un laboratoire hors pair et qui m'a été particulièrement utile pour mener à bien mes essais de photographie sous-marine. C'est le cabinet photographique très bien installé, avec une belle chambre de pose et l'atelier de mécanique qui constitue une des annexes les plus utiles de l'établissement.

Le laboratoire fondé par M. de Lacaze-Duthiers se trouve, ainsi que nous l'avons indiqué plus haut, à l'une des extrémités les plus reculées de la France, dans une des dernières digitations de la chaîne des Albères, à quelques kilomètres de la frontière espagnole.

Il semble, au premier abord, que, dans ce coin perdu du Roussillon, il doit être bien difficile de s'outiller convenablement et d'arriver à se procurer les instruments nécessaires pour des recherches délicates.

Heureusement il n'en est rien, et ces conditions, en apparence défavorables, ont, au contraire, grandement facilité mon travail.

Pour obvier, en effet, aux conséquences de l'éloignement de la station de tout centre important, M. de Lacaze-Duthiers a été amené à condenser en un même point les ressources les plus variées, machines à vapeur, à pétrole, dynamos, tours et machines-outils de toute sorte, de manière à ce que l'établissement pût se suffire à lui-même (*fig.* 6).

On chercherait probablement en vain un labora-

toire de zoologie maritime français, où l'on trouverait
un atelier de mécanique aussi largement installé.

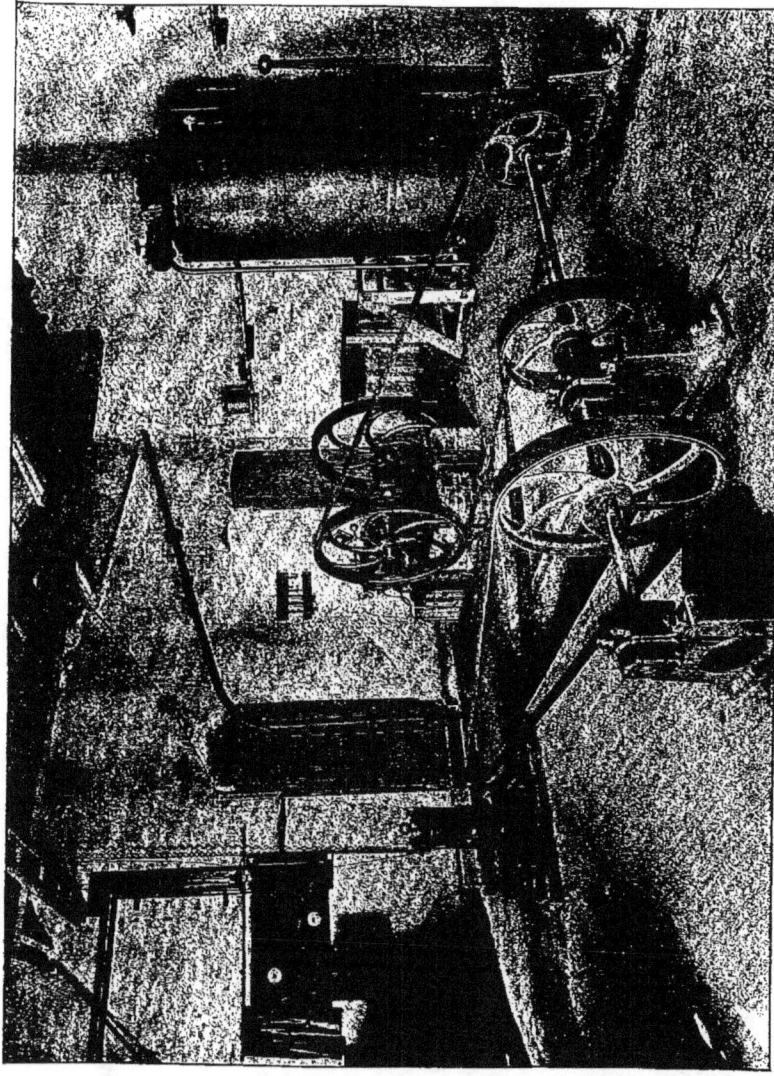

Fig. 6. — Vue intérieure de l'atelier de mécanique.

Dans quel laboratoire pourrait-on actuellement exécuter, à l'aide des seules ressources de la station, des appareils aussi compliqués que ceux qui sont représentés figure 14, page 172, et figure 17, page 180 ?

Ces appareils ont cependant été construits de toute pièce à Banyuls-sur-Mer, par les soins de l'habile mécanicien du laboratoire, David ; et ce dernier ne s'est pas borné à reproduire, plus ou moins fidèlement, les croquis que je lui remettais, comme aurait pu le faire un praticien ordinaire. Maintes fois il a su les modifier d'une façon pratique et est arrivé ainsi à créer des dispositifs nouveaux, tels que le châssis représenté figure 16, page 177.

CHAPITRE III

ÉTAT DE NOS CONNAISSANCES SUR LE FOND DE LA MER

L'étendue de la surface de la terre recouverte par l'eau est immense, si on la compare à la portion émergée qui représente les continents.

— Que connaissons-nous de la portion du globe cachée sous les mers et les océans? — Fort peu de chose, en vérité.

Excepté dans le voisinage immédiat du bord de l'immense cuvette, qui peut être exploré à l'aide des embarcations de pêche, les documents que les naturalistes ont eus à leur disposition sont restreints, et leurs moyens de recherches rudimentaires.

Un rapide coup d'œil rétrospectif est nécessaire pour nous faire comprendre l'état actuel de la science.

Les anciens ne connaissaient que très peu de chose sur la mer; les moyens primitifs de navigation qui les exposaient à tant de dangers leur faisaient justement redouter toute exploration maritime.

Les divers problèmes qui se sont posés à notre époque sur l'origine des océans, la direction des courants, le degré de salure aux diverses profondeurs, le genre de vie et l'aspect des habitants du monde sous-marin, n'avaient guère suscité l'attention des anciens.

Aristote, qui avait décrit un grand nombre de formes animales marines, fut le premier à se préoccuper de

128. LA PHOTOGRAPHIE SOUS-MARINE

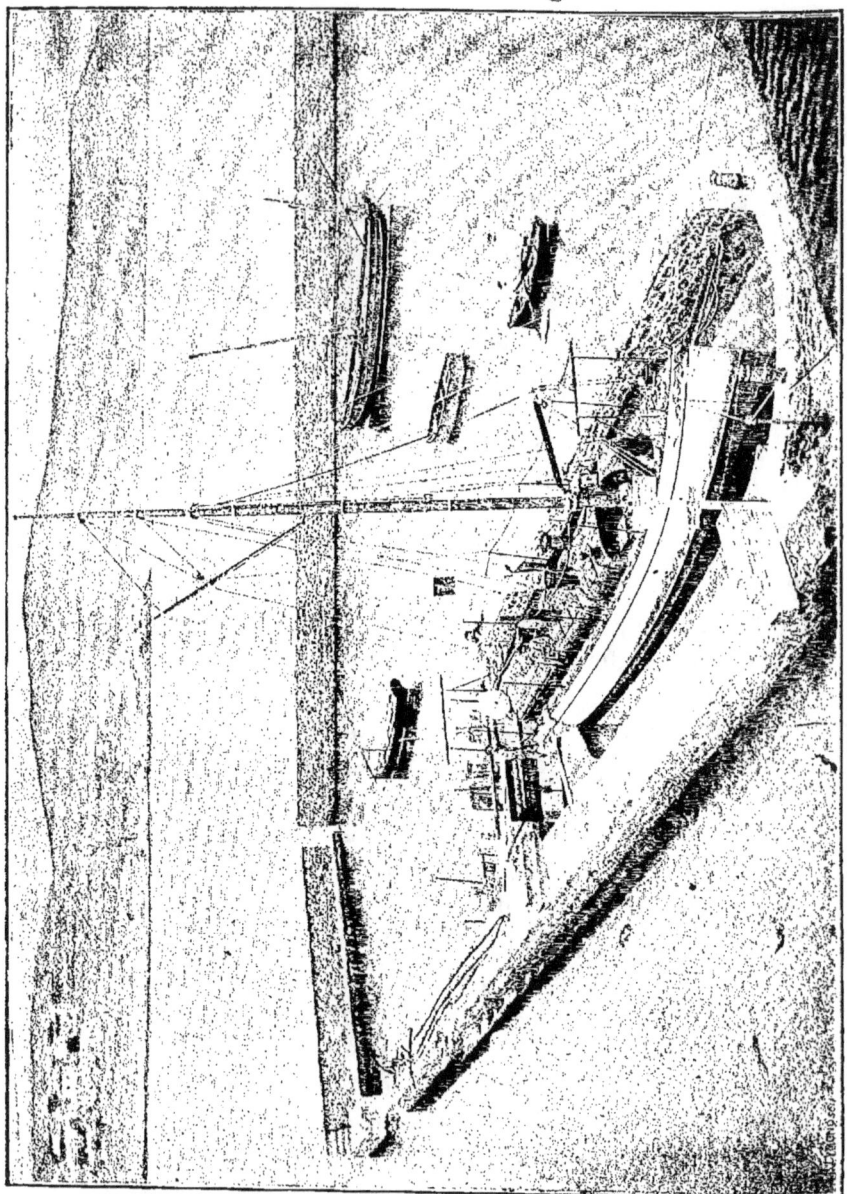

FIG. 7. — Vue du vivier de recherches du laboratoire Arago et des diverses embarcations qui dépendent de la station.

quelques-unes des questions que nous venons d'énoncer. La salure de la mer, en particulier, l'avait intéressé, et il avait cherché à l'expliquer par quelques observations directes. Après lui, la curiosité un instant éveillée s'assoupit de nouveau; les observations directes sont abandonnées, et les auteurs, dont les travaux sont parvenus jusqu'à nous, ne font que copier Aristote, en le défigurant.

Pendant tout le moyen âge, la nuit est complète; la spécialisation des recherches, dans le sens moderne du mot, était inconnue de ceux qu'on a appelés les philosophes. Cependant, à partir du xvie siècle, la curiosité commence à s'éveiller; mais ce n'est qu'au milieu du xviiie siècle que deux naturalistes italiens utilisent la drague pour recueillir des spécimens d'animaux vivant dans l'eau salée.

L'engin employé dans leurs recherches était, en effet, l'instrument grossier qui sert à draguer les huîtres.

En 1779, un Danois, Otho F. Muller, inventa une drague destinée spécialement aux recherches zoologiques. Elle lui fournit une riche moisson, et l'énorme abondance des formes marines vivantes, la variété de leur aspect et de leurs couleurs, frappèrent vivement les naturalistes contemporains; puis vint, en 1805, le voyage autour du monde du naturaliste français Péron, qui apporta des connaissances toutes nouvelles sur les formes marines exotiques.

Si les connaissances étaient encore bien incomplètes, l'essor des théories n'en était que plus aisé.

Chacun sait qu'il est plus facile de mettre en équilibre un trépied qu'une table reposant sur quatre pieds; il en est de même pour les théories : moins il y a de faits pour les étayer, plus il est commode de leur donner une apparente solidité; mais quand de nouveaux faits sont mis en lumière, gare à l'équilibre! On s'aperçoit que les théories sans fondement chancellent et sont erronées; c'est ainsi que Péron, partant d'observations incomplètes, se figurait qu'à partir d'une certaine profondeur le fond de la mer était tapissé par une couche continue de glace, et il fallut de nombreuses recherches et de nombreux voyages pour mettre à néant cette fausse hypothèse.

Plus récemment, les recherches s'étant multipliées, on était arrivé à se convaincre que, loin d'être glacé, le fond de la mer était occupé par des couches d'eau à une température sensiblement au-dessus de zéro.

Cependant les théories n'avaient fait que changer, sans atteindre encore la vérité.

C'est ainsi que, vers 1840, Forbes, dont les recherches en zoologie ont pourtant beaucoup contribué à élargir le champ de nos connaissances, arrivait à sa distribution bathymétrique de la vie sous-marine et établissait l'existence de plusieurs zones, la région littorale, la région des laminaires et la région des corallines.

A partir de la première région, selon le savant naturaliste, la vie diminuait peu à peu d'intensité, et les formes animales devenaient plus rares.

Au-dessous de 300 brasses environ, la vie s'éteignait définitivement, et il n'existait plus d'êtres organisés.

L'idée de Forbes était fausse et, cependant, tous ses disciples, sans plus s'informer, l'adoptèrent d'enthousiasme et l'encadrèrent de tout un cortège de preuves théoriques, en oubliant que les observations dans les sciences naturelles préparent quelquefois d'étranges surprises.

A cette époque, on se fût moqué du naturaliste qui

aurait soutenu que des êtres organisés pouvaient vivre dans les grands fonds :

L'énorme pression, l'obscurité absolue qui devait régner dans les abîmes, montraient clairement l'absurdité d'une telle opinion ;... et pourtant, malgré toutes ces raisons convaincantes, le fond des mers est peuplé et très peuplé d'animaux.

C'est ce que devaient démontrer, péremptoirement, les recherches ultérieures. Les excursions scientifiques qui, pendant un certain temps, avaient été exclusivement dirigées vers le pôle, avaient pris un but pratique et précis.

Les machines à sonder se perfectionnaient, et des formes animales fortement discutées, il est vrai, étaient ramenées à la surface.

La série des théories erronées n'était cependant pas close, et l'on allait passer d'un extrême à l'autre ; en 1860, on déclarait que le fond de la mer était entièrement tapissé par une matière vivante, à laquelle Huxley donnait le nom de *Bathybius*.

Il fallut des recherches et des analyses nombreuses pour se convaincre que le soi-disant organisme n'était qu'un précipité de sels de chaux obtenu par la réaction de l'alcool sur l'eau de mer.

L'industrie devait venir, une fois de plus, en aide à la science.

La télégraphie sous-marine contribua puissamment à compléter nos connaissances sur le fond des mers et des océans. Pour poser dans de bonnes conditions les câbles chargés de transmettre le courant électrique, les ingénieurs ont dû se préoccuper de la nature des fonds, de la profondeur et de la forme du profil sous-marin.

La rupture des câbles, qui pouvait ruiner les actionnaires, a été une bonne fortune pour les naturalistes et leur a permis dans plusieurs circonstances, d'étudier les animaux qui s'étaient fixés à la surface du fil conducteur, à une profondeur considérable.

Un intérêt matériel puissant se trouvant en jeu, les différentes questions de l'océanographie revinrent en faveur, et les observations de M. le professeur Pouchet sur la direction des courants, observations qui auraient mérité d'être conduites avec plus d'esprit de suite, attirèrent l'attention universelle.

Il serait trop long d'énumérer tous les voyages scientifiques qui ont eu lieu depuis quelques années. On peut citer, entre autres, quelques belles expéditions françaises, telles que celles du Travailleur et du Talisman où de précieuses trouvailles zoologiques ont été faites; nous les rappelons seulement pour arriver à la campagne scientifique anglaise du Challenger, qui, nous devons le reconnaître sans faux amour-propre national, a été la plus complète et la mieux conduite de toutes.

Avant la campagne du Travailleur et du Challenger, on savait que le fond des océans était peuplé, mais on ne connaissait qu'un petit nombre de formes appartenant, sans conteste, aux grandes profondeurs.

Les naturalistes du Challenger ont eu le mérite de recueillir méthodiquement un grand nombre d'espèces inconnues, sinon insoupçonnées, et le mérite plus grand encore de les faire étudier par des savants compétents sans se préoccuper ni de leur origine ni de leur nationalité. C'est grâce à cette méthode scientifique que l'expédition a donné tous les résultats qu'on était en droit d'en attendre; c'est grâce à cette bonne organisation qu'à la suite du voyage du Challenger a pu être publié un ouvrage qui constitue l'un des plus beaux monuments des sciences naturelles et qui est représenté par plus de trente volumes grand in-4°.

En dépit de tous les efforts, nos connaissances sur le véritable aspect du fond de la mer restent encore bien obscures, et l'on ne compte pas les lacunes qui restent à combler.

Cependant, à côté des études générales comme celles du Challenger, qui nous ont apporté de si précieux documents, on commence, depuis quelques années, à comprendre qu'il faut procéder méthodiquement et étudier en quelque sorte la mer régions par régions.

Ces études locales, par leur précision, contribueront dans une large mesure à étendre le champ de nos connaissances.

C'est ainsi, pour n'en citer qu'un exemple, que le prince de Monaco a organisé des explorations successives faites à bord de son yacht; chaque année, son outillage se perfectionne; chaque année, la moisson devient plus intéressante et les matériaux précieux, au lieu d'aller s'enfouir ignorés dans les vitrines d'un musée, sont d'abord distribués aux savants compétents.

Ainsi s'est créée, sous l'habile direction du docteur Richard, cette publication qui, sans égaler encore celle du Challenger, est pourtant un véritable monument scientifique.

Tandis que les laboratoires étrangers étudiaient principalement les animaux qui vivent soit à la surface de l'eau, soit dans les profondeurs, sans contact direct avec la côte, certains laboratoires français se sont adonnés plus particulièrement à l'étude des fonds.

C'est ainsi, par exemple, que M. Pruvot a étudié pendant plusieurs années les environs du laboratoire Arago et est arrivé aux données importantes qui servent d conclusion à son mémoire sur les fonds sous-marins de la région de Banyuls[1].

Nous les reproduisons plus bas, non seulement parce qu'elles nous intéressent particulièrement au point de vue du sujet, mais aussi parce qu'elles marquent une étape dans l'étude des sciences naturelles.

« Dans la région de Banyuls, dit le savant professeur de Grenoble, les fonds sous-marins se laissent diviser en trois zones principales :

« 1.° ZONE LITTORALE, caractérisée par ce fait que l'agitation continuelle des eaux y empêche le dépôt ou tout au moins le séjour de la vase pure, c'est-à-dire des sédiments argileux dont les particules ne dépassent pas $0^{mm},01$.

« Elle est formée partout de roches et de galets roulés sur le prolongement des caps, et dans leurs intervalles, de sable et d'éléments roulés, qui continuent sous les eaux le sable des plages émergées. Dans les endroits abrités, où le sable est fin et tassé, il se recouvre d'herbiers, prairies de zostères, qui n'atteignent nulle part dans la région un grand développement. A leur limite contre la roche, çà et là des amas concrétionnés d'origine animale représentent les fonds coralligènes de la région de Marseille.

« D'où quatre faciès différents[2] : roche vive couverte d'algues, sable pur des plages, herbiers et fonds coralligènes.

« Cette zone, dans son ensemble, n'a guère plus d'un demi-mille de largeur moyenne. Sa limite inférieure, qui se trouve à 15 mètres au plus, en face des plages

---

[1] *Archives de zoologie expérimentale et générale*, 3ᵉ série, t. II, 1893.
[2] Les trottoirs d'algues calcaires qui protègent la roche contre l'érosion n'appartiennent pas, à proprement parler, à cette zone : ils sont presque constamment au-dessus du niveau de l'eau (Note de M. Pruvot).

du Roussillon et de Rosas, descend progressivement des deux côtés, de plus en plus profondément, vers la pointe du cap de Creus, où elle atteint 70 mètres environ..

« 2° ZONE CÔTIÈRE OU DU PLATEAU CONTINENTAL, vaste plateau peu accidenté et peu incliné, descendant jusqu'à 250 mètres de profondeur, en moyenne, limité par un talus à pente raide. Il est occupé par la vase côtière, qui passe insensiblement, vers le bord du plateau, aux sables et graviers du large.

« La vase côtière, gris jaunâtre, colloïdale, a la composition ordinaire des marnes ; c'est un silicate d'alumine ferrugineux, renfermant du carbonate de chaux et un peu de carbonate de magnésie et de matières organiques.

« Elle est mélangée d'une petite portion de sable très fin, dont les éléments, peu ou pas roulés, ne dépassent guère $0^{mm},1$. Ces éléments sont ceux qui dominent dans les roches ordinaires de la côte, quartz, orthose, mica, avec quelques grains de zircon, grenat, etc.

« Les sables et graviers du large sont à éléments beaucoup plus volumineux et roulés. Ils sont, en certains points, ainsi que les tubes de Serpuliens et les débris de coquilles qu'ils renferment en abondance, agglutinés par un ciment calcaire ferrugineux, et forment des bancs concrétionnés rocheux redoutés des pêcheurs (Runie, Cannalots, Ouillals).

« En outre, la roche véritable perce, par endroits, le manteau de sédiments meubles qui recouvre tout le fond.

« Le plus grand nombre de ces rochers épars est ordonné en une bande courant du sud au nord, le long de la moitié méridionale de la côte du Roussillon. Ils représentent les sommets rasés d'un petit chaînon sous-marin des Albères.

« 3° ZONE PROFONDE, caractérisée par la vase profonde, fine, gluante, qui couvre tous les grands fonds et remonte jusqu'à l'isobathe de 250 mètres en moyenne.

« Au point de vue topographique, la pointe du cap de Creus divise le plateau continental en deux portions différentes, séparées par la profonde échancrure du rech du cap; un plateau septentrional, qui n'est que la terminaison ouest du grand plateau, qui occupe tout le golfe du Lion, et un plateau méridional, s'étalent autour du golfe de Rosas.

« Le plateau du nord présente des caractères particuliers :

« Il est essentiellement formé de sables et de graviers, et le diamètre des éléments décroît du rivage vers le bord du plateau; près de la côte on rencontre, en abondance, des dragées de quartz et des plaquettes arrondies de gneiss ou de schistes enfoncées sous la vase qui les recouvre; plus loin des graviers grossiers; enfin du sable fin qui forme les plateaux Roland et du Balandrau. Ces éléments sont ceux des roches qui constituent les montagnes de la région.

« La vase côtière qui ne recouvre ces dépôts que jusqu'au point où ils arrivent, à une centaine de mètres de profondeur, n'atteint pas le bord du plateau.

« Le bord du plateau présente d'abondantes concrétions, dues à un dépôt chimique ferrugineux et manganésifère, cimentant les éléments minéraux et les débris animaux, indice d'un repos actuel des eaux, qui contraste avec l'aspect roulé des éléments conglomérés.

« Le bord du plateau ne forme pas une falaise rocheuse, mais un simple talus sableux, qui présente par endroits une pente de 20° au maximum.

« Il est découpé par plusieurs échancrures étroites et profondes (rechs), dont le fond peu incliné est compris, quelle que soit leur longueur, entre 600 et 700 mètres. Une au moins, la plus importante, le rech Lacaze-Duthiers, commence par une masse rocheuse, la roche Fountaindrou, à demi noyée dans les sables du plateau, et qui doit représenter aussi un sommet d'une digitation sous-marine des Albères.

« D'après cela, les courants actuels étant manifestement incapables de transporter au loin des matériaux relativement lourds et volumineux, comme ceux des sables et graviers qui forment tout le plateau continental, il faut admettre que la formation du plateau doit remonter à une époque antérieure à l'époque actuelle.

« Les puissants cours d'eau de la période diluvienne ont charrié à la mer les matériaux arrachés à la région qu'ils traversaient. Ceux-ci ont comblé le fond du golfe primitif, qui est devenu la plaine d'alluvions du Roussillon et ont formé, plus au large, sous les eaux plus profondes, le plateau continental actuel, qui en est la continuation directe.

« Le bord du plateau n'est que le talus d'éboulement de ces dépôts. Les échancrures qui le découpent, en particulier, tout au moins le rech Lacaze-Duthiers, doivent être dues à la saillie, au-dessus du fond marin primitif, d'un sommet montagneux prolongeant sous la mer les chaînes de la côte, qui a divisé le courant d'apport et empêché les sédiments de se déposer en arrière de lui.

« Puis, à l'époque actuelle, quand, à ces grands phénomènes de transport, ont succédé des temps plus calmes, le repos des eaux a permis le développement d'organismes délicats, les précipitations chimiques qui ont cimenté par places les débris et ont donné naissance à ces bancs rocheux et à ces concrétions que nous avons trouvés un peu partout à la surface et au bord du plateau.

« Les rivières actuelles, restes dégénérés des violents torrents quaternaires, ne charrient plus maintenant que des sédiments fins, qui se déposent bien avant le bord du plateau et constituent la vase côtière qui recouvre, près du rivage, les graviers et les sables précédents.

« Il est à remarquer que, dans toute la traversée du golfe du Lion, la vase côtière n'arrive nulle part jusqu'au bord même du plateau; elle en est toujours séparée par une large bande de sable, signalée déjà par Delesse.

« Enfin, à l'autre extrémité du golfe, là où les grandes profondeurs se rapprochent de nouveau du rivage, vers le cap Sicié, la disposition et la nature des dépôts sous-marins paraissent être exactement les mêmes : un plateau sableux à talus raide, la falaise Peyssonnel, et à bord découpé de deux côtés du banc des Blanquières par des rechs dont le fond est également de 600 à 700 mètres.

« Il est donc au moins vraisemblable que les mêmes phénomènes se sont succédé, là aussi, dans le même ordre, et que tout le golfe du Lion a été envahi d'abord par des apports diluviens, revêtus en partie, ultérieurement, d'une nappe de vase fine qui continue à s'épaissir peu à peu.

« Le plateau méridional espagnol qui prolonge au large le golfe de Rosas, étendu du cap de Creus au cap Saint-Sébastien, a un contour plus régulier que les profondes échancrures du plateau français. Son bord, sauf dans la partie nord, contre le rech du cap, est moins nettement accusé; la profondeur croît régulièrement vers le large, et la vase côtière y passe insensiblement à la vase profonde sans bande de sable interposée.

« La vase profonde qui remonte le long de tous les talus jusqu'à l'isobathe de 250 mètres en moyenne, appartient, comme tous les sédiments profonds de la Méditerranée, aux dépôts terrigènes.

« Elle tire donc son origine d'éléments enlevés du rivage. Elle a sensiblement la même composition partout dans notre région et se rapproche, par la proportion relative de ses divers éléments minéraux, de la vase côtière du plateau méridional espagnol, plus que de celle du plateau français.

« Elle occupe tous les rechs de celui-ci; elle envahit aussi le bord du plateau continental en se mêlant aux sables du plateau Roland et du Balandrau. Sa limite d'extension dessine, dans son ensemble, une ligne courbe à concavité ouverte vers le sud-est, et, le long de cette ligne, on la voit passer au fond des rechs à une vase plus bleue, qui paraît d'âge plus ancien, d'après sa compacité, la réduction avancée du fer, par les matières organiques à son intérieur, d'après ce fait aussi qu'on rencontre à sa surface des concrétions, des graviers, etc., éboulés du bord du plateau continental et jamais recouverts de vase nouvelle.

« Si l'on ajoute à cela que la vase côtière du nord ne peut lui avoir donné naissance, puisque partout, dans le golfe du Lion, est interposée entre les deux une bande de sable que la vase côtière ne franchit pas, on aura de fortes raisons de croire que la vase profonde, dans toute notre région, a une origine méridionale.

« Elle tire peut-être son origine des dépôts côtiers du grand bassin limité par les rivages des provinces de Catalogne et de Valence, d'une part, et, de l'autre, par les îles Baléares, qui, d'après les cartes, montre, entre autres, un vaste plateau vaseux autour de l'embouchure de l'Èbre.

« Dans ce cas, les courants qui ont amené les sédiments et déterminé le profil actuel du sol sous-marin, dans la région de Banyuls, auraient suivi successivement deux directions dominantes presque opposées.

« Des apports du nord-ouest auraient primitivement formé le plateau continental et continueraient à déverser à sa surface la vase côtière du nord ; un courant du sud-ouest amènerait jusqu'au bord du plateau et au fond de ses découpures les dépôts vaseux du sud. »

Ici se termine la longue citation que nous avons faite du mémoire de M. le professeur Pruvot sur les fonds sous-marins de la région de Banyuls. Elle suffit à montrer *quelle importance ont les études locales, encore bien peu nombreuses, pour arriver à une connaissance complète des fonds de la mer.*

Elle montre aussi la variété de ces fonds, avec lesquels les naturalistes n'ont, jusqu'ici, pris contact qu'avec des instruments que je qualifierai d'aveugles, plombs de sonde, dragues et engins divers.

CHAPITRE IV

IDÉE PREMIÈRE DE LA PHOTOGRAPHIE SOUS-MARINE

Quoi qu'on fasse dans la voie suivie jusqu'ici, le naturaliste se trouve, par rapport à la mer, dans la situation d'un habitant de la lune qui voguerait dans les espaces éthérés, mais qui ne pourrait descendre à travers l'atmosphère qui entoure la terre.

Qu'on me permette de supposer que ce voyageur des régions célestes arrive en contact avec la surface de notre atmosphère.

Il flotte à la surface des hautes régions atmosphériques, mais ne peut y pénétrer et reste séparé de la terre par toute la région gazeuse.

S'il veut prendre quelques notions de la constitution du globe et de ses habitants, il va procéder ainsi que les naturalistes l'ont fait et construire des dragues et des filets, puis il les promènera comme l'ancre d'un ballon, en essayant de les mettre en contact avec la surface de la terre.

Pensez-vous qu'avec ces instruments primitifs, quelle que soit d'ailleurs son habileté, notre lunatique obtiendra des idées nettes et précises sur la nature du globe terrestre ?

Le contact de ses instruments avec les hauts sommets lui fera déclarer que la terre est enveloppée d'une épaisse couche de glace. Ses filets prendront quelques oiseaux, qui représenteront pour lui les habitants les plus nombreux de la terre, et, si la drague découronne quelque haute cheminée d'usine, il en conclura que c'est là l'habitation mystérieuse de quelque animal inconnu.

Il suffit d'indiquer, sans insister davantage, l'une des nombreuses méprises que chaque lecteur peut mettre au compte de l'infortuné lunatique.

Jusqu'à présent les naturalistes ont procédé exactement, comme lui, dans l'étude des grands fonds, et quoiqu'il soit légitime de constater que les appareils employés sont aussi perfectionnés que possible, et qu'il soit juste de reconnaître que les savants ont déployé une ingéniosité extrême, il n'en est pas moins vrai que la drague et la sonde, leurs principaux outils, sont des instruments rudimentaires et qui travaillent, ainsi que je le faisais remarquer à la fin du chapitre précédent, à l'aveuglette.

Quel changement dans la situation, le jour où il devient possible de prendre des photographies au fond de la mer !

Nous sortons immédiatement du domaine des hypothèses et des interprétations pour entrer dans celui des faits précis et indiscutables.

Partant de cette idée que, pour bien contrôler un fait, il est bon de voir par soi-même, quand la chose est possible, M. de Lacaze-Duthiers, le fondateur du laboratoire Arago, avait conseillé depuis longtemps déjà aux travailleurs de faire usage du scaphandre pour étudier les animaux marins dans leurs stations naturelles.

De même que plusieurs de mes collègues et amis, M. François, M. Pruvot, M. Guitel, etc., j'avais revêtu le

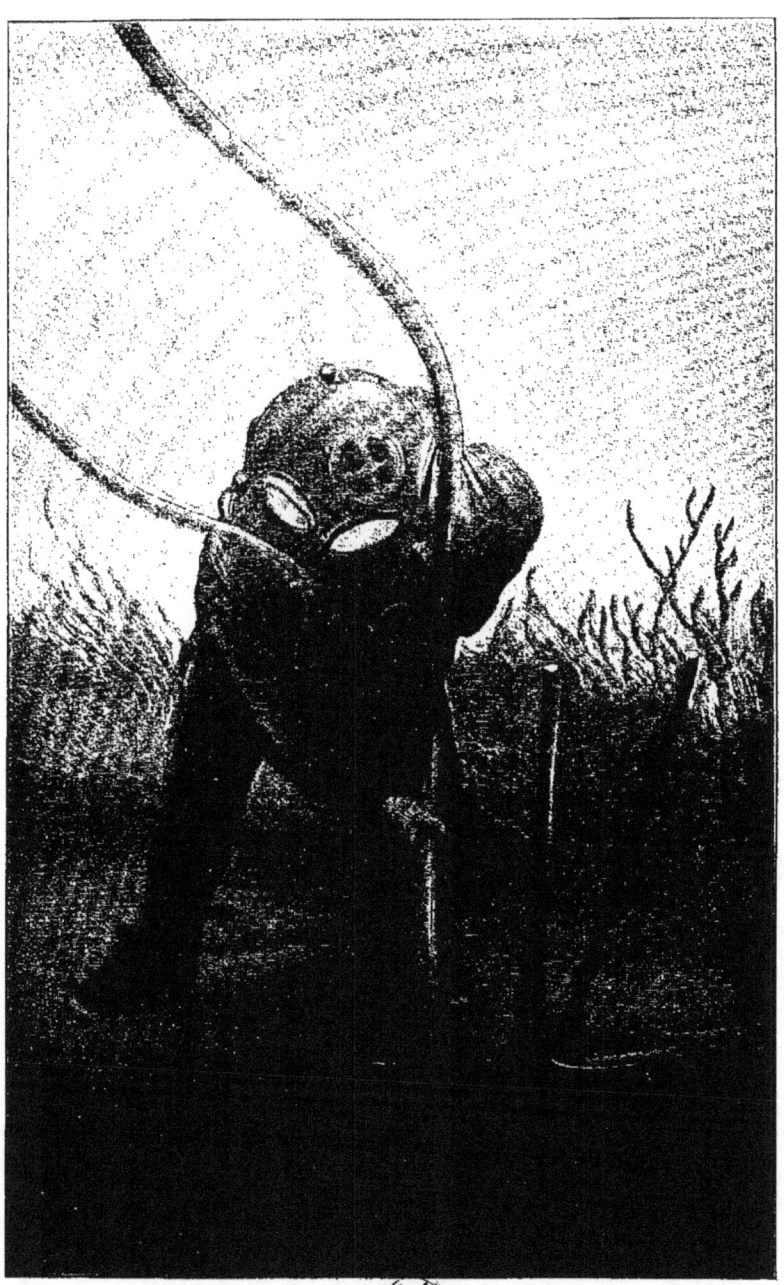

Scaphandrier au travail. — (Instantané.)

scaphandre, et je m'étais peu à peu familiarisé avec la manœuvre de l'instrument, dans le voisinage du labo-

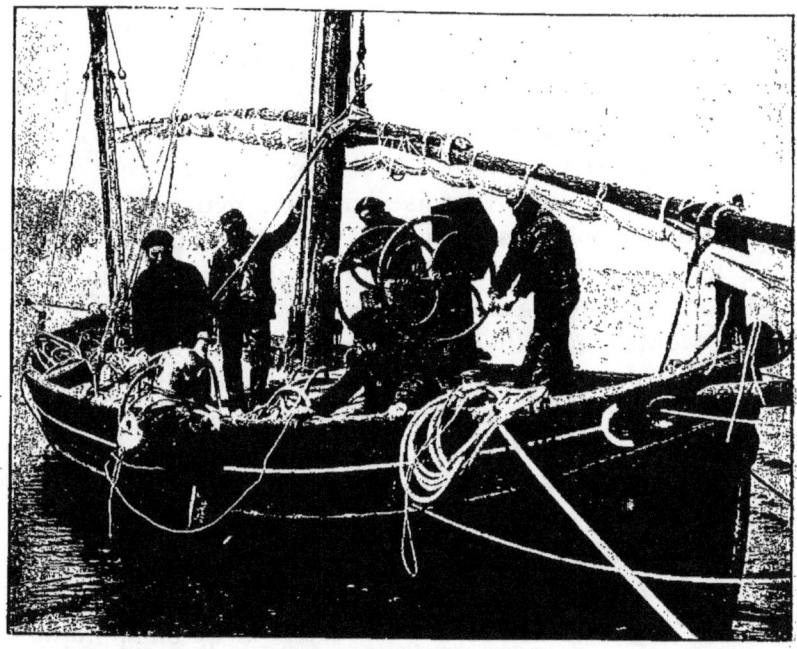

Fig. 8. — Descente en scaphandre (cliché de M. Prouho).

ratoire (Planche V). C'est là que j'ai puisé la première idée de la photographie sous-marine.

On sait que le scaphandre est formé de deux parties distinctes, réunies par un long tuyau qu'on appelle la manche à vent, d'abord une pompe à air manœuvrée par une équipe de travailleurs, ensuite un vêtement imperméable, casque compris, dans lequel l'opérateur s'enferme complètement (*fig.* 8).

Je laisserai de côté la description de la pompe à trois corps qui n'offre pas d'intérêt spécial.

Le vêtement, en toile imbibée de caoutchouc, se présente sous la forme d'un énorme caleçon dans lequel on entre jusqu'au cou.

C'est un habit tout à fait dépourvu d'élégance et un tailleur des boulevards n'aurait aucune peine à tailler un vêtement plus seyant et mieux ajusté.

Tel quel, cependant, il a le grand avantage d'être absolument imperméable à l'eau et de mettre à l'abri toutes les parties inférieures et moyennes du corps.

Il offre pourtant trois orifices : deux situés au niveau des poignets, un placé à la hauteur du cou.

Les deux premiers orifices se ferment naturellement, lorsque l'homme a endossé le vêtement ; les manchettes en caoutchouc adhèrent intimement sur la peau du bras et, pour empêcher toute introduction du liquide, on place à ce niveau deux bracelets qui achèvent de rendre la fermeture hermétique.

L'orifice supérieur, situé au niveau du cou, est, au contraire, beaucoup plus large ; il est limité par une collerette épaisse en caoutchouc et bâille légèrement dans sa portion supérieure.

C'est sur cette collerette en caoutchouc qu'on applique le large collier en cuivre, qui s'appuie en avant sur le sternum et en arrière sur la colonne vertébrale.

On rabat la collerette sur ce collier, muni d'ordinaire de trois boulons, et on applique ensuite la dernière pièce constituée par le casque.

Le casque peut, en effet, s'adapter par tout son pourtour inférieur contre le collier en cuivre ; il en est séparé cependant par le rebord de la collerette qui forme joint entre les deux.

Le casque présente également plusieurs orifices :

L'orifice inférieur, qui a permis son introduction sur la tête du scaphandrier et qui se trouve fermé au niveau du collier. Un orifice postérieur en communication avec le tuyau qui le relie à la pompe. Un orifice latéral constitué par une double soupape, l'une qui fonctionne automatiquement, lorsque la pression augmente dans l'intérieur du casque, l'autre qui n'entre en jeu que par la volonté du scaphandrier, lorsque celui-ci incline fortement la tête sur le côté droit. Enfin le casque est muni encore de plusieurs autres orifices distincts, un supérieur et deux latéraux, bouchés normalement par une glace solidement lutée dans leur intérieur, et un médian où peut s'appliquer également une glace mobile que l'on peut visser à l'aide d'un écrou.

Pour compléter l'équipement on doit ajouter une paire de souliers, qui ne rappellent que de fort loin les escarpins élégants dont se chaussent nos citadins, car leur semelle est formée d'une lourde plaque de plomb qui leur donne un poids de plusieurs kilogrammes.

Pour compléter la charge nécessaire à l'immersion, on ajoute deux poids égaux constitués également par des masses de plomb et qu'on accroche solidement en avant et en arrière du casque.

Telles sont les parties principales du vêtement que revêt actuellement le scaphandrier et qu'on peut voir en fonction dans la Planche V, où je me suis fait photographier par 4 mètres de profondeur.

Nous devons cependant signaler encore deux perfectionnements, qui ont été introduits depuis quelques années et qui peuvent rendre des services dans quelques cas spéciaux.

En premier lieu, le tube acoustique qu'on ajoute au tube principal, dont nous avons déjà parlé, et qui vient s'insérer au-dessous de lui sur le casque. Ce tube acoustique se termine à l'air libre par un cornet que le chef d'équipe peut successivement appliquer soit à son oreille, soit à sa bouche.

Grâce au tube acoustique, le scaphandrier qui circule au fond de l'eau peut arriver à causer librement avec le chef d'équipe et à lui transmettre les instructions les plus variées.

Lorsque, sur un signal, le fonctionnement de la pompe a été arrêté, l'homme, placé au fond de l'eau, n'a qu'à parler à haute voix dans l'intérieur de son casque, et toutes ses paroles sont entendues avec la plus grande facilité par celui qui tient le cornet acoustique.

Le second perfectionnement consiste dans l'adjonction d'une lampe que le scaphandrier tient à la main et peut promener avec lui, de manière à s'éclairer lorsqu'il pénètre dans une grotte ou sous une excavation.

La lampe est constituée par un foyer à pétrole qui brûle par l'intermédiaire d'un courant d'air fourni par le casque. L'emploi en serait pratique s'il n'était pas nécessaire de relier cet instrument au casque par un nouveau tube en caoutchouc, ce qui complique encore l'appareil d'un nouveau tuyau.

Dans les cas ordinaires, le scaphandrier évite de se charger de cet appareil, qu'il est sans cesse obligé de traîner avec lui, même lorsque le besoin ne s'en fait pas sentir.

Le plus souvent, aussi, il se débarrasse du tube acoustique, une corde attachée à sa ceinture et désignée sous le nom de corde de sauvetage pouvant très bien suppléer à ce dispositif encombrant.

On s'habitue assez vite à porter ce vêtement incommode, et j'étais déjà familier avec la manœuvre du scaphandre lorsque je résolus, en 1886, de faire des recherches sur le développement d'un mollusque dont l'évolution était entièrement inconnue.

J'allai passer le mois d'août et de septembre au laboratoire Arago, et je fus amené, pendant cette campagne d'été, à descendre un grand nombre de fois en scaphandre et à explorer, à plusieurs reprises différentes, les points les plus intéressants pour un pareil genre d'études, de la rade de Banyuls et de Port-Vendres.

Quand on a pris l'habitude de ce vêtement un peu encombrant, et que, faisant abstraction de sa lourdeur et du bruissement persistant de la pompe qui refoule l'air dans l'intérieur du casque, on arrive à se préoccuper uniquement des objets qui vous entourent, on est frappé de la diversité et de la beauté du paysage sous-marin.

A perte de vue, si l'on est descendu sur une plage de sable, on aperçoit la prairie sous-marine aux longues herbes, toutes couchées dans le même sens par le courant. Çà et là de profonds ravinements découpent et entaillent la couche verte. Au delà se trouvent les escarpements de rochers formés par des blocs éboulés ou des roches découpées à pic.

Chaque pierre est revêtue de sa coiffure d'algues; dans chaque excavation grouille toute une faune d'invertébrés (Pl. VI, page 184).

L'étrangeté de ces paysages sous-marins m'avait causé une très vive impression, et il me paraissait regrettable de ne pouvoir la traduire que par une description plus ou moins exacte, mais forcément incomplète.

J'aurais voulu rapporter de ces explorations sous-marines un souvenir plus tangible; mais il n'est guère possible, quelque bon scaphandrier que l'on soit, de faire un dessin, voire même un croquis, au fond de l'eau.

Je résolus alors d'essayer de l'image photographique; puisqu'on arrive à prendre sans difficulté un paysage en plein air, pourquoi, me disais-je, ne parviendrait-on pas à faire une photographie au fond de la mer? L'eau est, il est vrai, un milieu beaucoup plus dense que l'air; mais, puisque l'œil arrive à distinguer les objets au milieu de l'eau, il ne doit pas y avoir d'obstacle invincible à ce qu'une plaque photographique soit impressionnée dans les mêmes conditions.

Telle a été l'idée première qui m'a conduit à essayer de prendre des clichés de photographie sous-marine.

CHAPITRE V

UNE DESCENTE EN SCAPHANDRE DANS LA BAIE DE PIERREFITTE

L'usage du scaphandre peut donner des indications très utiles dans le voisinage immédiat de la côte, mais la profondeur que l'on peut atteindre ainsi est relativement très faible, et la région explorée est nécessairement très limitée. La description d'une descente en scaphandre le fera bien comprendre aux lecteurs.

Entre Banyuls et Cerbère, il existe une baie assez vaste que l'on appelle la baie de Pierrefitte. Elle est découpée en petites baies secondaires parmi lesquelles se trouve l'anse de la Barcarolle. C'est un point relativement abrité du mistral où les courants viennent déposer des quantités de petites coquilles d'espèces variées, qui font regarder cette baie comme un endroit à explorer par tous les conchiologistes du Roussillon.

Nous mîmes à profit une belle journée (juillet 1892) pour aller nous ancrer avec la balancelle du laboratoire à l'entrée de la baie. Il existe, en effet, assez loin de terre et par le travers de Pierrefitte, une pointe rocheuse qui émerge à peine et où je pensais qu'une exploration en scaphandre serait très fructueuse.

Le bateau est bientôt solidement établi à l'aide de plusieurs amarres disposées dans différents sens pour le tenir immobile malgré le courant. Je revêts l'habit, le casque et les lourds souliers; soutenu par deux aides, je descends le long de l'échelle, appendue au bord du bateau, et je m'immerge dans l'eau jusqu'à la ceinture.

On me place sur le dos et sur la poitrine les poids qui doivent achever de me lester; le chef d'équipe visse la glace située à la partie antérieure du casque et bouche ainsi le dernier orifice qui me mettait en communication avec l'air libre.

Transformé en scaphandrier, je m'enfonce alors dans l'eau. Après cette première immersion, je quitte l'échelle et me cramponne à une corde qui descend jusque sur les rochers où elle est maintenue à l'aide d'un corps lourd, une grosse pierre, qui s'est logé dans une fente.

Mon premier soin, car je suis déjà habitué à la manœuvre, est de régler la soupape par où l'air injecté par la pompe s'échappe en bouillonnant.

Cette soupape, en effet, joue un rôle essentiel dans le bon fonctionnement de l'appareil, et le plongeur peut, en vissant ou en dévissant sa partie supérieure, livrer passage à une quantité variable de gaz.

Si la soupape est trop serrée, l'air retenu dans le vêtement le gonfle, le distend en une sorte de ballon qui a tendance à flotter. Si la soupape est au contraire trop largement ouverte, l'air n'a plus de raison pour séjourner dans l'intérieur du vêtement; ce dernier s'applique, se moule sur toutes les parties du corps et produit une compression désagréable.

Dès que j'ai réglé la soupape par tâtonnements et que je me suis assuré qu'elle ne laisse échapper que la quantité de gaz superflue, je me laisse doucement glisser le long de la corde.

Il importe en effet de ne pas descendre avec trop de

précipitation, comme on est tenté de le faire les premières fois qu'on revêt l'habit du scaphandrier. Si l'on s'immerge brusquement à une profondeur qui dépasse 10 mètres, les inconvénients se font sentir avec une réelle brutalité.

L'oreille est particulièrement incommodée dans ce cas, et une douleur extrêmement vive avertit le travailleur de l'imprudence qu'il vient de commettre Cette douleur lancinante s'explique par une raison physiologique.

L'oreille moyenne est une cavité close, séparée seulement de l'extérieur par une membrane flexible qu'on appelle le tympan.

Cette cavité, close à l'état normal, peut se mettre en communication avec l'extérieur par l'intermédiaire de la trompe d'Eustache, qui aboutit dans l'arrière-bouche au niveau des fosses nasales.

La trompe d'Eustache ne s'ouvre qu'à certains moments. L'acte de la déglutition est nécessaire pour faire bâiller son orifice externe. Si l'on descend trop précipitamment, l'air contenu dans l'oreille moyenne se comprime, sous l'influence de la pression croissante, son volume diminue, le tympan est refoulé dans l'intérieur de la cavité de l'oreille moyenne et sa tension cause cette douleur insupportable que nous avons signalée plus haut.

Il semble qu'une simple déglutition devrait rétablir l'équilibre et permettre l'introduction dans l'oreille moyenne de la quantité d'air nécessaire pour rendre au tympan sa tension primitive. Il n'en est rien et, malgré les déglutitions répétées, la douleur subsiste.

Ce phénomène curieux tient probablement d'une part à une sorte d'érétisme de la paroi de la trompe qui se produit sous l'influence de la douleur et qui maintient la fermeture du canal; il tient probablement aussi à la persistance de la sensation sur la membrane même du tympan qui, ayant été anormalement tiraillée, continue à donner une impression douloureuse même lorsqu'elle est revenue à sa tension primitive.

La descente s'est bien effectuée : me voici sur une surface solide, en contact avec la paroi rocheuse ; il ne me reste qu'à m'orienter pour suivre une route certaine qui me permette de commencer les recherches avec sécurité.

Les points de repère que le scaphandrier a d'ordinaire à sa disposition sont assez difficiles à relever ; les chaînes qui servent à ancrer le bateau au fond de l'eau, la corde qui lui a servi à descendre vont s'estomper et se perdre dans une sorte de brume dès qu'il va s'éloigner.

Heureusement il existe un autre moyen de s'orienter, plus sûr que ceux que pourraient lui fournir les objets immergés.

Le soleil, qu'on ne peut regarder en face lorsqu'on se trouve hors de l'eau, s'aperçoit encore distinctement même lorsqu'on est immergé très profondément. Il a perdu, il est vrai, une grande partie de son éclat, mais le globe étincelant est assez nettement visible à travers la vitre supérieure du casque pour qu'on puisse prendre sur lui un point de repère qui ne trompe jamais.

Grâce au soleil, un scaphandrier un peu exercé a d'ordinaire un moyen sûr et commode de se diriger et d'éviter de marcher à l'aventure, comme cela arrive forcément aux novices.

Dans le cas actuel, la pente, très raide, peut également me servir de guide.

Je reconnais la pierre à laquelle est fixée la corde

qui descend du bateau, je sais qu'elle a 10 mètres de longueur et je suis par là même au courant de la profondeur où je suis déjà.

— Rien ne me presse; je m'accroupis dans un creux de roche et j'inspecte les environs : En face de moi, je vois l'eau transparente, sans rien de plus, c'est le côté du large, la nappe d'eau sans fin qui s'étend bien au-delà de ma vue; derrière moi, c'est la pente abrupte que je devrai remonter pour retourner

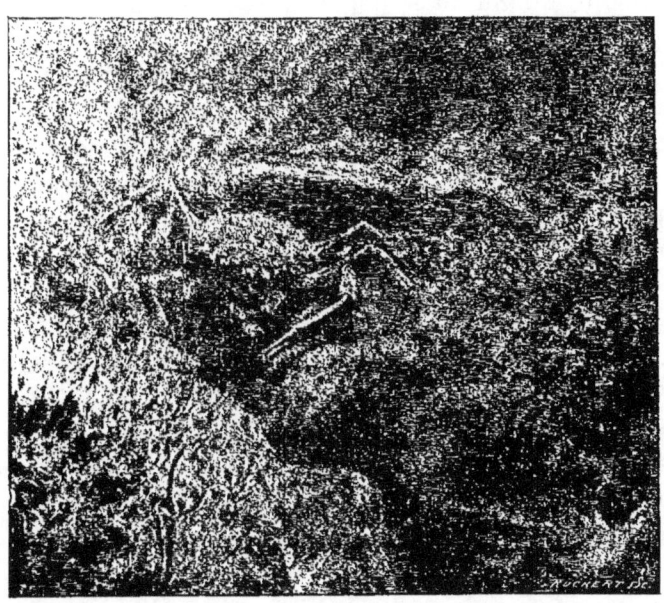

Fig. 9. — Un crabe (Maya) photographié dans une fente de rocher à 2 mètres de profondeur (1ᵉʳ appareil).

vers le bateau; sous mes pieds la roche s'incline, et tout à l'heure je suivrai ce plan incliné pour descendre aussi bas que je pourrai.

Mon inspection est finie, en route maintenant. Je me redresse avec précaution pour me laisser tomber ensuite en avant. Cette manœuvre peut paraître bizarre, mais la marche au fond de l'eau ne s'effectue pas comme à la surface du sol ; les conditions d'équilibre sont absolument changées.

Le milieu eau étant beaucoup plus dense que le milieu air, la station de l'homme qui se déplace doit différer totalement.

L'effort à déployer pour vaincre la résistance du milieu ambiant étant beaucoup plus considérable, au lieu de conserver la station verticale, on adopte instinctivement, quand on se déplace, une station oblique qui rapproche la partie supérieure du corps du fond, et l'angle qu'on trace par rapport au plan figuré par le fond de la mer tend à devenir de plus en plus aigu.

En un mot, quand le scaphandrier progresse un peu rapidement sur le fond, il se couche presque complètement en avant dans une position qu'il lui serait impossible de conserver dans l'air sans tomber.

Sur la droite une fente de rocher attire mon attention ; j'en vois sortir des touffes de verdure et je m'approche pour l'examiner de plus près. La fente s'étend très loin et s'évase vers le haut comme si la roche avait été fendue d'un coup de sabre, je distingue à quelques mètres de moi deux grosses dorades qui broutent sur les parois. Elles me paraissent énormes, plus grosses qu'elles ne le sont en réalité, car l'eau exagère certainement leurs dimensions.

Un instant, je délibère si je ne vais pas leur donner la chasse ; mais je réfléchis que, malgré le poignard qui pend à mon côté, je ne suis qu'un pêcheur médiocre et que j'en serai probablement pour ma peine, d'ailleurs je me suis promis de descendre plus bas et je ne veux pas perdre mon temps.

Je quitte la fente à regret et je commence à glisser

le long de la roche avec beaucoup de précautions.

A moitié accroupi contre la paroi, exécutant chaque mouvement avec une sage lenteur, je dois avoir l'air

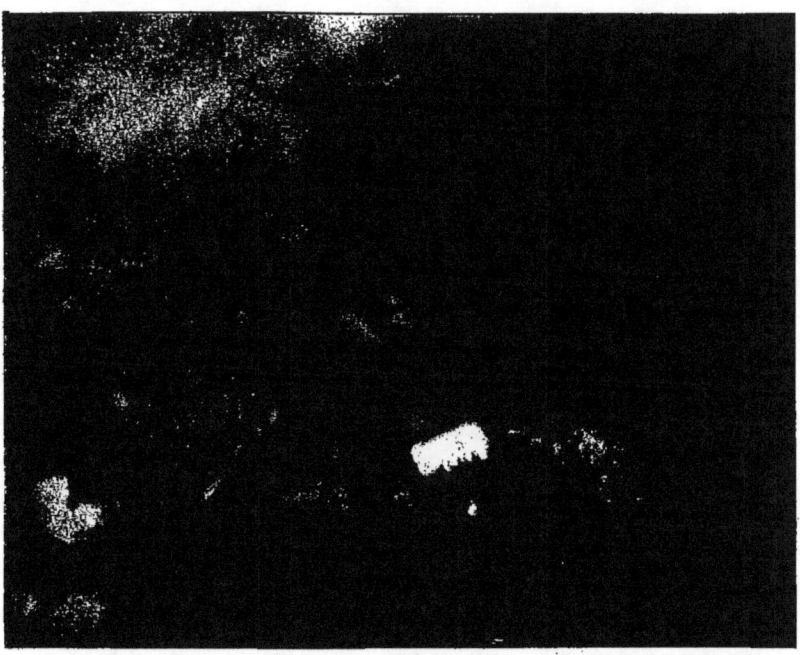

Fig. 10. — Poisson pris en instantané au moment de son passage devant l'objectif.

d'un gros crabe en villégiature. Mais je n'en ai cure, car je sais fort bien que, dans le milieu dense où je manœuvre, je dois éviter tout mouvement brusque, qui me causerait une dépense de forces inutile et sans résultat efficace.

Toute l'habileté du scaphandrier doit se résumer dans ce vieil adage : « Se hâter lentement. »

Veut-il saisir un objet? Au lieu de chercher à l'atteindre en se baissant, il doit prendre l'habitude de se laisser tomber sur la proie convoitée, sûr d'avance que sa chute ne l'amènera pas sur le fond, à moins que par un mouvement de tête il n'ait ouvert la soupape qui se trouve à sa disposition et qui fait échapper brusquement l'excès d'air que contient son vêtement.

Je m'enfonce peu à peu, sagement j'ai gagné du terrain; maintenant, j'ai perdu de vue la corde qui pendait du bateau et je n'ai plus que la paroi rocheuse pour me guider, car le soleil est masqué par la roche elle-même, mais je ne me préoccupe guère de ma solitude, je viens d'apercevoir dans un coin un joli groupe de gorgones d'un beau jaune et, tout à côté, un autre coralliaire tout petit, mais fort intéressant à observer sur place, la balonophyllia regia, qui a la forme d'une coupe hérissée de petits tentacules transparents et de couleur orange.

Je reste absorbé dans la contemplation de tout ce petit monde lorsqu'un brusque coup de corde me ramène en contact avec le monde extérieur. C'est le patron qui me demande « si tout va bien »; je me hâte de répondre par le même signal, car je ne désire pas prolonger la conversation.

Elle ne comporte pas, d'ailleurs, de grandes phrases :
Un coup de corde venant du bateau veut dire : « Comment vous portez-vous ? »
Un coup de corde venant de moi : « Très bien, merci. »
Deux coups de corde du bateau : « Remontez doucement. »
Deux coups de corde de moi : « Remontez-moi doucement. »
Enfin trois coups de corde du bateau : « Nous vous remontons, il y a urgence. »

Et trois coups de corde de moi : « Remontez-moi vite, je suis en danger. »

Le vocabulaire, on le voit, n'est pas compliqué, et j'espère bien n'avoir jamais à user du troisième signal.

Je décolle avec précaution un échantillon de balonophyllie, que j'emmagasine avec précaution dans le filet qui pend à ma ceinture, et je recommence à descendre.

Me voilà au bas d'une première pente : je suis dans une sorte de trou, car, en face de moi, la roche se relève, ainsi que sur les côtés.

Pour descendre plus bas, il faudra commencer par remonter.

Avant de me décider à me remettre en route, je réfléchis longuement. Je m'imagine que je suis déjà à une grande profondeur, car la muraille rocheuse assombrit le paysage ; peut-être suis-je arrivé dans la région du corail, il va falloir visiter les fentes pour en trouver quelques branches.

Je vais bien, quoique j'aie la tête un peu lourde et que le vêtement, qui se moule un peu trop sur le corps, rende plus pénible la respiration. Je me parle à haute voix, bien sûr que je serai seul à m'entendre. Ma voix me fait un très drôle d'effet, je l'entends comme si on me parlait de très loin, ce qui tient évidemment au bruissement de la pompe.

Une bande de poissons passe à portée de mon casque ; ils ont de jolies raies bleues et rouges sur le dos : ce sont des Girelles qui viennent voir quel singulier animal a élu domicile dans ce trou ; à mes pieds des Rougets profitent de ce que j'ai remué le sable pour tâter le terrain à l'aide de leurs barbillons, en quête de quelques vers marins.

Décidément, il n'y a pas de Corail dans les fentes,

mais un beau bryozoaire, qui en a la couleur et qui forme des touffes de plusieurs décimètres carrés. Il faut remonter jusqu'au haut de la paroi qui est en face de moi.

Je visse légèrement la soupape et j'attends que le

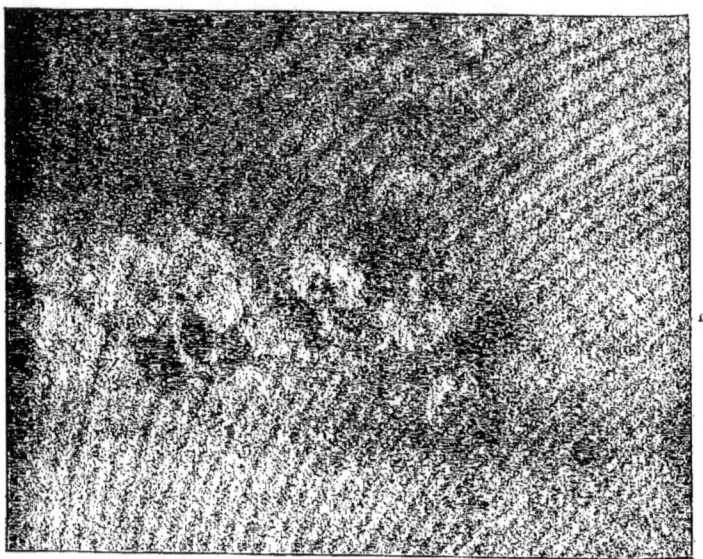

Fig. 11. — Quelques algues à la surface d'un rocher (1er appareil).

vêtement se gonfle, puis, sans effort, je me hisse jusqu'au point voulu ; je me suis transformé momentanément en ludion ; un bon coup de tête sur la soupape, je me dégonfle et je reviens à l'état normal.

Je suis maintenant sur le bord d'une nouvelle pente, et je commence à redescendre de quelques mètres ; je tombe en arrêt devant un petit bâtonnet blanchâtre : cette fois c'est bien un morceau de corail, mais, c'est le fragment d'une colonie morte depuis longtemps. Un peu de courage ! le corail vivant ne doit pas être loin…

Tout entier à cette recherche, j'ai de nouveau oublié le monde extérieur, les hommes qui pompent là-haut et qui n'ont pas le plaisir de vivre avec les poissons ; mais voici le contact qui se rétablit.

Cette fois, j'ai ressenti deux secousses ; le patron me demande de remonter.

Remonter ! Je suis fort en colère, qu'est-ce qui leur prend là-haut ? Remonter juste au moment où je vais peut-être faire une abondante récolte !

Je signale que je vais bien ! Mais, de nouveau, la corde m'envoie deux secousses.

Décidément, il faut remonter. Je résisterais volontiers, mais la corde de sauvetage se tend, ce qui m'indique nettement qu'il n'y a pas de confusion dans les signaux et qu'on désire me ramener à la surface, de gré ou de force.

Je fis donc contre mauvaise fortune bon cœur, et je me dirigeai tout doucement vers le haut du talus, jusqu'au moment où je retrouvai la corde qui pendait du bateau.

En arrivant à fleur d'eau, je n'eus pas besoin d'explications : le temps s'était brusquement couvert, un orage menaçait, et il était grand temps de dégager le bateau de ses amarres si l'on voulait rentrer à Banyuls avant le coup de mistral.

J'étais, d'ailleurs, resté dans l'eau près d'une heure, et quand je m'informai de la profondeur où j'étais descendu, je constatai avec étonnement que je n'avais pas dépassé 18 mètres, ainsi que le prouvait la longueur de la corde de sauvetage qu'on avait mise à l'eau et les indications encore plus précises du manomètre interposé sur le courant d'air de la pompe.

Je pensais être descendu beaucoup plus bas, et je n'avais atteint que la moitié environ de la profondeur où peut aller un scaphandrier exercé.

Ainsi que je le faisais remarquer au début de ce chapitre, les profondeurs qu'on peut atteindre ont, en effet, des limites assez restreintes ; même les scaphandriers de profession ne peuvent se flatter, avec les appareils actuels, de descendre à une profondeur considérable.

Nous ne connaissons guère sur ce point qu'une observation ayant un caractère vraiment scientifique.

Un navire anglais, *le Columbian*, ayant coulé par 60 mètres de fond dans le voisinage des îles d'Ouessant, on voulut essayer de sauver la cargaison en le faisant visiter par des scaphandriers.

Un seul, un nommé Deschamps, consentit à tenter l'aventure. A 40 mètres de profondeur, il commença à éprouver des troubles sérieux ; il continua cependant à descendre, mais un peu plus bas, il fut en proie, par suite de l'augmentation de pression, à des hallucinations qui lui firent perdre connaissance. On dut le remonter, et il arriva à la surface de l'eau si congestionné qu'on craignit pendant quelque temps pour sa vie.

Il semble donc que dans les conditions actuelles, même en tenant compte des différences individuelles, il est impossible au scaphandrier de dépasser sans courir des risques sérieux une profondeur de 40 à 45 mètres.

Bien d'autres observations pourraient, il est vrai, être opposées à celle-ci ; des chiffres plus élevés ont été donnés, mais ils manquent tous d'un contrôle scientifique sérieux et semblent appartenir à la catégorie des récits fabuleux.

Cette limite que nous indiquent les données scientifiques, cette limite de 4 à 5 atmosphères, au-delà de laquelle le scaphandrier est en danger de mort, pourra-t-elle être dépassée dans l'avenir? Peut-on espérer qu'à l'aide de perfectionnements nouveaux, soit dans la structure, soit dans la disposition de l'appareil, on puisse tendre à éloigner cette limite au-delà des données actuelles?

Les remarquables expériences de Paul Bert effectuées dans des cages métalliques permettent d'entrevoir que dans un avenir prochain, on pourra descendre sans danger, en se soumettant à des pressions plus fortes que celle que nous fait supporter une colonne d'eau de 40 mètres.

La compression brusque a des effets nuisibles, moins nuisibles en tout cas qu'une décompression de même rapidité. Il est probable cependant que, par une compression savamment ménagée, on pourra amener l'homme à supporter des pressions beaucoup plus considérables.

Le scaphandrier de l'avenir, que je ne désespère pas de voir s'adonner couramment aux recherches zoologiques, devra donc être mis en possession, à diverses profondeurs, de sortes de relais où il pourra se mettre en équilibre de pression avec le milieu ambiant.

Une fois cet équilibre atteint, il pourra s'enfoncer de nouveau pour parvenir à une profondeur de plus en plus grande.

Ceci n'est pourtant qu'une hypothèse, et la question de l'avenir du scaphandre et des limites de profondeur auxquelles il est possible d'arriver soulève toute une série de problèmes.

Il n'est nullement prouvé, en effet, que l'accoutumance à la pression suffise pour permettre de descendre plus bas; il faudrait d'abord établir, comme se le proposait Paul Bert, quelle doit être la proportion d'oxygène à introduire dans le nouveau milieu qui va constituer l'atmosphère artificielle du relais.

Le dosage de l'oxygène aurait en effet, dans ce cas, une importance toute particulière, car il n'est nullement prouvé qu'une proportion donnée d'oxygène agisse de la même façon sur l'organisme quand la pression change notablement. Il y aurait lieu aussi de tenir compte du danger produit par l'empoisonnement par l'azote. Ces premiers points complétement élucidés, il y aurait bien d'autres questions à envisager que nous ne pouvons examiner ici sans sortir de notre sujet et pour lesquelles nous renvoyons aux remarquables travaux publiés à ce sujet par M. Phillipon, et dont on trouvera le résumé dans plusieurs notes insérées aux *Comptes Rendus de l'Académie des Sciences*.

CHAPITRE VI

LES APPAREILS DE PHOTOGRAPHIE SOUS-MARINE

Pendant les quelques années où j'ai poursuivi l'étude de la photographie sous-marine, j'ai été amené à faire établir plusieurs appareils, qui tous, sauf le premier, ont été construits au laboratoire Arago, grâce aux ressources de l'atelier de mécanique.

Comme dans toute voie absolument nouvelle, j'ai dû procéder d'abord par tâtonnement avant d'arriver à une solution à peu près exacte.

Tous les appareils établis n'ont pas donné également de bons résultats; il est cependant intéressant de les décrire rapidement pour marquer les étapes qu'a suivies l'étude de la question.

Ceux qui voudront combiner un nouvel appareil, ou utiliser un appareil déjà existant, me seront certainement reconnaissants de leur avoir fourni les détails qu'on trouvera plus loin.

Le principe du premier appareil photographique sous-marin que j'ai employé peut se résumer ainsi :

Utiliser l'appareil photographique ordinaire en le plaçant dans des conditions telles que le fait de son immersion dans l'eau ne change pas sensiblement son mode habituel de fonctionnement, et que l'objectif ne puisse être altéré par son contact avec le nouveau milieu.

L'instrument que nous avons adopté a été un de ces modèles connus sous le nom de *détectives* et qui sont généralement employés pour prendre des vues instantanées à toute distance.

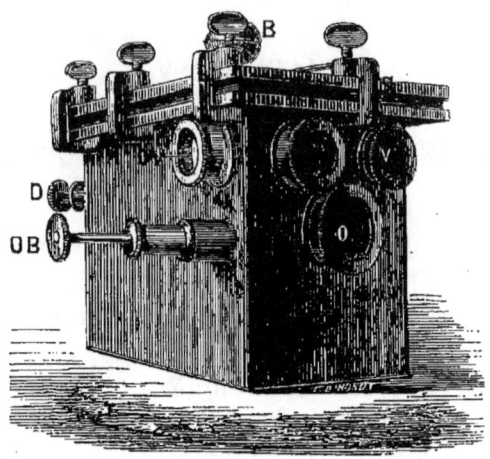

Fig. 12. — Premier appareil de photographie sous-marine utilisé au laboratoire Arago en 1893.

B, ballon compensateur.
D, manette actionnant le déclenchement des plaques.
OB, manette actionnant l'obturateur.
O, objectif.
V, viseur.

Ce genre d'appareil présente en effet un avantage important : en dehors de son volume réduit, il permet de faire arriver l'image des objets sur la plaque sensible sans une mise au point préalable, à condition qu'on opère sur des objets distants de l'objectif de plus de 3 à 4 mètres.

La mise au point est, en effet, une opération des plus délicates, quand il s'agit de l'effectuer au milieu de l'eau.

Bien des photographes n'arrivent à une mise au point exacte, dans le milieu air, qu'avec l'aide de la loupe ; cette opération est encore bien plus délicate à effectuer sous l'eau, et il m'a paru d'abord impossible d'y procéder avec quelque succès, en habit de scaphandrier, séparé de l'appareil par une couche d'air, par la glace qui limite le casque et, enfin, par la glace qui limite l'appareil étanche.

L'emploi du détective permettait de tourner cette première difficulté. C'est, en partie, ce qui me l'a fait adopter pour mes premiers essais.

Il présente, en outre, un autre avantage : dans quelques-uns de ces appareils, il existe un mécanisme automatique qui permet le déclenchement des plaques, quand ces dernières ont été impressionnées par la lumière. Un simple mouvement de bascule imprimé à une manette fait tomber la plaque impressionnée au fond de l'appareil et met en face de l'objectif une plaque neuve, prête à subir à son tour l'impression lumineuse.

Ce dispositif spécial des appareils photographiques, du genre détective, me semble propre à rendre de grands services dans la photographie sous-marine en permettant de prendre successivement plusieurs vues, sans être obligé de remonter à la surface de l'eau.

Cet appareil choisi, il suffisait de l'enfermer dans une boîte étanche, disposée de telle sorte que l'objectif pût toujours être placé en face de l'objet à photographier.

La boîte protectrice destinée à remplir ces conditions a été construite de la façon suivante (*fig.* 12).

Un parallélipipède rectangle creux, formé de lames de cuivre soudées ensemble, a été établi ; il présente une cavité régulière ouverte par le haut, la face supérieure du parallélipipède constituant un couvercle sans charnières qu'on peut enlever et déplacer à volonté. Sur les faces latérales de l'instrument se trouvent percés une série d'orifices de forme circulaire.

Ces orifices, d'égale grandeur, sont au nombre de trois pour la face antérieure, V, V, O, et d'un, OV, pour la face latérale. Il existe également sur le couvercle un orifice circulaire de même diamètre que celui de la face latérale.

Chacun de ces orifices est muni d'une glace plane parfaitement sertie et mastiquée dans l'intérieur de l'orifice.

Outre ces orifices de grandes dimensions et munis de glaces, l'appareil présente, l'un sur la face latérale et l'autre sur la face postérieure, deux orifices de diamètre beaucoup plus restreint, OB et D, sur lesquels sont adaptés des presse-étoupe qui permettent le mouvement de va-et-vient de deux manettes indépendantes.

La partie supérieure de la boîte formant couvercle est séparée du reste du système par une rainure où vient s'engager un manchon en caoutchouc épais CA (*fig.* 13).

Ce couvercle peut être relié d'une façon fixe au corps même de l'appareil par le moyen de huit étaux en cuivre (E) qui assurent le contact, comme l'indique la figure 13.

Le fonctionnement de l'appareil est simple ; on le charge du nombre de plaques qu'on veut impressionner, on l'introduit dans la boîte protectrice, il se loge exactement dans son intérieur, et l'objectif vient se placer en face de l'orifice médian O, pratiqué sur la face antérieure.

Les petites chambres noires, qui dans l'appareil détective prennent le nom de viseurs et servent en effet à viser les objets, correspondent exactement aux autres orifices munis de glace V, OV, que nous avons indiqués, tant sur la face antérieure que sur la face latérale.

Le bouton qui commande l'obturateur et qui permet d'ouvrir ou de fermer l'objectif vient s'engager dans la manette qui traverse le presse-étoupe OB, situé sur l'une des faces latérales.

Le déclencheur, qui permet l'abaissement automatique des plaques, s'est également placé dans l'intérieur d'une griffe qui dépend de la manette située à la face

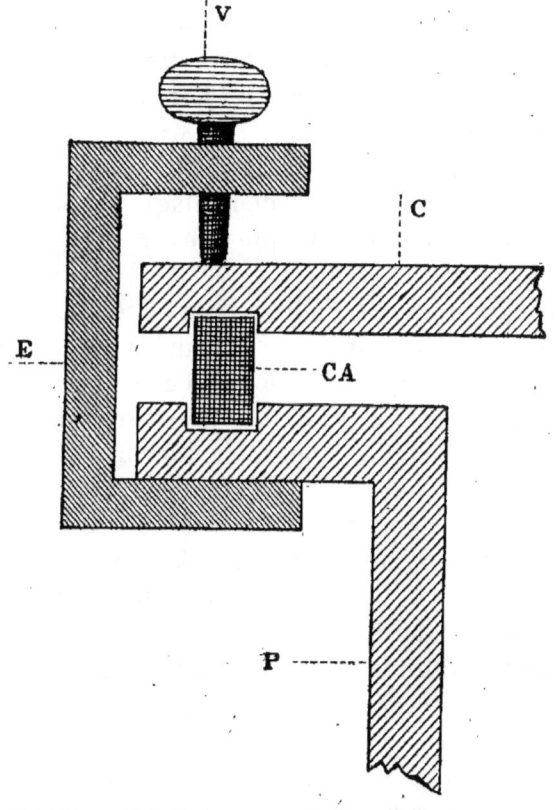

Fig. 13. — Détail du couvercle du premier appareil.

postérieure. On met le couvercle C (*fig.* 13), on fixe les étaux en cuivre E, en serrant les vis V, de manière à constituer un joint parfait.

L'appareil est désormais en état de fonctionner et peut être impunément immergé.

L'opérateur, descendu au fond de l'eau, déclenche

l'obturateur, découvre ainsi l'objectif, et la plaque s'impressionne, puisque ce dernier voit l'objet à travers la glace située dans la face antérieure de l'appareil.

Pour arrêter la pose il suffit d'actionner la manette en sens contraire et de fermer l'obturateur.

La plaque impressionnée se trouve replongée dans l'obscurité et est de nouveau à l'abri de toute impression lumineuse.

Une nouvelle pression sur la griffe qui commande le déclencheur amène la chute de la plaque impressionnée et la substitution d'une plaque neuve.

Si l'on immergeait telle quelle la boîte que nous venons de décrire, à une profondeur de 10 mètres, par exemple, il est facile de comprendre que l'équilibre se trouverait rompu entre la pression intérieure et celle qui s'exerce sur la paroi extérieure de l'instrument.

En effet, au moment où le couvercle supérieur de la boîte a été rapproché du reste de l'appareil à l'aide des étaux en cuivre, la pression intérieure se trouvai exactement égale à la pression atmosphérique, et l'atmosphère limitée contenue dans l'intérieur de la boîte doit conserver cette même pression, si l'appareil est bien étanche.

Quand la boîte est immergée à 10 mètres de profondeur, les parois extérieures ont à supporter, à la fois, la pression atmosphérique et en plus une pression égale au poids d'une colonne d'eau salée de 10 mètres de hauteur.

Ce défaut d'équilibre irait en s'accentuant, à mesure qu'on plongerait l'appareil à des profondeurs plus considérables ; il pourrait avoir de très graves inconvénients : sous l'influence de l'excès de pression extérieure, l'eau qui constitue maintenant le milieu ambiant aurait tendance à pénétrer dans l'intérieur de la boîte et à mouiller l'appareil.

Un joint en caoutchouc, quelque bien fait qu'il soit, n'opposerait dans ce cas qu'une résistance incertaine. Pour prévenir toute difficulté à ce sujet, nous avons fait ajouter à la boîte un ballon compensateur, qui corrige ce défaut de construction inévitable.

A cet effet, un tube est soudé sur le couvercle de la boîte et vient s'ouvrir à l'intérieur. Sur ce tube on adapte un ballon en caoutchouc B (*fig.* 12), d'une capacité d'environ 3 litres, rempli d'air au préalable et fortement fixé sur le tube en question.

Grâce à lui, l'inconvénient que nous signalions plus haut est évité.

Pour s'en rendre compte, il suffit de rappeler les conditions de notre expérience.

La pression du liquide s'effectuant aussi bien sur les parois élastiques du ballon que sur les parois de la boîte, le volume de celui-ci diminue; l'air qu'il contient est en partie refoulé dans la boîte, sa pression augmente par suite et se maintient à l'intérieur de l'appareil rigide, égale à celle que supporteront ses parois extérieures.

Le second dispositif accessoire qu'il nous reste à décrire pour compléter l'étude du premier appareil photographique sous-marin est relatif au pied sur lequel il repose, quand il fonctionne dans l'eau.

Le pied que nous avions adopté est beaucoup plus simple que celui qui sert aux appareils fonctionnant dans l'air. Il était en effet indispensable de supprimer tous les joints inutiles et d'avoir un pied entièrement métallique. Les points de raccord, les vis seraient rapidement rouillés dans l'eau de mer; d'autre part, le pied tout entier devait présenter une masse suffisante pour résister à la poussée de l'eau et se maintenir solidement sur le fond.

D'après ces données, le pied du premier appareil photographique sous-marin a été établi de la façon suivante :

Une plaque de tôle horizontale est soudée sur un trépied constitué par trois lames de fer forgé. Les trois lames, appointées à leur extrémité inférieure, représentent les branches de soutien de ce pied rudimentaire.

Pour permettre d'incliner en avant ou sur le côté l'appareil tout entier, ce qui est indispensable pour viser un objet lorsqu'on n'a pas à sa disposition un sol horizontal, chacune des lames est doublée par une lame secondaire d'égale dimension, qui peut glisser le long de sa surface, faire ainsi varier sa longueur totale au gré de l'opérateur et être finalement fixée à l'aide de deux bagues en métal.

Le maniement de cet instrument grossier est loin d'être aussi facile que celui des pieds à raccords multiples généralement employés, aussi ai-je été amené à le modifier considérablement quand j'ai donné de plus grandes dimensions aux appareils photographiques que j'ai fait construire par la suite.

Malgré ses petites dimensions, ce premier appareil photo-sous-marin était d'un maniement peu pratique, et pour le manœuvrer j'étais obligé de descendre en scaphandre et de faire de très longs séjours dans l'eau.

Pour obtenir, en effet, des images suffisantes, une pose d'environ dix minutes, au minimum, était nécessaire, et certaines photographies ont demandé plus d'une demi-heure.

Cette pose très longue constituait un grave inconvénient (*fig.* 9 et 11).

Quelles que soient les précautions prises, en effet, quelque immobiles que fussent l'appareil et le scaphandrier, l'image était nécessairement floue, parce que le paysage lui-même était en mouvement.

J'étais obligé de confesser ce résultat médiocre dans mon premier mémoire, et j'écrivais :

« Les clichés obtenus ont un grave défaut. Malgré leur pittoresque, malgré le rendu des premiers plans, ils manquent visiblement de profondeur. Même dans les clichés les mieux réussis, le paysage semble coupé brusquement à une distance relativement faible.

« En réalité, la vue porte plus loin que ne semble l'indiquer l'image photographique, et l'on pourrait reprocher avec juste raison à mes clichés de ne traduire qu'une faible partie du paysage que le scaphandrier a sous les yeux.

« Malgré tous mes efforts, malgré de nombreuses variations dans le temps de pose, je n'ai pu arriver à modifier avantageusement le résultat final.

« La cause de cet insuccès tient, je crois, non pas à la façon d'opérer, mais à l'appareil lui-même ; il est très vraisemblable qu'avec un appareil photographique puissant, dans lequel il serait possible de régler la mise au point avec exactitude, on pourrait obtenir une profondeur plus considérable et qui traduirait plus fidèlement le spectacle qu'on a sous les yeux. »

En attribuant cet insuccès relatif à l'appareil photographique que j'utilisais, j'étais dans le vrai, et l'on verra plus loin qu'en modifiant le dispositif employé je suis arrivé à un résultat tout autre.

La construction du deuxième appareil dont j'ai essayé l'emploi (*fig*. 14) était basée sur un principe tout différent de celui qui avait servi de point de départ à l'établissement du premier (*fig.* 12).

Les objectifs que nous employons journellement sont plongés dans l'air, aussi bien par leur face anté-

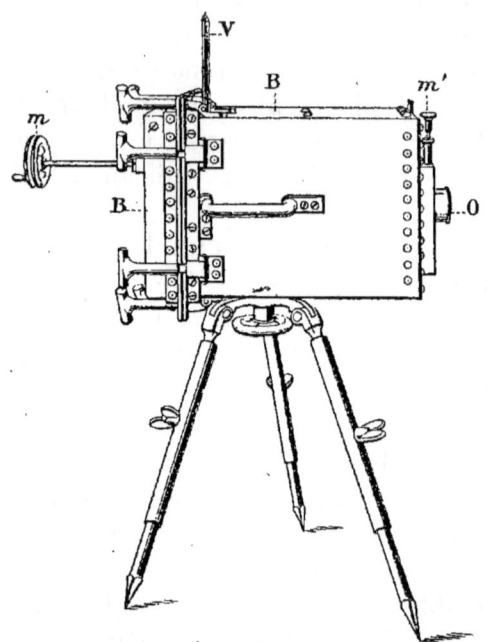

Fig. 14. — Deuxième appareil de photographie sous-marine construit au laboratoire Arago.

B, chambre noire où l'eau de mer peut pénétrer librement.
m, manette actionnant le châssis.
m', manette actionnant l'obturateur.
O, objectif.
V, viseur.

rieure que par leur face postérieure. Rien ne s'oppose à ce que des objectifs calculés convenablement ne fonctionnent également bien dans des milieux plus réfringents, en étant immergés complètement, par exemple, dans le milieu eau.

Je résolus d'établir le nouvel appareil en donnant

suite à cette idée, et la figure n° 14 représente ce dispositif.

L'objectif devant être baigné par l'eau, aussi bien par sa face antérieure que par sa face postérieure, la chambre noire, qui remplace le soufflet des appareils ordinaires, n'avait plus besoin d'être étanche et se remplissait d'eau de mer au moment de l'immersion. Les plaques elles-mêmes se trouvaient en contact avec l'eau de mer.

Il serait oiseux de décrire en détail les particularités de cet appareil, qui a été construit au laboratoire à la fin de l'année 1896, car les résultats obtenus ont été très médiocres ; la figure 14 peut suppléer, d'ailleurs, à une longue description.

Je me contenterai de signaler la disposition particulière du châssis, qu'on ne peut apercevoir dans la figure 14, parce qu'il est recouvert par la porte B. Il s'ouvrait, lorsqu'il était en place dans l'appareil, par le mouvement de la manette m, située à l'arrière. On pouvait de cette façon mettre l'appareil en place, indépendamment du châssis, et le charger au fond de l'eau, sans crainte de voiler les plaques.

Quoique ce dispositif m'ait donné un résultat tout à fait insuffisant, je devais cependant le signaler, parce que ce résultat n'est pas définitif et peut être, je crois, amélioré.

Le principe est certainement bon et, malgré l'insuccès de l'application que j'en ai faite, là peut-être est l'avenir des appareils photo-sous-marins. Si le résultat a été insuffisant, cela tient à ce que je n'ai pas eu à ma disposition des objectifs convenablement appropriés à cette nouvelle fonction.

Il est bon de rappeler ici que la différence des indices de réfraction de l'eau de mer et du verre pour les différentes radiations solaires étant relativement faible, il est indispensable de créer un objectif nouveau, dont les courbures soient calculées en partant de ces conditions spéciales.

On peut prévoir cependant que, le jour où l'on aura construit un objectif calculé pour un milieu aussi dense que l'eau de mer, *il deviendra parfaitement inutile de recourir à une chambre complètement étanche et que l'objectif pourra travailler d'une façon utile, tout en étant immergé dans l'eau de mer aussi bien par sa face antérieure que par sa face postérieure.*

L'action de l'eau salée sur les plaques est, en effet, très faible, lorsqu'elle n'est pas trop prolongée ; et l'on peut l'annihiler complètement en employant des plaques sensibles préalablement vernies, comme MM. Lumière de Lyon ont eu la complaisance d'en faire préparer spécialement pour moi, lorsque je faisais ces essais.

Il faut noter, cependant, que ce n'est pas seulement la nécessité de posséder un objectif approprié au milieu eau de mer, objectif dont la construction n'est qu'une affaire de calcul et d'argent, qui m'a fait renoncer à ce dispositif et adopter une autre voie.

Il faut faire manœuvrer l'obturateur pour prendre un cliché ; or la difficulté de faire mouvoir l'obturateur sans imprimer au liquide une ondulation nuisible à la netteté des images, — dans le cas où toutes les parties composantes sont plongées dans l'eau, — m'a paru presque insoluble.

Si l'on arrivait à tourner ces premiers obstacles par un procédé que je n'entrevois pas encore actuellement, l'appareil immergé dans sa totalité aurait encore un autre défaut moins grave, mais qu'il me paraît également impossible de corriger.

Puisque l'eau le remplit entièrement, la colonne d'eau interposée entre la plaque sensible et l'objet à photographier se trouve augmentée d'une quantité peu considérable, il est vrai, mais cependant nullement négligeable, et qui se trouve mesurée par la distance de l'objectif à la plaque sensible. De là doit résulter, nécessairement, une diminution dans la portée de l'appareil.

Ces diverses considérations m'ont amené à faire établir un troisième appareil (*fig.* 15), dans lequel je reprenais le dispositif employé dans le premier :

Une boîte étanche, renfermant à la fois l'objectif et la plaque, qui sont ainsi plongés tous les deux dans l'air.

L'objectif est donc exactement dans la même situation que l'œil du scaphandrier qui, placé au milieu de l'air que lui envoie la pompe, voit les objets à travers la glace du casque. Comme lui, s'il est myope, il ne verra pas grand'chose ; si, au contraire, il est doué d'une vue normale et perçante, le paysage qui va se dérouler devant lui sera très étendu. Tout se ramène donc à perfectionner, autant que possible, l'œil ou plutôt l'objectif qui doit transmettre l'image à la plaque sensible.

Au lieu d'employer un objectif simple, avec mise au point fixe à partir d'une certaine distance, comme dans le premier appareil décrit plus haut, le perfectionnement principal a consisté dans l'emploi d'un des excellents objectifs que construit la maison Darlot, du genre des anastigmats symétriques.

Comme ces lentilles exigent une mise au point rigoureuse, cela m'a amené à toute une série de modifications secondaires que nous allons indiquer.

Dans le nouvel appareil pour plaques 18 × 24, construit au laboratoire Arago par le mécanicien

David (*fig.* 15), l'enveloppe extérieure, de métal, A, est rendue parfaitement étanche, de manière à limiter une

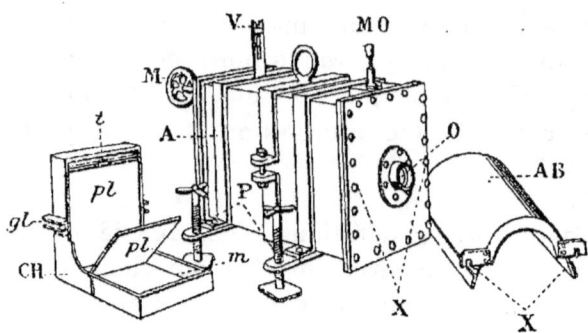

Fig. 15 — Troisième appareil construit au laboratoire Arago et permettant les épreuves instantanées. (A droite l'abat-jour AB, à gauche le châssis CH.)

A, enveloppe de métal, limitant l'appareil et servant de chambre noire.
M, manette commandant le déclenchement des plaques.
MO, manette commandant l'obturateur.
O, obturateur.
P, pied de l'appareil.
V, viseur.
X, point d'attache de l'abat-jour AB.
CH, châssis à 6 plaques.
gl, glissière du châssis.
pl, plaques.
t, turillon.

grande cavité où est placé l'objectif, qui voit à l'extérieur par l'intermédiaire d'une glace à faces planes et parallèles situées en O.

L'enveloppe extérieure est un parallélipipède rectangle, formé d'un manchon de tôle épaisse, manchon ouvert en arrière en A, mais qui peut être fermé par l'intermédiaire d'une porte garnie d'un cadre de caoutchouc.

Cette porte appuie sur la garniture en caoutchouc, qui peut être fortement comprimée par l'intermédiaire d'une série d'écrous.

Dans l'intérieur de la boîte se trouvent deux glissières, qui permettent le déplacement du châssis CH, placé à gauche dans la figure 15. Quand la porte est en place, les seules ouvertures qui existent sur l'appareil sont :

1° L'ouverture de l'objectif O, obstruée par une glace ;

2° L'ouverture d'un presse-étoupe situé en MO et permettant d'actionner l'obturateur ;

3° L'orifice d'un presse-étoupe placé en arrière de l'appareil, qui livre passage à une manette M actionnant le châssis et permet le déclenchement des plaques *pl* placées dans l'intérieur du châssis.

Le châssis à six plaques, imaginé par le mécanicien David, mérite une mention particulière. Nous en donnons une figure schématique, qui facilitera la description (*fig.* 16).

Il est pourvu en arrière de ressorts puissants *r* (*fig.* 16) destinés à repousser les plaques P et P' dans la chambre noire, qui remplace le soufflet. Les plaques sont maintenues en place par un taquet *t*, qui joue un rôle important dans le *déclenchement*.

En effet, les plaques P et P' sont munies d'un prolongement *p* ou *p'*, selon le rang qu'elles occupent dans la boîte ; prolongement placé à droite, par exemple, pour la première ; à gauche, pour la seconde ; à droite, pour la troisième, et ainsi de suite jusqu'à la sixième.

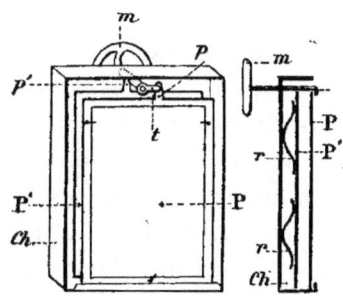

Fig. 16. — Dessin schématique du châssis à 6 plaques du mécanicien David. A gauche, vue de face ; à droite, coupe du châssis. (Pour simplifier le dessin, deux plaques seulement ont été représentées.)

Ch, châssis.
m, manette actionnant le taquet *t*.
P' et P', plaques métalliques supportant les plaques sensibles.
p et *p'*, prolongement de ces plaques maintenues en place par le taquet *t*.
r, ressorts.

Le chargement de l'appareil s'opère de la manière suivante :

L'opérateur, enfermé dans une chambre noire, de manière à manœuvrer les plaques sans danger de les voiler, les place une à une dans le châssis en suivant l'ordre indiqué plus haut, de manière que le prolongement de la plaque P, destinée à tomber la première, soit maintenu en place par le taquet t.

Il fait glisser le châssis sur les rainures gl ($fig.$ 15), de manière à l'amener à une distance connue d'avance, l'appareil ayant été réglé au préalable, pour photographier à une distance donnée, 4 mètres par exemple, comme pour la photographie du scaphandrier (Pl. V).

Il fixe le châssis sur les rainures, à l'aide d'une vis mobile.

Désormais l'appareil est au point d'une façon invariable pour la distance choisie, sans qu'il soit nécessaire de toucher à l'objectif.

Il ferme la porte à l'aide des écrous, après avoir vissé la manette M dans la partie postérieure du châssis, où elle est maintenue en place par un contre-écrou.

Les mouvements de la manette ne peuvent faire avancer ou reculer le châssis, qui est maintenu en place par la vis indiquée plus haut; mais, en imprimant à la manette un mouvement de rotation, on communique le même mouvement au taquet t.

Supposons, maintenant, l'appareil en place et immergé à la profondeur voulue. En agissant sur la manette MO, qui actionne l'obturateur, l'opérateur ouvre et ferme celui-ci. Bien entendu, l'obturateur est préalablement réglé en pose ou en instantané, selon le résultat que l'on veut obtenir.

Une première plaque se trouve impressionnée.

Il s'agit de la faire tomber, pour lui substituer une

autre plaque, qui doit occuper rigoureusement la même position.

Pour y arriver, on imprime à la manette M un mouvement de rotation ; le taquet t tourne sur lui-même, le prolongement p de la plaque qui la maintenait en place (*fig.* 16) se trouve dégagé ; la plaque poussée par derrière tombe, tandis qu'une autre vient prendre exactement sa place, sous l'action des ressorts r.

En tournant, le taquet t est venu se placer à l'opposé de sa position première et coïncide maintenant avec le prolongement de la plaque qui vient de remplacer celle qui est tombée ; cette dernière est donc momentanément immobilisée.

Pour amener sa chute, il faudra actionner la manette en sens contraire, ce qui produira la rotation dans le même sens du taquet qui, après la chute de la deuxième plaque, coïncidera avec le prolongement de la troisième plaque, et ainsi de suite.

A l'aide de l'appareil que j'ai employé, on peut donc prendre successivement six clichés, sans aucune manipulation autre que le mouvement de la manette M ; mais il faut remarquer que ces six clichés devaient être nécessairement pris à la même distance, puisqu'on ne pouvait modifier la position du châssis et, par conséquent, la distance de l'objet à l'objectif, sous peine d'avoir une image confuse.

Nous avons corrigé ce défaut dans l'appareil que nous avons utilisé en dernier lieu en faisant une graduation de la tige de la manette M.

La tige porte un certain nombre d'encoches établies une fois pour toutes, qui correspondent aux différentes mises au point, depuis 1 mètre jusqu'à 10 mètres.

Il suffit de pousser la manette jusqu'à ce que l'encoche, correspondant à la distance de l'objet que l'on

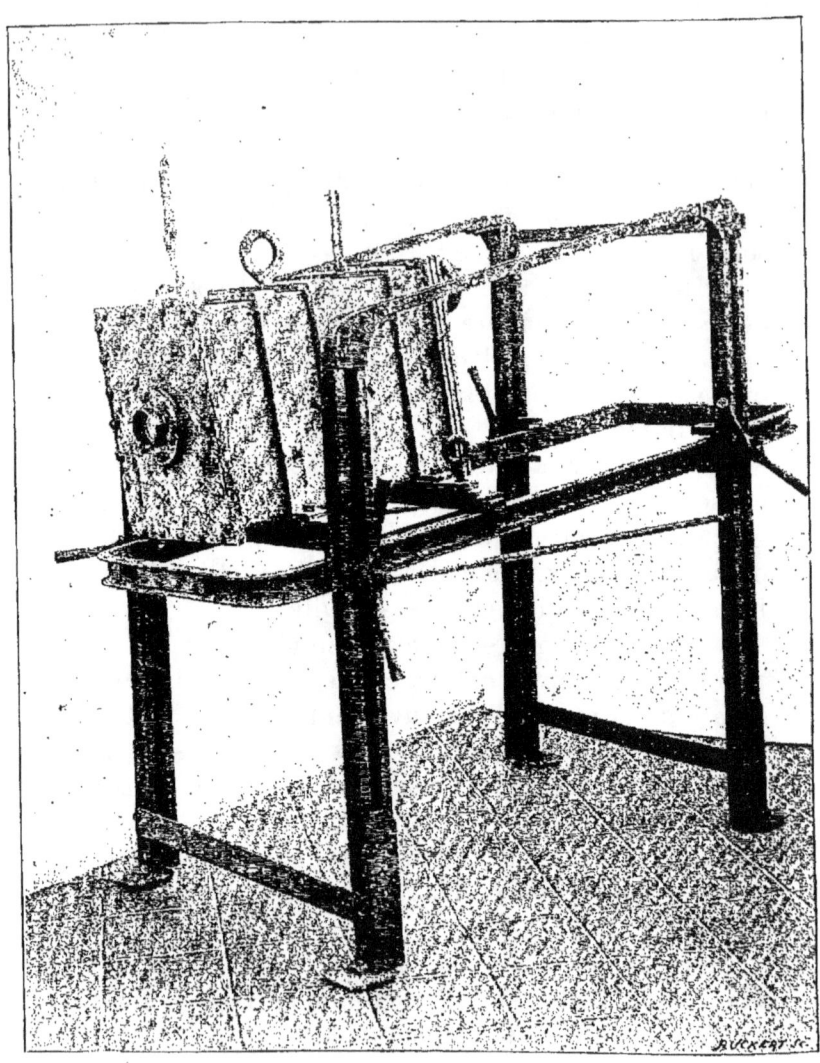

Fig. 17. — Pied de l'appareil photo-sous-marin.

veut photographier, affleure à l'entrée du presse-étoupe pour mettre le châssis à la distance convenable de l'objectif et obtenir ainsi une mise au point suffisamment exacte.

L'appareil de photographie sous-marine présente un pied qui fait partie intégrante de l'appareil; mais, dans bien des cas, il est utile d'avoir un pied indépendant.

Le pied que nous avons établi à cet effet et qui est représenté (*fig.* 17 et *fig.* 22) nous a rendu de nombreux services, et il a été établi d'après nos indications, de toute pièce, par le mécanicien David et par les seules ressources de l'atelier du laboratoire.

Il se compose essentiellement d'un bâti rigide en fer cornière, formé de quatre montants verticaux, réunis par des traverses (*fig.* 17).

Chaque montant est constitué par deux pièces suffisamment écartées pour former rainure et permettre le glissement d'une clef qu'on peut serrer à bloc, à une hauteur quelconque, à l'aide d'une manette.

Ces clefs supportent un cadre horizontal rigide, qui peut, en suivant le mouvement des clefs, être élevé ou abaissé à volonté le long des montants.

C'est sur ce cadre qu'on fixe l'appareil photographique, qui peut glisser en un point quelconque du cadre à l'aide d'un chariot.

Les deux figures 17 et 22 indiquent clairement les positions diverses qu'on peut donner à l'appareil.

CHAPITRE VII

LES PREMIERS ESSAIS DE PHOTOGRAPHIE SOUS-MARINE

Les premiers essais de photographie sous-marine ont été faits dans les environs du laboratoire Arago, à l'aide du premier appareil que j'avais fait construire et que j'ai figuré (*fig*. 12).

J'ai employé, pour me transporter dans les paysages choisis, les deux grandes embarcations que M. de Lacaze-Duthiers avait bien voulu mettre à ma disposition pour poursuivre mes expériences.

L'une est une balancelle de 4 à 5 tonneaux, pontée et gréée en voile latine. C'est un cadeau qui a été fait au laboratoire, lors de sa fondation, par les habitants du pays. Ils ont donné à cette embarcation le nom du fondateur de la station et l'ont appelée « le Lacaze-Duthiers » (*fig*. 7, page 128).

L'autre est un bâtiment plus considérable. *Le Roland* est un bateau à vapeur de 25 tonneaux environ, qui a été libéralement offert au directeur par un Mécène scientifique [1].

A l'arrière du bâtiment se trouve une vaste cabine où peuvent s'abriter les passagers embarqués à bord et où s'exécutent les diverses observations. Cette cabine peut se transformer tour à tour en salle de travail, en salle à manger ou en dortoir, trois couchettes permettant de dormir dans ce minuscule dortoir.

---

1. *Le Roland* a été offert par le prince Roland Bonaparte, membre de l'Institut.

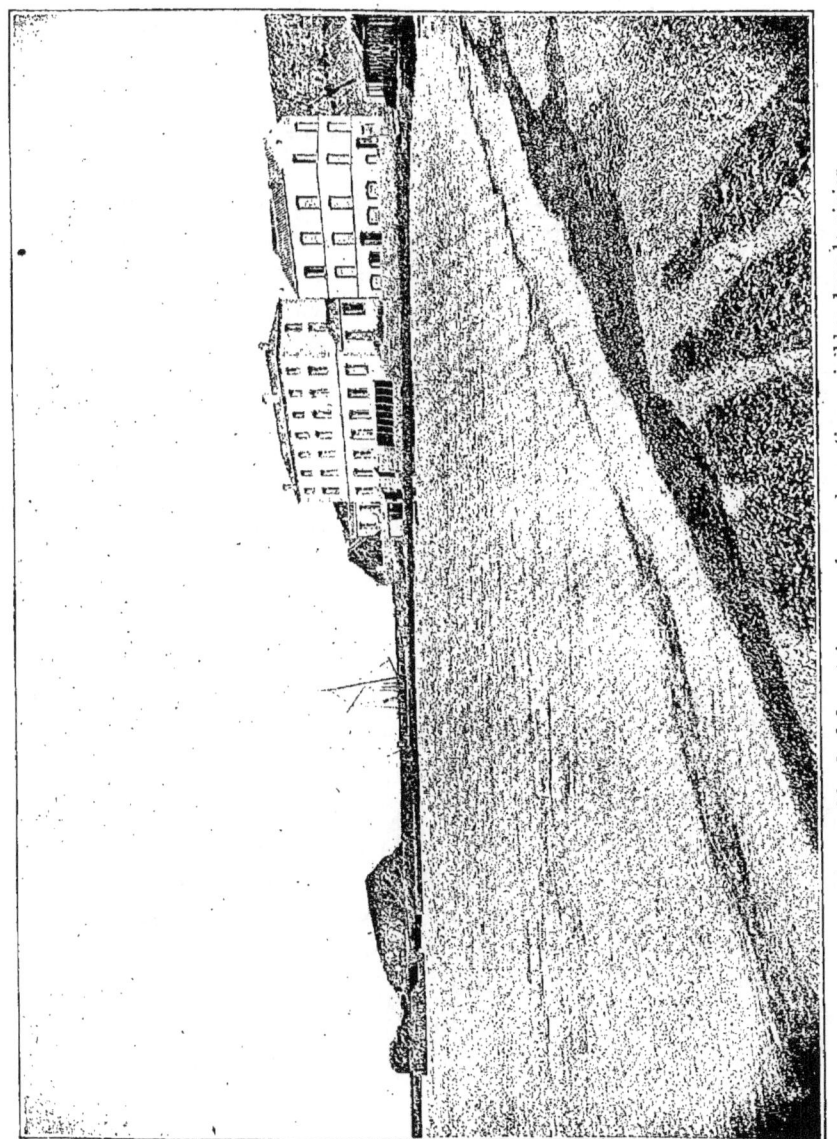

Fig. 18. — L'ensemble du laboratoire avec les embarcations visibles dans le vivier.

Le milieu du vapeur contient la machine à vapeur avec sa chambre de chauffe et une petite cuisine où l'on peut préparer un repas sommaire. A l'avant est disposé le treuil à vapeur qui permet de descendre ou de remonter les engins de travail sans fatigue pour les hommes.

Ce vapeur, qui a rendu tant de services aux travailleurs du laboratoire, a été rapidement mis hors de service par ses campagnes répétées; il vient d'être remplacé maintenant par un nouveau vapeur de plus fort tonnage construit sous la direction de M. le professeur Pruvot et que M. de Lacaze-Duthiers fait aménager avec tous les perfectionnements modernes.

Le nouveau Roland sera, je crois, le premier vapeur établi spécialement par un naturaliste compétent en vue du travail particulier d'un laboratoire. Tout fait présager qu'il aura une existence laborieuse et utile à la science.

C'est la baie de Banyuls que j'ai cherché à explorer tout d'abord avec l'objectif (Planche VI).

Ce point de la côte est peu favorable à ce genre d'expériences; le fond est constitué par un sable vaseux, car la rivière, qui débouche à ce niveau, entraîne pendant l'hiver de nombreux débris (*fig.* 19).

Les sujets de photographie sont cependant nombreux et variés; les plages de sable, les prairies de Zostères et les roches à excavations profondes sont tour à tour représentées dans cette baie. Mais, lorsqu'on descend en scaphandre, la vase dont j'ai parlé plus haut constitue un obstacle sérieux pour obtenir de bonnes épreuves sous-marines.

Le premier inconvénient que la vase présente est de donner au paysage une teinte uniformément grisâtre; les oppositions dans les divers plans ne sont pas assez

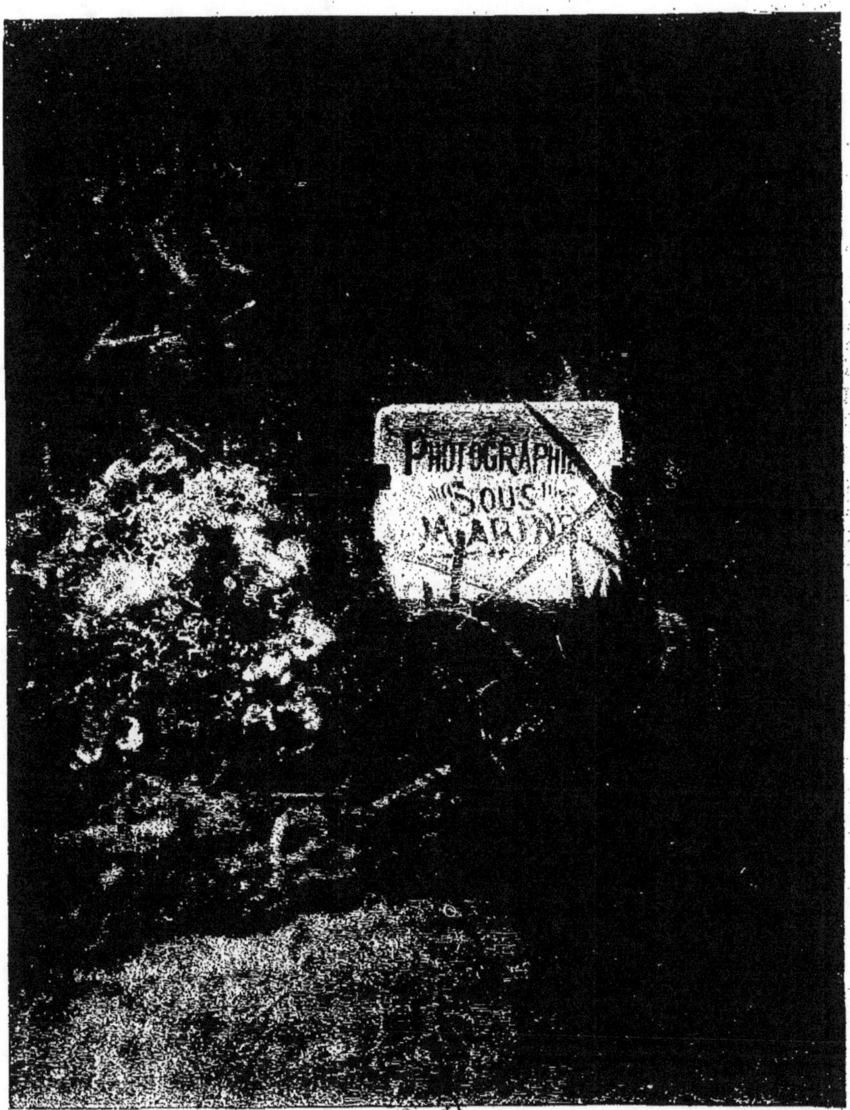

Héliog. Dujardin

Boutan Phot.

Planche VI

PAYSAGE SOUS-MARIN (POSE 1″)

Librairie C. Reinwald.

accentuées, pour fournir des noirs et des blancs bien tranchés, et les clichés obtenus sont forcément ternes.

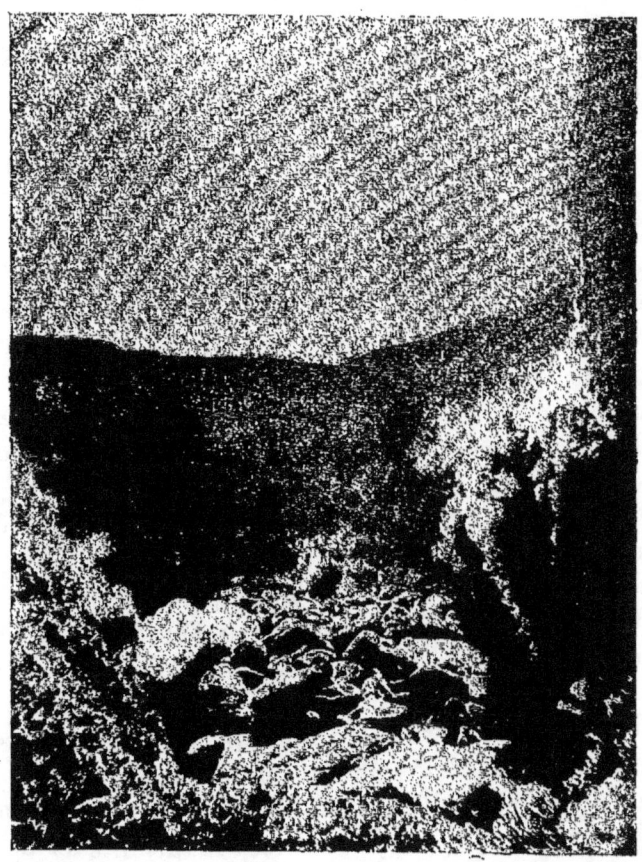

Fig. 19. — Paysage sous-marin de la baie de Banyuls
(Vue prise avec le premier appareil de photographie sous-marine).

Le second inconvénient, le plus grave, du reste, causé par le dépôt vaseux, c'est qu'il est impossible de se déplacer sur le fond sans troubler le milieu ambiant.

A chaque pas, le scaphandrier soulève un nuage de boue qui se maintient en suspension pendant plusieurs minutes et qui obscurcit l'eau que les rayons lumineux doivent traverser.

J'ai persisté cependant, malgré ces conditions défavorables, jusqu'au moment où j'ai pu obtenir une série de clichés, sinon tout à fait bons, du moins suffisants.

Mais je n'ai pas tardé à chercher un point plus propice à mes expériences, et je l'ai rencontré un peu plus au sud du laboratoire, dans une petite anse fortement lavée par la houle et qu'on appelle, dans le pays, la baie du Troc (*fig.* 20).

Cette baie du Troc, enfermée entre deux hautes collines rocheuses, se trouve être en même temps un des points les plus pittoresques de la côte.

Malgré la violence des vents du nord, le fond est tapissé de prairies sous-marines qui s'enfoncent en pente douce vers la haute mer.

Les courants violents que détermine la houle lorsque le vent régnant souffle ont amené la formation de petites plaques de sable qui découpent la prairie et constituent de véritables sentiers où l'on peut circuler à l'aise, lorsqu'on a revêtu le vêtement imperméable.

Rien n'est pittoresque comme de suivre un de ces chemins tracés par le courant ; de chaque côté, sur le talus corrodé par le flot, s'étalent les grandes tiges des Pocidonies, dont la végétation est luxuriante et dont l'aspect rappelle celui des plantes des pays tropicaux.

Le scaphandrier se trouve encadré par la muraille verte, car les tiges de ces singuliers végétaux arrivent jusqu'à la hauteur du casque.

Quand on circule dans la prairie proprement dite, après avoir franchi les talus dont je viens de parler, les grandes herbes qu'on est obligé d'écarter pour marcher arrivent seulement au niveau de la poitrine.

Enfin, dans cette petite anse du Troc, on trouve également de grands rochers tapissés d'algues et qui présentent de larges excavations où vivent de nombreux animaux.

Les profondeurs de la baie sont très variables, et l'on peut opérer depuis 2 mètres jusqu'à 11 mètres, en descendant le long du plan incliné formé par le fond.

Voici le mode opératoire que j'ai adopté pour obtenir mes clichés avec l'appareil photographique assez rudimentaire que j'avais alors à ma disposition.

Le bateau étant solidement ancré sur le fond et maintenu dans une position invariable à l'aide d'une série d'amarres fixées aux rochers de la côte, je revêtais l'habit de scaphandrier, et je descendais sur le point choisi d'avance comme centre d'opérations.

Après avoir pris terre à la profondeur voulue, je donnais au patron le signal de me faire descendre les différentes parties de l'appareil photographique.

Je recevais au bout d'une corde le trépied en fer, l'appareil contenant la boîte photographique et un poids en fonte destiné à caler le tout.

Je me mettais alors en marche pour choisir définitivement le point de vue à reproduire.

Le paysage une fois choisi, j'installais à loisir le pied de l'appareil, et je disposais la boîte photographique de manière à n'avoir plus qu'à soulever un bouchon pour ouvrir l'obturateur.

Ceci fait, un nouveau signal était expédié par moi au patron, qui tenait en main la corde de sauvetage. Ce signal signifiait que la pose était commencée, et j'attendais patiemment que le patron m'indiquât de nouveau la fin de l'opération.

On comprend, en effet, qu'il est impossible ou, du moins, fort difficile, à moins d'un dispositif spécial, d'emporter avec soi, lorsqu'on descend en scaphandre, une montre pouvant guider pour la durée du temps de pose.

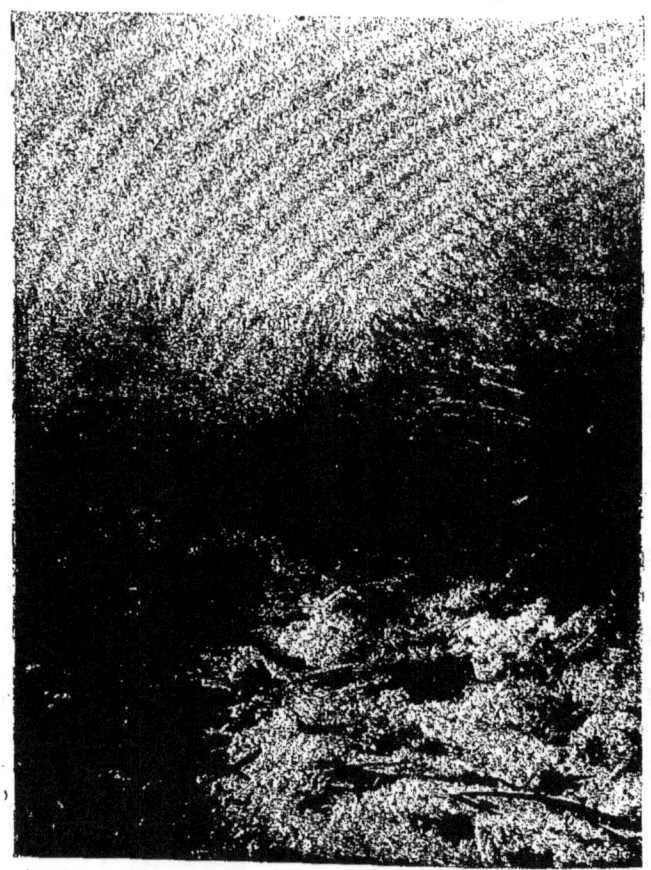

Fig. 20. — Paysage sous-marin de la baie du Troc
(Vue prise avec le premier appareil à 7 mètres de profondeur après une longue pose).

Grâce à la méthode que j'avais adoptée, cette difficulté se trouvait tournée, le patron ayant pour mission de consulter sa montre et de me prévenir en temps utile.

C'est ainsi qu'ont été obtenues les photographies

représentées (*fig*. 19 et *fig*. 20), après des poses qui ont duré jusqu'à une demi-heure. Le grand inconvénient du procédé que j'employais alors réside précisément dans la durée de cette pose.

Le paysage sous-marin est loin d'être immobile ; même par les temps les plus calmes, dans les fonds où j'opérais, la houle se fait toujours sentir, et les plantes, entraînées par le mouvement des couches liquides, subissent des mouvements d'oscillation qui donnent du flou à l'image. Or, avec le premier appareil que j'avais fait construire, j'étais obligé de faire impressionner la plaque pendant un temps très long et, pour obtenir plus de netteté dans les images, je tendais au contraire à diaphragmer de plus en plus, ce qui me forçait à allonger démesurément le temps de pose pour obtenir une impression sur la plaque photographique.

Ces premiers clichés étaient loin d'être bons. Ils constituaient, en tout cas, un premier point de départ ; cependant j'étais loin d'en être absolument satisfait.

Pourquoi les premiers essais n'ont-ils fourni que des images médiocres?

Le milieu eau est-il impropre à l'obtention de bonnes photographies?

L'expérience de ces trois dernières années m'a prouvé que le milieu n'était nullement le coupable et qu'il suffisait de perfectionner l'appareil photographique pour perfectionner les images obtenues.

CHAPITRE VIII

LA PHOTOGRAPHIE SOUS-MARINE SUR LE BORD DE LA PLAGE

Pour prendre des vues sous-marines, il suffit d'immerger l'appareil de manière à ce que l'objectif plonge dans l'eau sans que l'opérateur soit dans l'obligation d'en faire autant.

Nous conseillons même à ceux qui voudront imiter mon exemple de commencer à apprendre la manœuvre de l'instrument en travaillant près du rivage. Après ce premier apprentissage, ils pourront aborder avec plus de chances de succès les photographies dans les grands fonds.

Sur les bords de la Méditerranée, où la marée est très faible, il y a un réel intérêt à obtenir des photographies sous-marines à de petites profondeurs.

Pour procéder à cette opération, il n'est pas nécessaire d'endosser le casque du scaphandrier et de faire fonctionner la pompe à air.

Si l'on opère tout près du rivage et que l'on redoute de revêtir, jusqu'au cou, le vêtement toujours incommode du scaphandrier, on peut immerger l'appareil en profitant d'un à-pic.

Dans ce cas, il n'est nullement nécessaire d'entrer dans l'eau. En plaçant l'appareil directement sur le fond, on obtient une image nette des objets environnants.

Mais c'est là un cas particulier, qui demande une

configuration toute spéciale de la côte. Ordinairement la plage descend en pente douce, et il est très exceptionnel de trouver une plate-forme rocheuse d'où l'objectif puisse embrasser un horizon intéressant.

Il faut donc, le plus souvent, se décider à s'immerger en partie pour placer l'appareil dans une position favorable.

Voici comme nous avons opéré d'ordinaire, dans ce cas particulier :

Pour éviter le contact direct de l'eau, nous endossions l'habit du scaphandrier, sans toutefois nous embarrasser du casque ni des poids. Ces poids, qu'on doit appliquer sur le dos et sur la poitrine pour descendre à une certaine profondeur, sont en effet lourds et gênants.

L'habit seul une fois endossé, on se trouve protégé contre l'action de l'eau jusqu'au niveau du cou, ce qui est suffisant pour mener à bien l'opération projetée.

Grâce au vêtement imperméable, on peut manœuvrer tout à son aise, en ayant de l'eau jusqu'au-dessus de la ceinture.

Nous faisions alors apporter le pied de l'appareil photographique, nous l'installions à la profondeur voulue, dans une position bien fixe, et nous disposions sur la tablette de tôle l'instrument muni de ses plaques.

Pour arriver ensuite à viser le paysage ou l'objet qu'on désirait photographier, une dernière opération, la plus délicate, restait à effectuer. Il fallait en effet donner à l'appareil une position et une inclinaison convenables.

C'est au viseur qu'il faut recourir pour orienter et diriger l'instrument comme il convient. Mais l'opérateur, ayant la tête placée en dehors de l'eau, est gêné dans cette manœuvre par le miroitement de la surface liquide, qui l'empêche de distinguer les images qui se produisent sur le verre dépoli de chacun des viseurs.

Il est une façon très simple de tourner cette diffi-

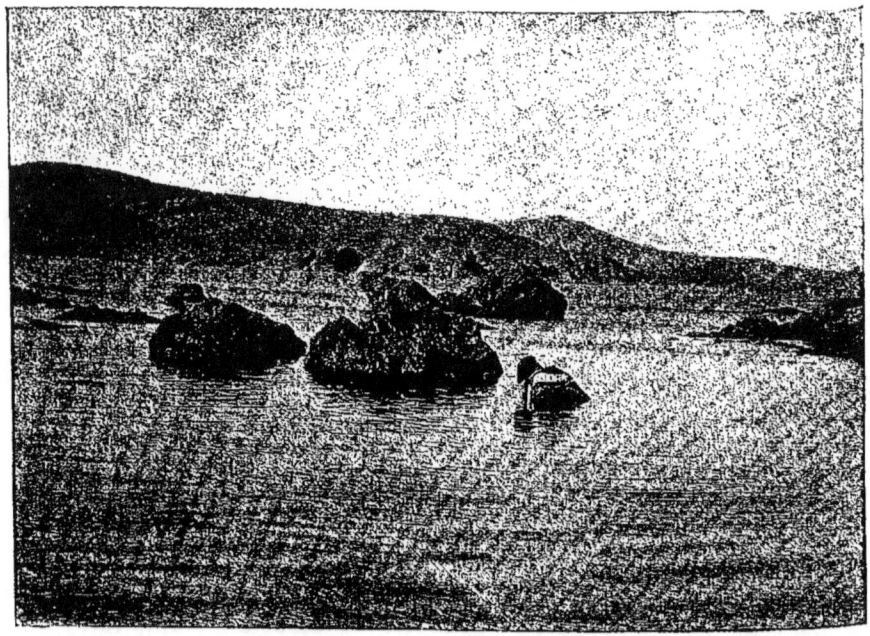

Fig. 21. — Prise d'une épreuve de photographie sous-marine dans le voisinage du rivage (Cliché de M. Racovitza).

culté; il suffit de se munir d'un tube en métal du même diamètre que le viseur et de le faire adhérer à la surface de l'appareil, tout en le maintenant vertical.

Le tube se trouve ainsi plongé dans l'eau dans une partie de son étendue, et sa partie supérieure émerge seule au-dessus de la surface.

Il isole le viseur dans une sorte de chambre noire, et l'opérateur, en appliquant l'œil sur la partie libre du tube, voit les images se former avec une suffisante netteté sur la plaque dépolie.

La position de l'opérateur n'est peut-être pas des

plus commodes; elle lui permet cependant de photographier dans des conditions acceptables. Pour en donner une idée plus exacte au lecteur, nous reproduisons dans le texte (*fig.* 21) une épreuve qui a été obtenue pendant l'opération en question par un de nos amis[1].

On peut, par ce procédé, surtout en utilisant l'appareil avec mise au point représenté (*fig.* 15), obtenir des photographies très originales.

Lorsque j'ai publié une première note à l'Académie des Sciences[2], la nouvelle que l'on pouvait prendre des photographies sous-marines fit quelque bruit dans le public, et un dessinateur satirique, à l'affût de l'actualité, retraça en plaisants coups de crayon les applications futures qu'il rêvait pour cette nouvelle branche de la photographie.

Il représentait, entre autres, un vieux savant avec d'énormes lunettes, accroupi au fond de l'eau et braquant son appareil sur les jambes de baigneurs et de baigneuses prenant leurs ébats sur quelque plage mondaine. Le dessin m'avait fait rire; mais l'idée du spirituel caricaturiste ne me paraissait avoir rien d'impossible à réaliser.

Rentré à Banyuls, je priai trois de nos matelots de se vêtir de maillots, et je les fis placer à 4 mètres de l'appareil.

Le cliché ainsi obtenu et qui a été reproduit dans plusieurs publications donne une impression très bizarre. L'effet cherché par le dessinateur se trouve obtenu avec beaucoup d'exactitude.

---

[1] Le cliché est dû à l'obligeance d'un savant roumain, M. Racovitza, qui travaillait en même temps que moi au laboratoire Arago.
[2] Note sur la photographie sous-marine. *Comptes Rendus de l'Académie des sciences*, 1894.

On aperçoit nettement les jambes et les maillots de nos marins, mais les troncs se trouvent coupés à la surface de l'eau, qui joue le rôle de miroir. L'on ne distingue plus, pour représenter les parties supérieures du corps, qu'une vague silhouette tordue et allongée par les ondulations de la couche liquide.

J'ai préféré faire reproduire deux clichés plus intéressants, au point de vue scientifique (Planches VII et VIII), et qui ont été obtenus dans la dernière campagne, avec l'obturateur électrique que nous décrirons plus loin.

Pour prendre ces deux photographies, nous avons descendu l'appareil le long du mur du vivier du laboratoire, du côté de la pleine mer, par une profondeur de 2^m,50 environ, en manœuvrant par conséquent à pied sec.

Le premier cliché, planche VII, représente une énorme actinie qui s'était développée non loin du mur, et qui se trouvait gîtée au milieu du sable vaseux. Le deuxième, planche VIII, représente la même, dévorant une tête de baudroie.

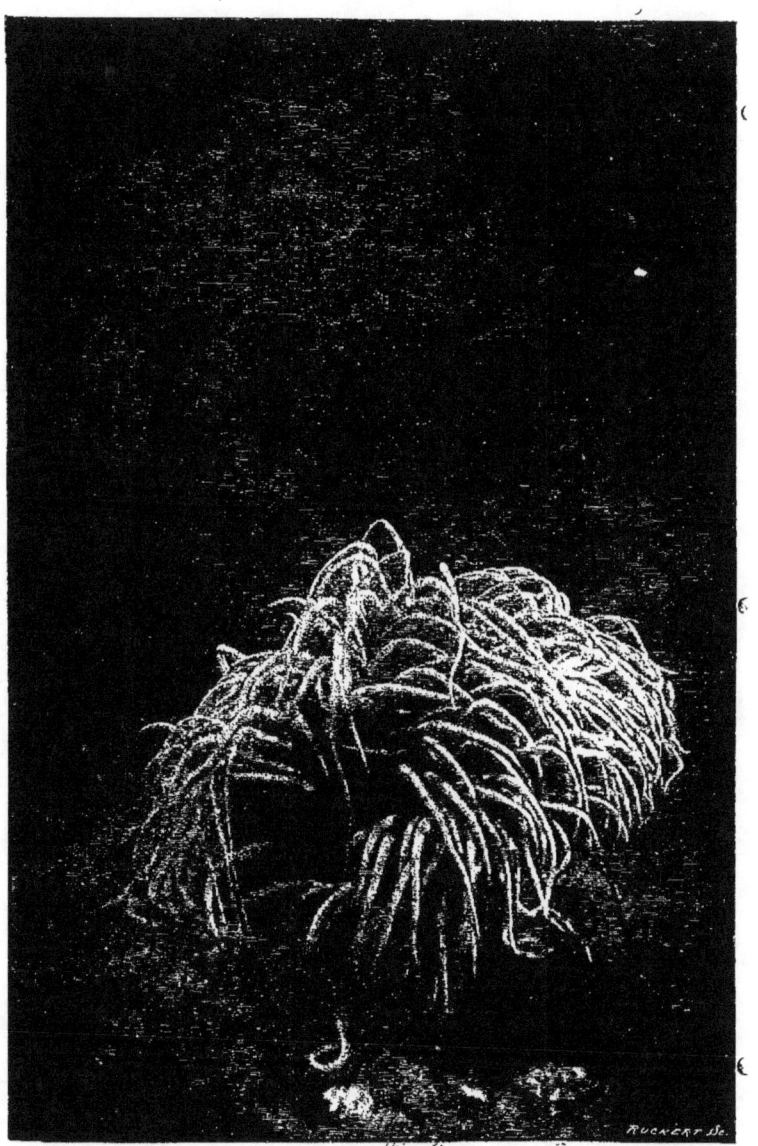

Planche VII.
Actinie. — (Instantané.)

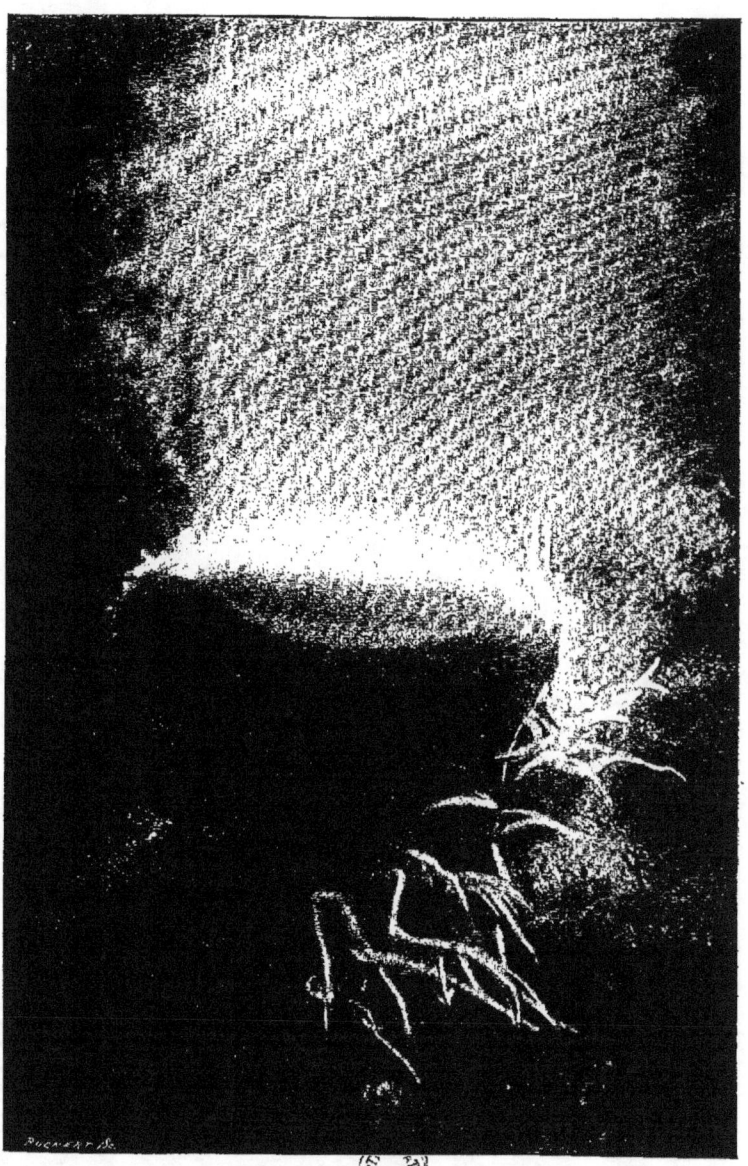

PLANCHE VIII.
Actinie dévorant un poisson (Baudroie). — (Instantané.)

CHAPITRE IX

LA PHOTOGRAPHIE SOUS-MARINE INSTANTANÉE

Nous avons vu, dans un chapitre précédent, qu'avec le premier appareil j'étais obligé de faire de longues poses et que je ne pouvais songer à prendre des animaux agiles. C'est en utilisant le nouvel instrument que j'avais fait construire en dernier lieu, au laboratoire, que je suis arrivé à obtenir des séries de photographies instantanées (Planches V et IX, par exemple).

Ce dernier appareil, je ne pouvais songer à le promener avec moi au fond de l'eau, ou à le transporter sous mon bras, dans l'atelier de photographie, comme je faisais avec le premier.

Une fois chargé sur la balancelle, que nous avons surtout utilisée pour cette série d'expériences, on l'y laissait le plus longtemps possible (*fig.* 22 et 23).

Il est, en effet, si lourd et si encombrant qu'il faut trois hommes pour le manœuvrer dans l'air sans trop de peine ; aussi le mécanicien David avait-il transformé la cale du bateau en chambre noire, afin de pouvoir charger l'appareil à bord et d'éviter tout déplacement inutile.

A l'aide d'un palan fixé sur la vergue, les hommes de l'équipage descendaient l'appareil dans la cale, puis on rabattait le capot, et l'on calfeutrait le mécanicien et son aide dans la chambre noire.

Le bateau n'a que des dimensions fort restreintes, et la chambre noire forme un réduit très étroit, où les opérateurs ne peuvent manœuvrer qu'accroupis sur leurs talons.

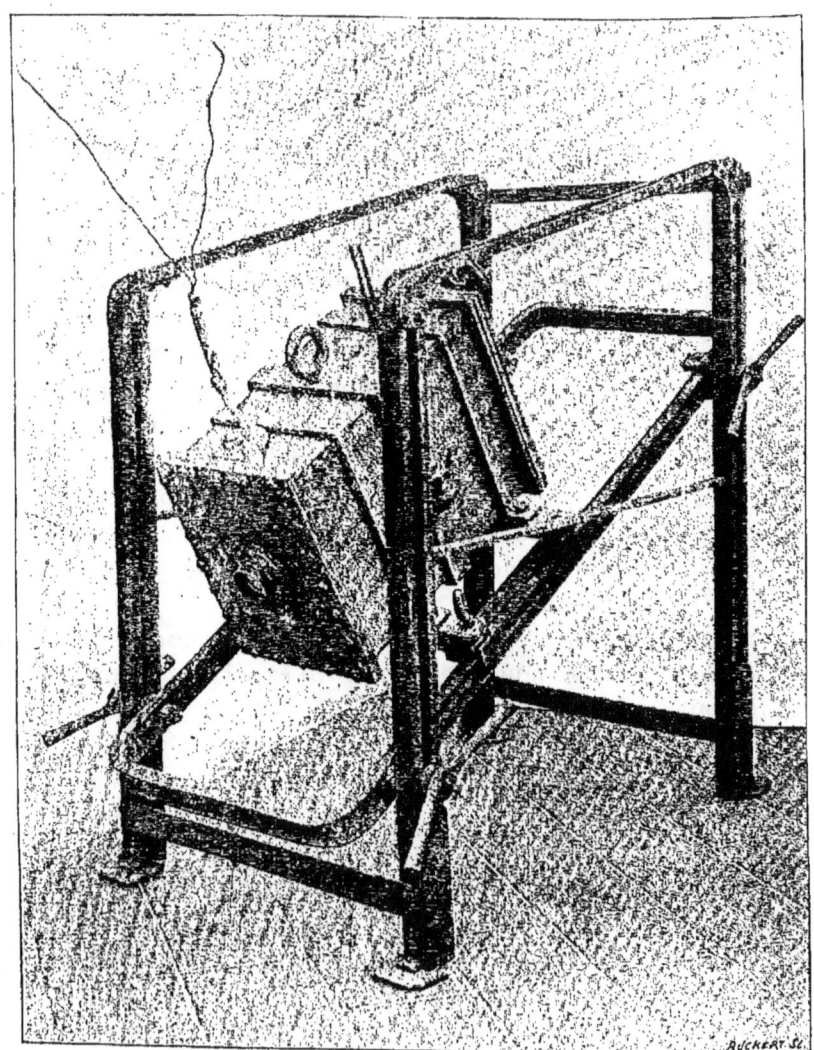

Fig. 22. — L'appareil sur son pied, disposé pour photographier à 2 mètres de distance.

C'est là que le châssis (*fig.* 16) était garni de ses six plaques.

Lorsque la lourde machine était chargée, on le hissait de nouveau sur le palan ; le patron, faisant imprimer un mouvement de rotation à la vergue, l'amenait au niveau de l'eau (*fig.* 23). Pendant ce temps, tantôt le mécanicien, tantôt moi-même, nous revêtions l'habit du scaphandrier, et nous allions choisir l'emplacement

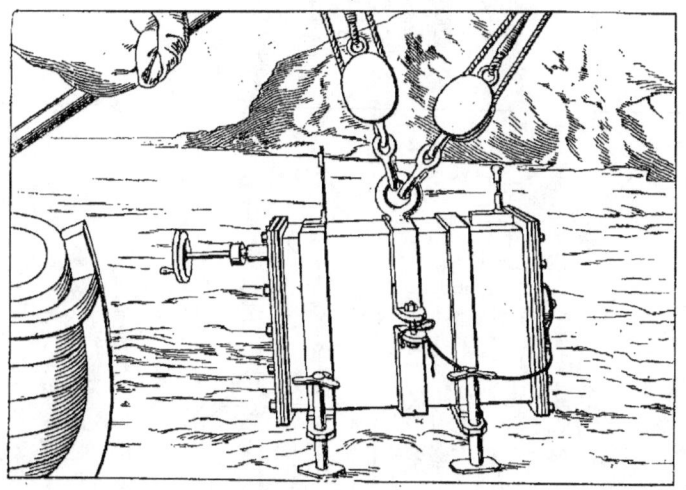

Fig. 23. — L'appareil de photographie sous-marine suspendu au-dessus de l'eau au moment de son immersion (d'après un cliché de M. Marcel Gorse).

que devait occuper l'appareil pour obtenir le cliché voulu.

On laissait ensuite filer l'appareil au fond de l'eau, et quand il avait pénétré à la profondeur convenable, le scaphandrier le disposait de son mieux.

Cette opération ne laissait pas d'être pénible, quoique l'appareil allégé dans l'eau pût être, à la rigueur, manié par un homme seul.

Bien souvent je me suis épuisé dans cette manœuvre sans réussir à donner à la boîte photographique la posi-

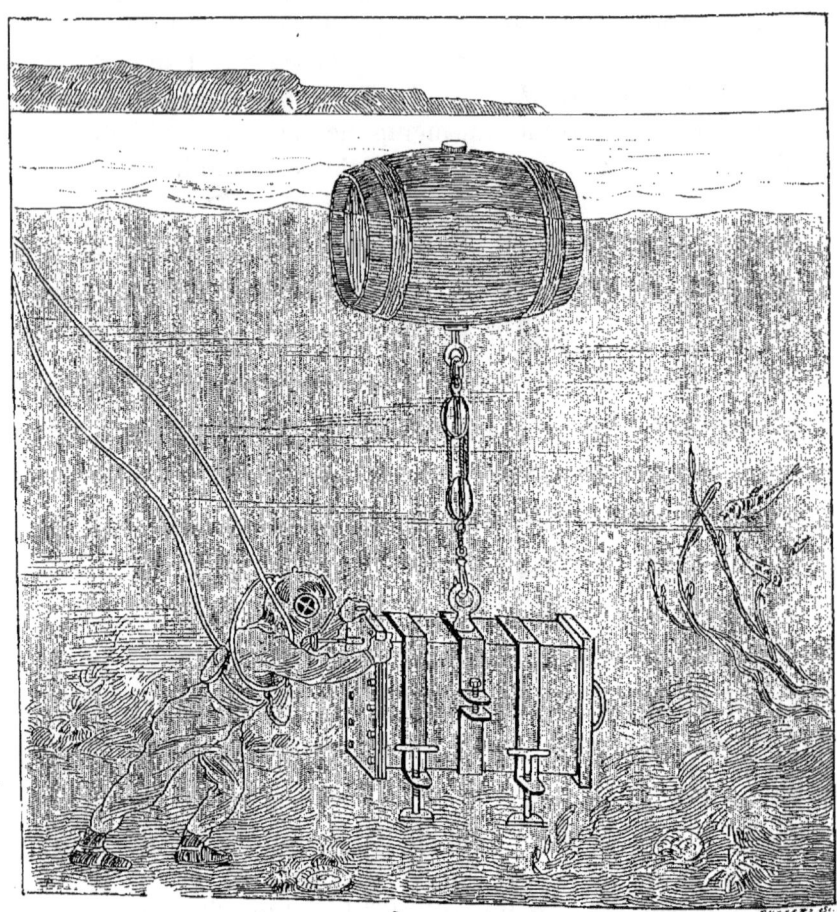

Fig. 24. — Manœuvre de l'appareil allégé par le flotteur et manié au fond de l'eau par le scaphandrier.

tion que je voulais; la sueur ruisselait alors sur mon front; la vapeur produite par l'excès de travail se condensait sur les glaces du scaphandre, et le paysage n'apparaissait plus qu'à travers un brouillard opaque.

Je n'avais d'autres ressources, ne pouvant me servir de mes mains à l'intérieur du casque, que de frotter avec mon nez ou avec ma langue une petite surface de la glace couverte de buée ; je dessinais, ainsi, une petite fenêtre, par où j'entrevoyais plus nettement les objets.

Ce n'est qu'assez tard, dans la campagne, que j'ai eu l'idée de rendre l'appareil plus maniable en y faisant adapter un tonneau rempli d'air qu'on fixait sur lui au moment voulu (*fig.* 24).

Voici comment s'effectuait cette manœuvre :
On envoyait du bord une corde à laquelle était amarré le tonneau rempli d'air. Le tonneau portait un palan qui pendait au-dessous de lui. Le scaphandrier n'avait plus qu'à l'accrocher momentanément à l'appareil. Le déplacement du système devenait alors, on le comprend sans peine, des plus faciles.

On le conduisait aisément au point voulu, et on l'installait à la distance, choisie d'avance, de l'objet qu'on voulait photographier.

Il suffisait alors d'attendre que l'eau, un instant troublée par la manœuvre et les mouvements du scaphandrier sur le fond, eût repris sa limpidité pour opérer dans des conditions convenables.

Pendant ces périodes d'attente, j'avais tout le loisir d'étudier les mœurs des poissons, qui venaient en grand nombre tourner autour de moi :

Les Sargues, attirées par le bouillonnement du casque, ne s'approchaient que craintivement, pour fuir bien vite, une fois leur curiosité satisfaite ; les Rougets, indifférents à la présence du scaphandrier, continuaient à vaquer à leurs affaires et fouillaient le sable avec leurs barbillons. Parfois les Dentus, lapins de la prairie sous-marine, broutaient au milieu des longues algues. Il m'arrivait aussi d'observer de petites Plies qui progressaient par bandes à la surface du sable et se

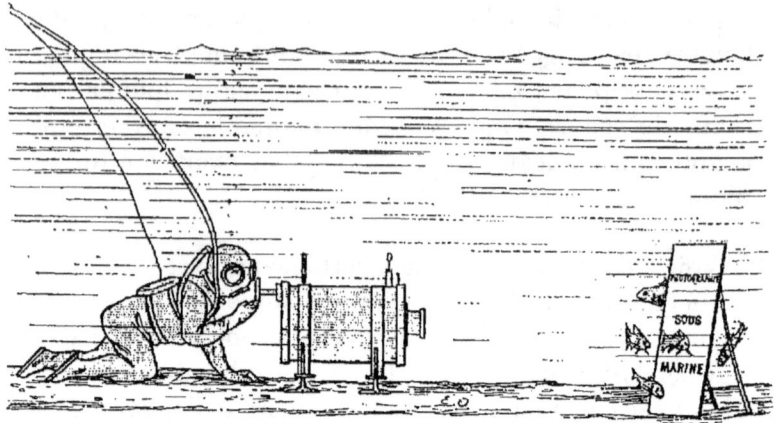

Fig. 25. — Scaphandrier prenant une photographie instantanée.

confondaient avec lui, dès qu'elles devenaient immobiles; plus rarement, les Rascaces, habiles comme elles, malgré leur gros corps trapu, à s'enfouir dans le sable, venaient se gîter à portée du regard; leurs yeux apparaissaient seuls comme deux grains de sable noir, mais leur corps se hérissait de pointes dès qu'on faisait mine de les découvrir. Dans des parages plus élevés, les Girelles lançaient un éclair rouge et bleu en frétillant auprès des rochers.

J'ai dérangé bien souvent ces innocentes bêtes étendues sur le dos, le ventre en l'air, ou couchées mollement sur le côté, surprises dans leur sommeil. Les poissons ne veillent pas toujours et font volontiers leur sieste; en les voyant ainsi dans quelques trous de roche; dans leur attitude abandonnée, je les prenais d'abord pour des poissons morts; mais, si je voulais les saisir, je m'apercevais bien vite que l'animal était bien

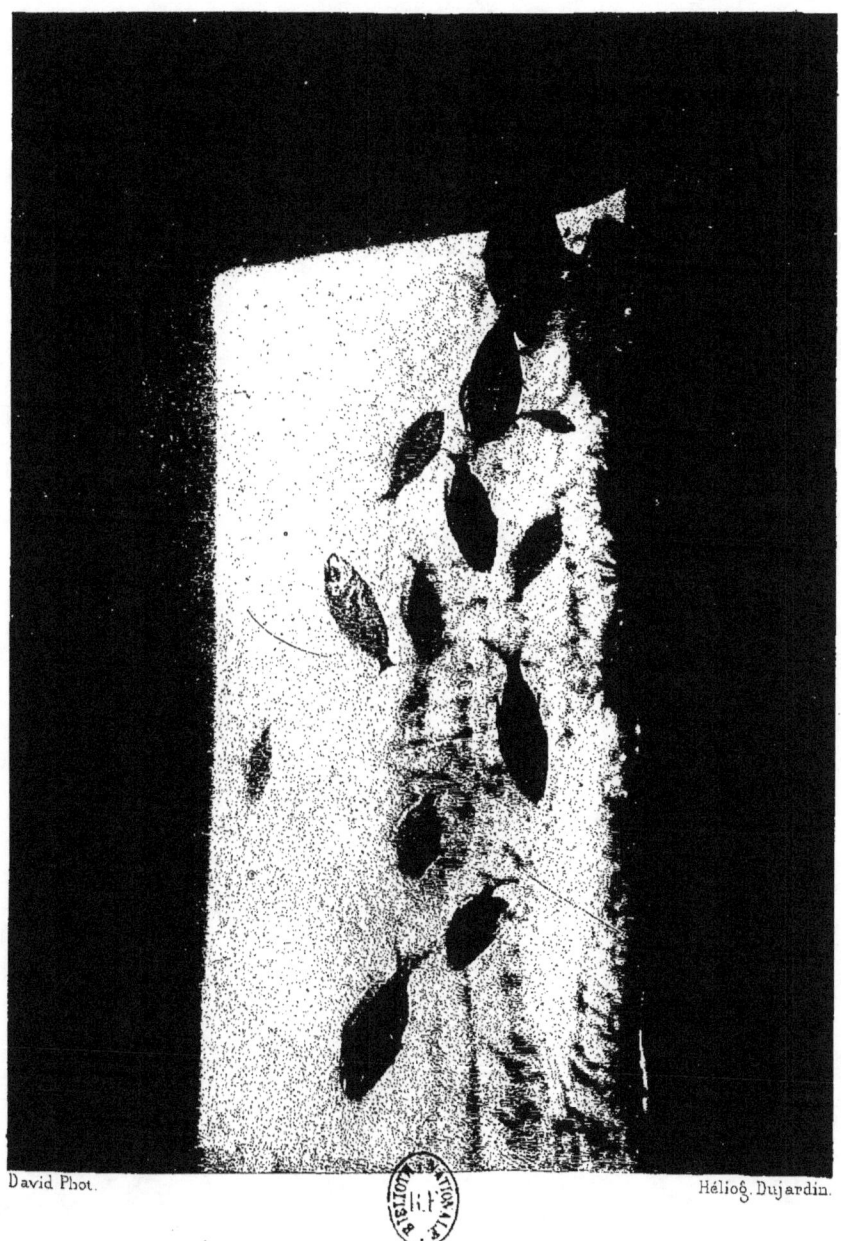

Planche IX
VUE INSTANTANÉE
Librairie C. Reinwald

vivant et que je venais simplement d'interrompre son sommeil.

Dans un fond aussi poissonneux, il était tout indiqué de chercher à prendre des instantanés de ces animaux agiles. Ne pouvant songer à les faire poser devant l'objectif, nous cherchions seulement à les faire passer à bonne portée, dans le champ photographique (*fig.* 10, page 155).

Lorsque nous voulions prendre des instantanés de poissons, je me faisais envoyer du bord un bocal rempli de débris d'animaux. Ces friandises avaient toujours le même succès, et de tous les coins de l'horizon on voyait bientôt arriver les rôdeurs, attirés par la perspective du festin.

Nous avons beaucoup multiplié les épreuves de ce genre et obtenu souvent de bons résultats. Pour bien mettre en évidence les poissons, j'avais fait fabriquer un grand écran peint en blanc.

On l'immergeait en face de l'objectif, un peu au-delà de la distance réglée pour la mise au point. L'appât était placé en avant, à la distance exacte où l'on voulait prendre le cliché.

C'est dans ces conditions qu'a été prise la photographie (Planche IX).

Cet écran, qui représente le fond de la photographie, était constitué par un morceau de toile peinte, tendu sur un cadre en fer muni de pieds, de manière à ce que la surface blanche prît une position oblique dans l'eau. Pour attirer les poissons qui rôdent dans le voisinage, le scaphandrier plaçait en avant de l'écran, à une distance d'environ 2 mètres, un appât constitué par des débris d'oursins et d'annélides qu'on lui avait fait passer du bord dans un bocal fermé.

On aperçoit d'ailleurs sur l'épreuve les fragments de ces oursins, encore munis de leurs piquants.

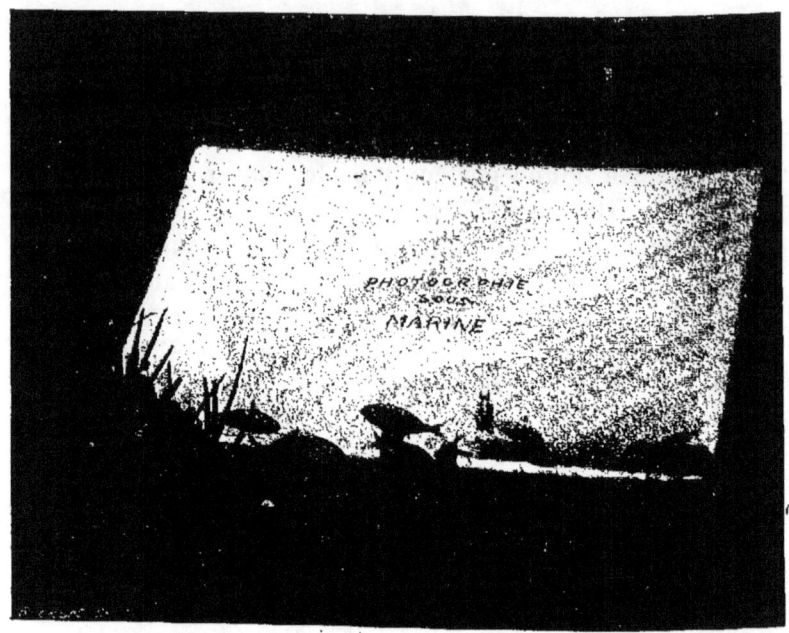

Fig. 26. — Poissons pris en instantané devant un écran blanc immergé sur le fond par plusieurs mètres de profondeur.

Plusieurs clichés ont été impressionnés dans les mêmes conditions, à des distances variant de 1^m,50 à 2 mètres, et parmi les instantanés de poissons, nous n'avons eu que l'embarras du choix pour déterminer ceux qui méritaient d'être reproduits.

La seule difficulté de l'opération consiste à prendre l'image au moment où les poissons sont à peu près au point, c'est-à-dire au niveau de l'appât (*fig.* 26).

On peut remarquer que l'écran, dans la photographie (Pl. IX), est en partie couvert par des traînées de sable, dues à la violence de la houle qui agitait le fond. Ceci nous montre que l'immobilité de l'eau, si elle facilite l'opération, n'est pas indispensable à sa réussite.

L'écran que nous avons employé forme un fond sur lequel les poissons se détachent nettement; son emploi est utile, mais non indispensable; car, dans d'autres clichés, nous avons obtenu des poissons très nets, qui se projettent sur le fond de sable ou de vase.

Tel est le cas du cliché (*fig.* 10) où une Sargue a été photographiée en plein mouvement, au moment où elle passait dans le champ de l'objectif, sans aucun dispositif accessoire.

Les animaux fixés sont naturellement plus faciles à mettre au point, puisqu'on est sûr qu'ils ne se déroberont pas, juste au moment psychologique, comme le font trop souvent les poissons; mais, lorsqu'on utilise seulement la lumière solaire, comme je le faisais tout d'abord, on se heurte souvent à une difficulté réelle : la plupart des animaux fixés se cachent, à l'abri des roches, dans les excavations très sombres, et fuient la lumière; avec la ressource des lampes électriques, cette difficulté disparaît.

Il n'en est pas d'ailleurs toujours ainsi, et la Planche VII montre que certaines actinies s'épanouissent au grand soleil. La planche XII, page 232, montre également les bons résultats que fournissent les groupes de Phallusies (Ascidies).

Pour d'autres animaux, particulièrement pour les animaux enfoncés dans des tubes, il fallait se livrer à une étude plus attentive; mais quelle jolie surprise quand, sur le bord de l'herbier, on apercevait une belle couronne de tentacules, et qu'en s'approchant on distinguait les délicates nuances d'un Cérianthe à demi épanoui (*fig.* 27). Au moindre mouvement un peu brusque, l'animal prenait peur, disparaissait brusquement, et l'on n'apercevait plus que le tube parcheminé, sortant à peine du sol, dans lequel il s'était renfermé.

Je n'ai parlé jusqu'ici que des instantanés obtenus en scaphandre ; toutes les photographies instantanées

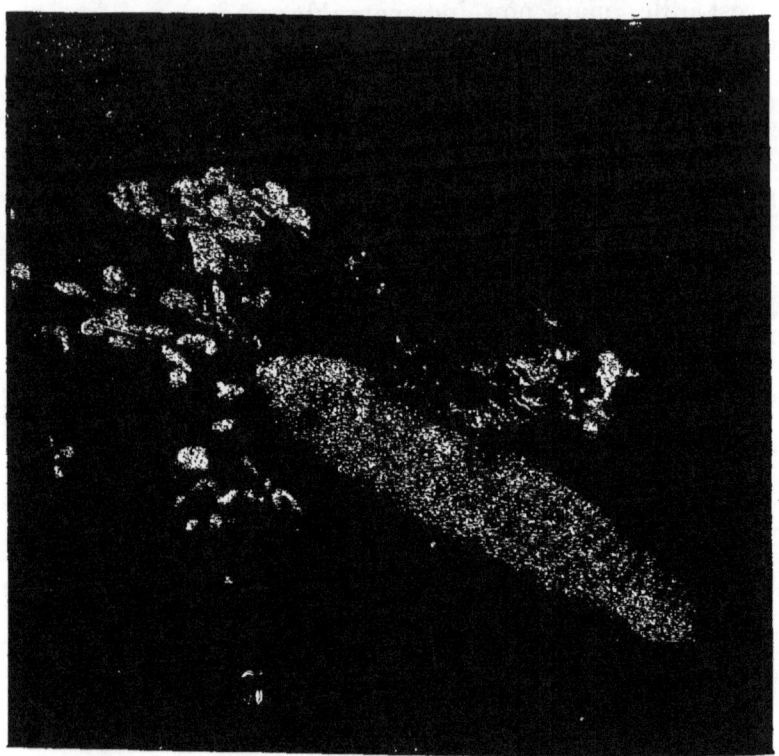

Fig. 27. — Cérianthe enfermé dans son tube, photographié par 7 mètres de profondeur dans le voisinage du vivier du laboratoire Arago.

n'ont pas cependant été prises de cette manière ; déjà, en 1898, la photographie (Pl. X) avait été prise, l'opérateur se trouvant en dehors de l'eau ; et dans le mémoire que j'avais publié à cette époque[1], je disais :

La photographie (Pl. X) me paraît la plus intéres-

---

[1] *L'instantané dans la photographie sous-marine.* Note à l'Académie des Sciences, *Comptes Rendus*, 1898.

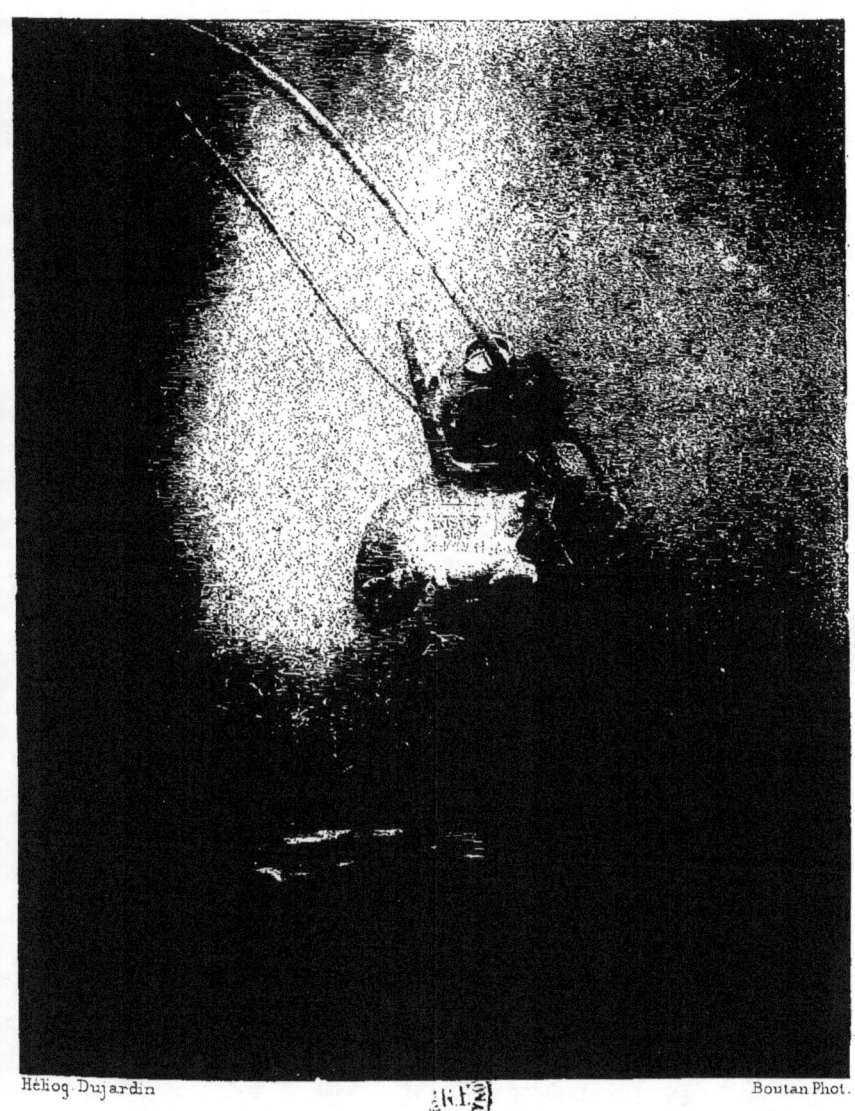

Héliog. Dujardin. Boutan Phot.

Planche X

PORTRAIT INSTANTANÉ D'UN SCAPHANDRIER

Librairie C. Reinwald

sante de la série. Elle représente le mécanicien David revêtu du scaphandre et placé, par 3 mètres de fond, à 4 mètres de distance de l'objectif.

Cette photographie a été prise, *en instantané*, le 22 septembre, à 11 heures du matin, par un beau soleil

La figure 28 est destinée à montrer la position relative du scaphandrier dont l'image est reproduite (Pl. X), de l'appareil et de l'opérateur chargé de manœuvrer l'obturateur.

Le scaphandrier, accroupi au milieu des herbes

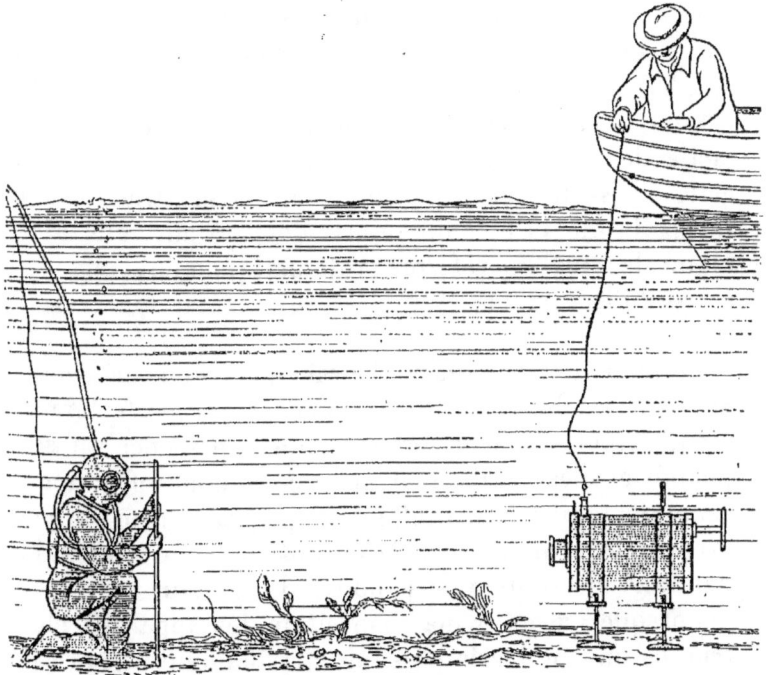

Fig. 28. — Figure destinée à montrer comment a été prise la photographie représentant un scaphandrier.

marines, tient dans sa main une cuvette portant une inscription ; on voit l'air s'échapper par la soupape sur le côté du casque.

L'intérêt de cette photographie ne réside pas seulement dans la netteté de l'image obtenue, il consiste surtout dans ce fait que l'appareil, bien qu'il fût immergé à 3 mètres de profondeur, comme l'objet à photographier, a été manœuvré hors de l'eau.

Voici, en effet, ainsi que l'indique la figure théorique n° 28, comment j'ai opéré pour prendre ce cliché :
Après avoir muni la manette qui commande l'obturateur d'une longue corde, terminée par un liège de manière à en maintenir une extrémité hors de l'eau, l'appareil est descendu à la profondeur voulue, et le scaphandrier se place à la distance déterminée d'avance. Quand il est dans la position convenue, ce qu'il est facile de constater de l'extérieur de l'eau, parce que celle-ci est très transparente, une légère traction sur la ficelle me suffit pour ouvrir l'obturateur, qui, ainsi qu'on le sait, se referme automatiquement, quand il s'agit d'instantané.

Cette petite manœuvre paraît bien peu de chose ; en réalité, elle constitue cependant un perfectionnement important. Elle prouve que la présence du scaphandrier n'est nullement nécessaire pour effectuer la seule manœuvre essentielle de l'appareil, et qu'on peut arriver, avec quelques précautions, à le faire fonctionner sans être obligé de pénétrer dans l'eau.
Lorsque j'ai eu à ma disposition les appareils électriques que je décris plus loin, la manœuvre hors de l'eau s'est trouvée singulièrement facilitée. Le procédé un peu rudimentaire de la ficelle a été remplacé par un autre plus en rapport avec les données scientifiques.
Nous avons, en effet, substitué à l'obturateur primitif un modèle actionné par l'électricité.
Lorsque l'appareil était descendu en place sur le

pied représenté (*fig.* 22) et que nous jugions le moment favorable, il suffisait d'établir le contact et de faire passer le courant par les fils qui réunissaient l'obturateur au bateau.

C'est ainsi qu'a été prise la photographie figure 29, page 209, et le cliché reproduit Planche XII, page 232.

Les détails que je viens de donner suffiront, je l'espère, à ceux qui voudront opérer dans des conditions analogues.

Je ne dois pas omettre cependant de signaler deux faits importants, qui pourraient nuire à la réussite de l'opération.

L'appareil, souvent échauffé par les rayons du soleil, est, dans l'air, à une température fort différente de celle qu'il va prendre dans l'eau ; dans ces conditions, si l'on néglige de tenir compte de l'état hygrométrique de l'air renfermé dans l'appareil, il peut se produire de graves mécomptes.

L'appareil photographique est en effet transporté, de l'air où le soleil l'échauffe, dans l'eau, où il se trouve fortement refroidi. L'atmosphère confinée, toujours plus ou moins humide, qui est logée dans son intérieur, subit les mêmes variations de température. Chaude avant l'immersion, — le poids de vapeur d'eau qu'elle renferme est insuffisant pour la saturer, — elle se maintient parfaitement transparente. Refroidie à la suite de l'immersion dans la mer, ce même poids de vapeur pourra, dans bien des cas, la saturer, à raison de la température notablement plus basse qu'elle aura acquise.

Il se produira alors une condensation partielle de cette vapeur, dont le premier effet sensible sera le dépôt d'une buée sur la lame de verre, à faces planes, située devant l'objectif. Cette lame perdra de sa transparence; l'épreuve obtenue sera mauvaise.

Il est, heureusement, facile de parer à ce grave inconvénient, en ayant soin de maintenir dans l'intérieur de l'appareil, entre chaque descente, un bocal ouvert, renfermant de la chaux vive ou tout autre corps avide d'eau, de manière à dessécher à peu près complètement l'atmosphère limitée, qui va éprouver un abaissement de température pendant l'immersion.

Le second fait sur lequel je désire attirer l'attention est le suivant :

La nappe d'eau superficielle est rarement tout à fait tranquille ; il se produit à sa surface des clapotements qui détruisent l'horizontalité parfaite du liquide et transforment cette surface en une série de petits miroirs occupant des positions variées. Il en résulte la production de rayons lumineux, réfléchis dans des directions très diverses et dont quelques-uns peuvent venir frapper l'objectif et donner naissance à un voile qui nuit ensuite à la netteté de l'image.

J'ai été longtemps avant de me rendre compte de l'effet que pouvaient produire les mouvements de la surface de l'eau et de la nécessité qui existe de protéger l'objectif contre ces rayons malfaisants.

Dès que j'eus soupçonné ce mauvais effet, il me devint facile de le corriger, en mettant en avant de mon objectif un abat-jour, une sorte de visière (*fig.* 15, AB) analogue à celle qu'on place sur le front des malades qui ont la vue affaiblie. J'ai constaté immédiatement une diminution importante dans la production du voile qui nuisait jusque-là à la netteté des clichés.

J'avais pensé tout d'abord à corriger directement ce défaut de la surface de l'eau et à rétablir l'horizonta-

LA PHOTOGRAPHIE SOUS-MARINE INSTANTANÉE

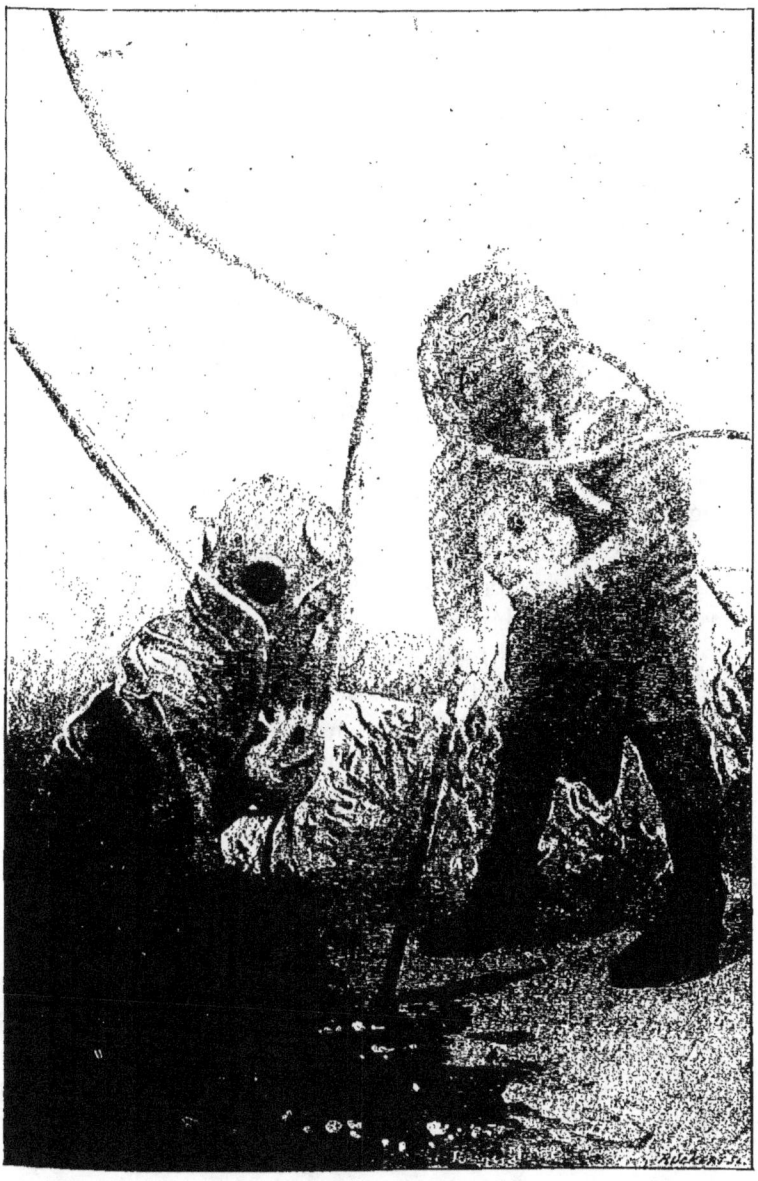

Fig. 29. — Deux scaphandriers travaillant au fond de l'eau (Cliché instantané obtenu avec l'obturateur électrique et la lumière solaire par 4 mètres de profondeur).

lité du niveau en filant de l'huile; on sait, en effet, que quelques gouttes d'huile répandues à la surface de la mer empêchent les vagues de déferler. Ce procédé est même utilisé avec succès, à bord des navires, pendant les grosses tempêtes.

Maintes fois, quand l'eau clapotait, nous avons employé ce dérivatif, mais sans grand succès, je dois le dire.

Assurément, sous l'influence de l'huile, il se produisait une zone de calme; mais ce calme relatif n'était pas suffisant pour empêcher les ondulations de la surface, et l'inconvénient indiqué plus haut reste le même.

Je veux signaler aussi, pour mémoire, l'emploi que nous avons fait d'un grand miroir pour accroître la pénétration des rayons lumineux dans l'eau. On dirigeait par réflexion les rayons solaires vers un espace déterminé, de manière à obtenir une intensité d'éclairage plus considérable.

Il y avait manifestement une augmentation sensible d'intensité; mais l'installation du miroir nécessite un dispositif encombrant, et, comme je ne constatais pas de différence sensible dans la vigueur des clichés, je n'ai pas tardé à laisser de côté la lourde machine que j'avais fait établir à cet effet.

Elle ne m'a plus servi que pour faciliter la graduation de l'appareil et pour éclairer largement l'écran sur lequel s'effectue la mise au point (*fig.* 30).

Ce qui précède montre nettement que je suis parvenu à un résultat qui marquait ma première étape dans l'étude de la photographie sous-marine. Résultat qu'on peut résumer en ces termes:

Arriver à prendre des instantanés à une certaine profondeur sous l'eau, sans intervention de lumière artificielle.

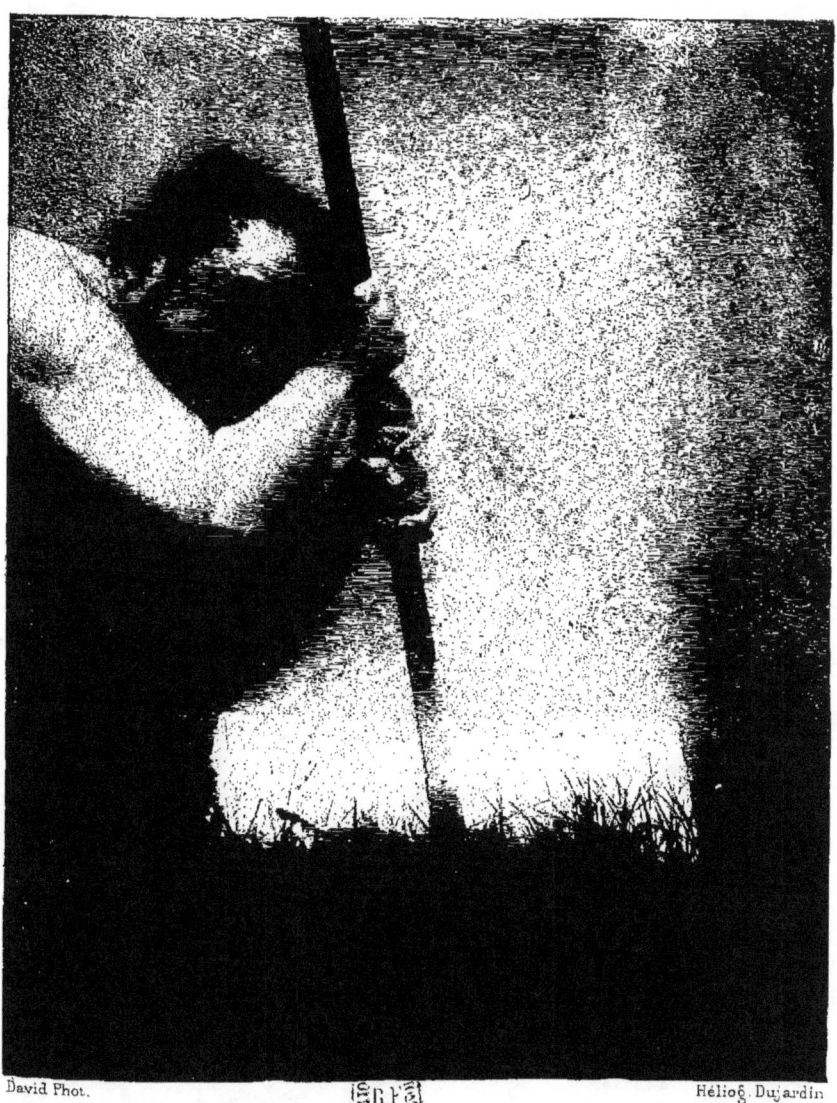

Planche XI

PORTRAIT INSTANTANÉ D'UN PLONGEUR

Librairie C. Reinwald

Je crois, en terminant ce chapitre, qu'il n'est pas sans intérêt d'indiquer dans quelles conditions et à quelle profondeur quelques-uns des clichés, reproduits dans ce livre, ont été obtenus.

Les photographies (Pl. IX, X et XI), ont été prises à une profondeur commune de 3 mètres sous l'action directe du soleil et sans aucune intervention de lumière artificielle. La distance de l'objet à l'objectif a, au contraire, varié dans les limites assez étendues que nous noterons pour chaque épreuve reproduite.

La photographie (Pl. X) représente une bande de poissons, prise *en instantané* dans la baie des Elnes, près de Banyuls. Le cliché a été obtenu par le mécanicien David.

Voici les détails que je relève dans mes notes :

« Le mercredi, 14 septembre 1898, malgré une houle assez forte causée par le vent du nord, le bateau du laboratoire a été ancré dans la baie des Elnes, mieux abritée que celle de Banyuls.

« La journée était belle, avec un clair soleil ; le cliché a été pris à dix heures du matin.

« Après avoir immergé l'appareil à 3 mètres de profondeur sur un fond de sable, le scaphandrier place, en face de l'objectif, à $2^m,80$ environ (par conséquent un peu au-delà de la distance pour laquelle était réglé l'appareil), un grand écran blanc.

« La photographie (Pl. XI) provient d'un cliché du mécanicien David et représente un plongeur à 3 mètres de profondeur et à 2 mètres de l'objectif.

« Ce cliché a été fait à dix heures du matin, par beau soleil, dans la baie de Banyuls, le 21 septembre 1898.

« Pour faciliter la mise au point, le scaphandrier avait fixé dans le sol, à 2 mètres en avant de l'appareil, une solide barre de fer qui devait servir de point de repère.

« Je ne crois pas que cette méthode, pour faire faire

son portrait, soit appelée à un grand avenir; cependant j'ai tenu à reproduire ici cette épreuve pour montrer, sans équivoque possible, que l'on a bien réellement affaire à des photographies *instantanées*.

« La photographie X, qui représente un scaphandrier accroupi dans la prairie sous-marine, a été décrite plus haut. Son intérêt réside dans ce fait que le cliché a été pris en manœuvrant l'obturateur du bord du bateau.

« Il en est de même dans la photographie n° 29, qui représente deux scaphandriers travaillant au fond de l'eau. Une pareille épreuve était assez difficile à prendre avec les moyens dont nous disposions, puisqu'elle exigeait non seulement deux habits complets de scaphandriers, mais aussi deux équipes pour manœuvrer les pompes. C'est grâce à l'obturateur électrique que le patron du bateau a pu nous photographier, au moment où le mécanicien et moi nous enfoncions une barre de fer dans le sable.

« Pour compléter ce premier résultat, j'aurais dû faire des photographies instantanées à des profondeurs variables et préciser la limite maximum où la chose est possible; il eût été, en effet, curieux de déterminer suivant quelle proportion décroît la puissance lumineuse et photogénique du faisceau solaire, à mesure qu'on interpose entre le soleil et l'objet une couche d'eau de plus en plus forte.

« J'ai négligé systématiquement l'étude de cette question très intéressante, mais dont la solution précise exigerait un temps très long, car on se trouve en présence de conditions variables qui ne permettent d'espérer qu'un résultat approché.

« La puissance photogénique du soleil dépend d'une foule de causes et peut varier d'un moment à l'autre; il en est de même de la sensibilité des plaques et de la transparence de l'eau, autant de facteurs qu'on ne saurait négliger.

« Cette détermination ne peut, d'ailleurs, avoir rien d'absolu; elle se rapporte uniquement aux plaques sensibles et aux meilleurs objectifs que nous possédons actuellement.

« La question perdait, du reste, de son intérêt immédiat du jour où je pensais substituer à la lumière solaire une autre source lumineuse. »

CHAPITRE X

MÉTHODE EMPLOYÉE POUR LA GRADUATION DE L'APPAREIL ET LA MISE AU POINT

Nous avons vu dans le chapitre précédent que, pour utiliser le dernier appareil construit et pour obtenir de bonnes photographies, il était indispensable de régler convenablement la mise au point. Comme il est impossible d'effectuer cette opération d'une façon convenable au fond de l'eau, nous avons dû chercher un procédé nous permettant de tourner la difficulté.

Il fallait de toute nécessité que la graduation eût lieu par l'intermédiaire de l'eau, car ce milieu étant beaucoup plus réfringent que le milieu air, la graduation que l'on peut obtenir dans l'air, en mettant au point une série d'objets de plus en plus éloignés, ne peut servir pour les mêmes objets placés à la même distance dans l'eau.

Voici comment nous avons opéré :

Au-dessus du bassin de radoub (*fig*. 7) qui sert à mettre le vapeur de la station en cale sèche, lorsqu'on a besoin de le réparer ou de le repeindre, le mécanicien du laboratoire a établi un bâti avec de gros madriers.

Une sorte de pont reliant les deux bords du bassin a été ainsi constitué, et, au milieu, on a installé, par les moyens que possède la station, une sorte de tablier en planches qui arrivait à fleur d'eau ; c'est ce qui a été figuré théoriquement (*fig*. 30), où l'on a supposé le bassin de radoub coupé perpendiculairement au niveau du bâti.

Au milieu du tablier P, on avait ménagé une ouver-

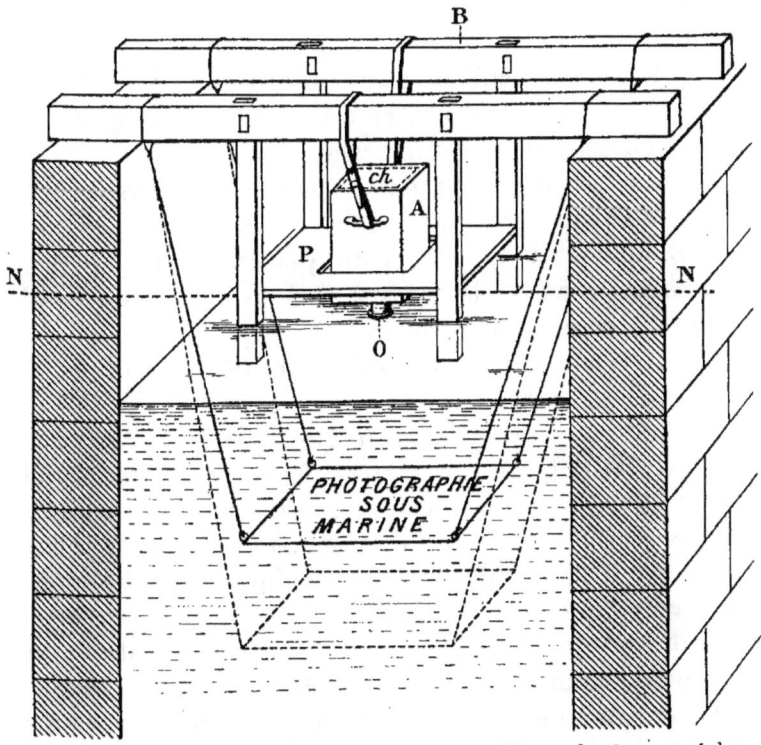

Fig. 30. — Dessin théorique indiquant le procédé employé pour régler la mise au point de l'appareil de photographie sous-marine pour deux distances données.

A, appareil.
B, madriers constituant le bâti.
N, niveau de l'eau.
O, objectif plongé dans l'eau.
P, plancher situé au-dessus de la surface de l'eau.
ch, verre dépoli pouvant glisser avec le châssis et servant à la mise au point.

ture d'un diamètre un peu supérieur à celui de l'appareil A, de manière à ce que celui-ci pût manœuvrer librement dans le sens indiqué dans la figure 30.

L'appareil A, soutenu par des câbles que manœuvrent les hommes de l'équipage, et que, pour plus de simplicité, dans la figure, on a supposés attachés aux madriers B, est amené progressivement au niveau de l'eau N, la tête en bas, c'est-à-dire l'objectif O tourné du côté de l'eau, comme si l'on voulait prendre une photographie en plan.

On laisse l'objectif pénétrer de quelques centimètres dans l'eau, de manière à ce que la glace qui ferme la partie antérieure soit immergée.

La partie supérieure de l'appareil, débarrassé de la porte d'entrée, est donc tournée vers le ciel, et en regardant en *ch*, où l'on peut placer le verre dépoli qui se déplace avec le châssis, on a devant soi l'objectif regardant vers le fond du bassin.

La mise au point devient dès lors très facile.

Supposons qu'on veuille régler l'objectif pour une distance à l'objet de 2 mètres : on descend un grand écran blanc, portant au centre une inscription en lettres noires, à une profondeur de 2 mètres mesurée à partir de l'objectif (*fig.* 30), puis on enveloppe la partie supérieure de l'appareil d'un voile noir, sous lequel l'opérateur examine tout à son aise la glace dépolie, qui occupe exactement la place destinée à la plaque sensible.

On fait manœuvrer cette dernière en faisant glisser le châssis sur ses rainures jusqu'à ce que l'inscription s'aperçoive avec une parfaite netteté; après quelques tâtonnements, on arrive au résultat aussi facilement que dans le cas d'un appareil ordinaire.

Un trait gravé dans la rainure, une fois la mise au point obtenue, indique, une fois pour toutes, l'endroit où devra prendre place le châssis pour une mise au point à 2 mètres.

Pour régler la mise au point à une autre distance, à $1^m,50$, par exemple, il suffit de remonter l'écran de la quantité voulue (50 centimètres), et l'on recommence la manœuvre précédente en faisant glisser la glace dépolie de la quantité convenable.

Le bassin de radoub où nous opérions n'ayant qu'une profondeur de $2^m,50$ environ, le réglage se trouvait limité à cette distance maximum. Quand nous avons voulu régler l'appareil pour des distances plus considérables, 4 mètres par exemple, nous avons dû transporter le dispositif que nous venons de décrire à bord du bateau, car nous pouvions amener celui-ci à un point quelconque de la baie.

Le bâti résistant était alors remplacé par une petite passerelle qu'on accrochait au flanc du bateau, et au bord de laquelle on fixait l'appareil de manière à ce que l'opérateur pût manœuvrer facilement la glace dépolie.

On peut alors régler la mise au point pour une distance qui n'est plus limitée que par la transparence de l'eau, puisqu'on peut choisir une profondeur quelconque. Seulement la manœuvre, tout en restant essentiellement la même, devient plus délicate par suite du peu de stabilité du bateau, qui, sous l'influence du vent et en dépit des amarres, se déplace et rend plus difficile de viser exactement un objet placé à une distance déterminée à l'avance.

L'opération ne peut être menée à bien que par un temps calme; mais, comme elle a lieu une fois pour toutes, il suffit de profiter d'une belle journée de soleil pour en venir à bout.

Il ne reste plus, une fois la mise au point effectuée pour un certain nombre de distances, qu'à reporter sur la tige de la manette les indications correspondantes, afin de pouvoir changer la mise au point selon les besoins, sans recourir aux rainures sur lesquelles glisse le châssis et qui, lorsque l'appareil est chargé, se trouvent cachées à l'œil de l'observateur.

CHAPITRE XI

DIFFICULTÉS QUE L'ON ÉPROUVE A PRENDRE DES INSTANTANÉS A LA LUMIÈRE SOLAIRE

UNE DESCENTE EN SCAPHANDRE
AUPRÈS DE LA GRANDE JETÉE DE PORT-VENDRES

Le travail au bord de la mer est trop souvent soumis aux caprices du temps; cela est surtout vrai lorsque l'on cherche à prendre des instantanés à la lumière solaire.

Que de fois il nous est arrivé de partir par un beau soleil, d'aller nous ancrer dans l'emplacement favorable, de tout préparer pour les expériences, puis, lorsqu'il ne restait plus qu'à opérer, les nuages arrivaient de tous côtés, le soleil se voilait, et la journée se trouvait perdue.

Je veux, pour bien caractériser ces déboires, raconter une descente que j'ai faite en scaphandre, vers la fin de septembre de cette année, alors que les appareils électriques, que nous avons utilisés ensuite, n'étaient pas encore complètement à point.

Nous étions partis dès le matin pour aller nous ancrer, avec la balancelle, le long de la grande jetée de Port-Vendres.

La journée s'annonçait sous les meilleurs auspices, et j'espérais, dans ce coin abrité, déjà maintes fois exploré en scaphandre, faire une fructueuse série de clichés.

La grande jetée de Port-Vendres est, en effet, un endroit éminemment propice pour faire de la photographie sous-marine : l'eau y est d'ordinaire d'une transparence parfaite, et la jetée formée d'énormes blocs de béton, qui descendent jusqu'à 15 mètres de profondeur, en s'entassant les uns sur les autres comme des roches cyclopéennes, s'est peuplée d'une faune extrêmement riche.

Vers onze heures du matin, tout est prêt à bord ; j'ai revêtu l'habit de scaphandre, et je me hâte de descendre pour aller choisir un bon emplacement.

Je ne reviendrai pas sur les diverses péripéties de la manœuvre que j'ai décrite précédemment ; après m'être laissé glisser le long de la corde, par 5 ou 6 mètres de fond, je me laisse dévaler de bloc en bloc jusqu'à une profondeur de 8 à 9 mètres.

Persuadé que jamais journée n'avait été plus favorable, je ne me presse nullement, et j'admire au passage les jolies touffes de Gorgones qui se sont fixées dans tous les coins et coiffent les blocs éboulés d'une riche chevelure, allant du rose tendre au jaune safran.

Enfin j'arrive sur une sorte de plate-forme, d'où je domine une bande de sable, au milieu de laquelle pointe une roche du plus joli effet.

L'endroit me paraît à souhait, et je ne pouvais rêver plus gentil atelier photographique.

Je fais le signal convenu, et l'on me descend l'appareil photographique. Les hommes ont convenablement pris leurs mesures et ont su placer le bateau juste au-dessus de moi ; l'appareil arrive à ma portée, et je n'ai aucune peine à le mettre en bonne place.

Tout en achevant mes préparatifs, j'escompte déjà le résultat, et je suppute la somme de jouissance que j'aurai en développant le superbe cliché que je vais prendre.

C'était le rêve de Perrette de la fable de La Fontaine :

Perrette sur sa tête avait un pot au lait...

à cette différence près que j'avais sur la tête un casque un peu plus lourd que le pot au lait de Perrette.

Au moment de faire fonctionner l'obturateur, je m'aperçois tout à coup que le paysage s'assombrit ; les Gorgones qui dominaient la pointe rocheuse que je voulais photographier et qui, tout à l'heure, se projetaient si nettement sur le sable, s'estompent dans le noir.

C'est quelque nuage qui passe là-haut... Fâcheux contre-temps ; mais le beau soleil de tout à l'heure va briller de nouveau.

Pour prendre patience, je m'accroupis sur la roche, et je regarde dans les fentes. Voici un petit crabe qui va me tenir compagnie, c'est un Pilumnus, et je me remémore les curieuses observations que M. Racovitza[1] a publiées sur cet animal qu'il a étudié au laboratoire avant son départ pour le pôle sud.

« Ce joli crabe rouge, couvert de poils raides, dit-il, est assez commun dans les cailloux calcaires du cap l'Abeille, près de Banyuls. Contrairement aux Grapsus, qui vivent sur les bords et qui, même, n'hésitent pas de quitter l'élément liquide pour chercher leur nourriture, le Pilumnus est un animal de fond. Il se tient toujours à une certaine profondeur et élit domicile dans les petits trous des roches sous-marines. A l'intérieur de ces cailloux se trouvent des cavités nombreuses, des couloirs ramifiés, des trous profonds qui permettent aux petits crabes de se cacher aux yeux

---

[1] *Sur les mœurs du Pilumnus Hirtellus Leach*, par Émile-G. RACOVITZA. Notes de biologie. *Archives de Zool. exp. et gén.*, 1894,

de leurs ennemis et de surprendre à l'improviste leurs proies.

« Un de ces gros cailloux, très caverneux, fut placé dans un bac de l'aquarium du laboratoire Arago. Sa face supérieure était plane et, d'un côté, elle tombait à pic dans un trou, espèce de grotte minuscule, habitée par un Pilumnus de taille moyenne. J'observais, dit M. Racovitza, les gestes si comiques que fait ce crabe en brossant sa seconde paire d'antennes. C'est absolument le geste du chat qui se passe la patte sur le museau, geste qui donne une apparence si drôle au Pilumnus, comme à ses congénères les autres crabes.

« Tout à coup le Pilumnus reste immobile ; il semble vouloir se rendre compte d'un bruit, d'une vibration quelconque, d'écouter enfin. Après quelques instants d'immobilité, il sort lentement du trou, mettant avec précaution une patte devant l'autre, et arrive ainsi au bord de l'entrée de sa demeure. Il en tâte les environs avec les pattes ; il semble vouloir chercher par le tact un objet qui l'intéresse. Et en effet je vois avec étonnement qu'avec l'aide d'une patte ambulatoire il retire d'un trou un petit bivalve.

« L'ongle qui termine la patte lui rend un très bon service, car la coquille est profondément enfoncée dans le trou. Il s'empresse aussitôt de la saisir avec une de ses pattes ravisseuses. Rentré dans son domicile, il casse, d'un petit coup sec de ses pinces, la petite coquille et se délecte avec volupté du contenu.

« J'attribuai d'abord l'action du crabe à un simple hasard ; mais je vis la même chose se répéter. Je le vis interrompre de nouveau l'opération du brossage des antennes, remonter sur les bords de l'excavation, tâter avec ses pattes, ramener une seconde petite coquille et la manger avec tout autant de plaisir que la première.

« Il n'y avait plus ici place pour le hasard.

« Le crabe devait être sûrement prévenu de la présence et de la situation d'un petit mollusque à la surface du caillou, puisqu'il le trouvait sans hésitation, ou du moins seulement après quelques tâtonnements qui s'exerçaient sur une aire tout à fait restreinte. Même si sa vue était parfaite, ce qui n'est pas démontré, il n'aurait pas pu voir sa proie, puisqu'il se trouvait dans une excavation creusée sous l'endroit où se trouvait cette dernière.

« Je me mis donc à examiner plus attentivement la face supérieure de la pierre, et je ne tardai pas à remarquer la présence d'une dizaine de mollusques que je crois être de toutes jeunes Tellines. Elles se tenaient immobiles avec leurs valves complètement fermées.

« Bientôt l'une d'elles entre-bâilla sa coquille. Par la fente, elle fit sortir un long pied vermiforme. C'est à l'aide de cet organe que l'animal se meut ; il en fixe l'extrémité sur une aspérité de la pierre et se rapproche du point de fixation en le contractant.

« La petite Telline avait à peine fait quelques mouvements que le Pilumnus était déjà sur les lieux. Elle referma ses valves ; mais le crabe la trouva immédiatement et retourna dans sa demeure.

« On comprend maintenant ce qui donnait au crabe la notion de la présence et la position de la proie. La Telline, en progressant sur la surface de la pierre, la frotte avec sa coquille. Le son, ou l'ébranlement produit, se transmettait à travers la pierre jusqu'au crabe, qui prenait ainsi connaissance d'un mouvement exécuté à l'extérieur.

« Une petite expérience, ajoute l'auteur, vérifia complètement cette manière de voir. Avec un fil métallique je grattai légèrement la pierre. Immédiatement le crabe sortit et tâta avec une patte juste à l'endroit gratté ; quand je laissais le fil sur la pierre, le crabe le saisissait avec la patte et le tirait à lui.

« La vue ne dirige pas les actions du crabe; il ne paraît, du reste, avoir aucun souci d'employer ses yeux. Ce n'est qu'avec le tact qu'il se rend compte, une fois l'endroit déterminé par la transmission de l'ébranlement, s'il y a quelque chose ou non. »

M. Racovitza a étudié l'oreille de ce crabe, et, en lui voyant la même simplicité que chez la plupart des invertébrés, il ajoute :

« Il faut remarquer que la notion de direction est une impression durable chez le crabe; en d'autres termes, on doit lui attribuer la mémoire du sens de la direction. Je fis, pour le démontrer, l'expérience suivante : Je plaçai une Telline assez loin de l'entrée du logement du Pilumnus. Au bout d'un certain temps, le mollusque se mit en marche et donna ainsi l'éveil à son ennemi. Avec une baguette de verre, je touchai la Telline, qui referma ses valves. Comme le crabe n'était pas encore sorti de son trou, il ne possédait que l'impression initiale de bruit causé par la Telline. Malgré cela, il se dirigea vers l'endroit où était sa victime, sans la moindre hésitation, et s'en empara du premier coup.

« Le sens de la direction s'était donc conservé intact dans sa « mémoire » pendant le trajet. »

Il était intéressant d'étudier la psychologie du crabe. M. Racovitza n'y manque pas, car il ajoute :

« Les faits et gestes décrits chez ce crabe permettent-ils de lui attribuer un certain degré d'intelligence?

« Je crois que, pour ce cas, du moins, on peut répondre négativement. Le fait de vouloir attraper le fil de fer et surtout le fait de se laisser tromper plusieurs fois de suite, montrent que le Pilumnus obéit à une simple poussée instinctive. Il s'empare de tout ce qui gratte la surface du caillou et se laisse prendre chaque fois aux mêmes embûches. »

Pendant que je me rappelle ces curieuses observations du savant auteur, et que je les vois se répéter devant mes yeux, le temps passe lentement.

Certes le Pilumnus est un amusant petit crabe; mais sa présence n'a pas fait revenir le soleil.

Après une heure d'attente, je me décide à laisser là l'appareil et à aller déjeuner.

En remontant, je trouve la figure de mes hommes assombrie comme le paysage; le ciel est maintenant plombé d'une épaisse couche de nuages.

On m'enlève le casque et les bracelets, et nous commençons un frugal repas.

Au dessert, le temps est redevenu beau, la couche de nuages est déchirée, et le soleil brille de nouveau du plus vif éclat; sans en demander davantage, je me fais équiper de nouveau et me voici en bas.

Hélas! l'éclaircie n'a été que de faible durée, et lorsque je me trouve en tête-à-tête avec l'appareil qui m'attend sagement dans le fond, de nouveau le paysage est plongé dans une demi-obscurité.

Après une longue attente, découragé, je me décide à remonter et à quitter le vêtement où je commence à me refroidir dans une inaction forcée.

Pour profiter d'une improbable éclaircie, le mécanicien David endosse à son tour le vêtement; mais il est obligé de remonter sans avoir pu prendre de clichés.

Une dernière fois j'endosse le vêtement, et, pour ne pas perdre tout à fait notre journée, je me décide à ne plus m'occuper de photographies et à recueillir des animaux pour l'aquarium.

Me voici par 12 mètres de fond ; j'attache de gros cailloux surchargés de Gorgones à une corde que l'on me fait tomber du bord, et je recueille un certain nombre de Caryophyllies, qui sont abondants dans la région. Mais il était dit que la journée ne se passerait pas sans incident. Tout entier absorbé par cette occupation, je ne songe plus qu'à employer mon temps le plus utilement possible, lorsque tout à coup je reçois une commotion violente. un bruit affreux, puis plus rien....., le silence absolu, interrompu par le bruissement de la pompe.

Que s'est-il passé ? je reste saisi de stupeur, immobilisé par l'attente d'une catastrophe. Les hypothèses les plus folles se succèdent dans mon esprit : la pompe a dû sauter, là-haut ; le manche à vent doit être brisé ; c'est l'asphyxie prochaine..... mais non, je constate que l'air continue à s'échapper par la soupape et que tout est calme autour de moi. J'éprouve d'abord une envie folle de remonter, et, pour y résister, je dois faire appel à tout mon sang-froid ; puisqu'on ne fait pas de signaux du bord, c'est qu'il n'y a pas de danger ; je dois donc continuer la récolte commencée.

Cependant il me tarde de remonter à la surface pour apprendre la cause de ce phénomène inusité. Quand je me retrouve à bord et que j'interroge les hommes, ils paraissent d'abord très étonnés, puis, à la réflexion, ils comprennent et me font voir, de l'autre côté de la passe, le radeau des Ponts et Chaussées et un groupe de scaphandriers qui travaillent.

Pendant que j'étais au fond, on a fait sauter sous l'eau une cartouche de dynamite, pour se débarrasser d'une roche encombrante dont on veut déblayer la rade.

Ce jour-là, si je n'ai pas pris de photographie sous-marine, j'ai constaté tout au moins avec quelle intensité le son se propage dans l'eau...

CHAPITRE XII

LES PREMIERS APPAREILS D'ÉCLAIRAGE EMPLOYÉS POUR LA PHOTOGRAPHIE SOUS-MARINE

Quoiqu'on puisse obtenir de bonnes photographies et même des instantanés avec la lumière solaire, ainsi que nous l'avons montré dans un des chapitres précédents, l'obstacle le plus sérieux auquel se heurte le photographe sous-marin, dès qu'il s'introduit dans une grotte ou s'enfonce à une grande profondeur, c'est le manque de lumière.

Il est très rare que le calme de la surface coïncide avec un beau soleil ; presque toujours les mers d'huile correspondent à des temps brumeux ou nuageux, pendant lesquels la lumière est insuffisante au fond de l'eau. Il était donc tout naturel de chercher à constituer un appareil lumineux, qui permît de remplacer la source solaire.

La première lampe que j'ai utilisée avait été très ingénieusement combinée par M. Chaufour, un ingénieur électricien de mes amis, qui s'était proposé de me fournir une lampe très lumineuse et d'un modèle peu encombrant (*fig.* 31).

Voici quel était le principe de cette lampe au magnésium :

Un fil de magnésium, enroulé sous forme de spirale, est placé dans un ballon de verre qui contient de l'oxygène.

Ce ballon, complètement étanche, renferme en outre

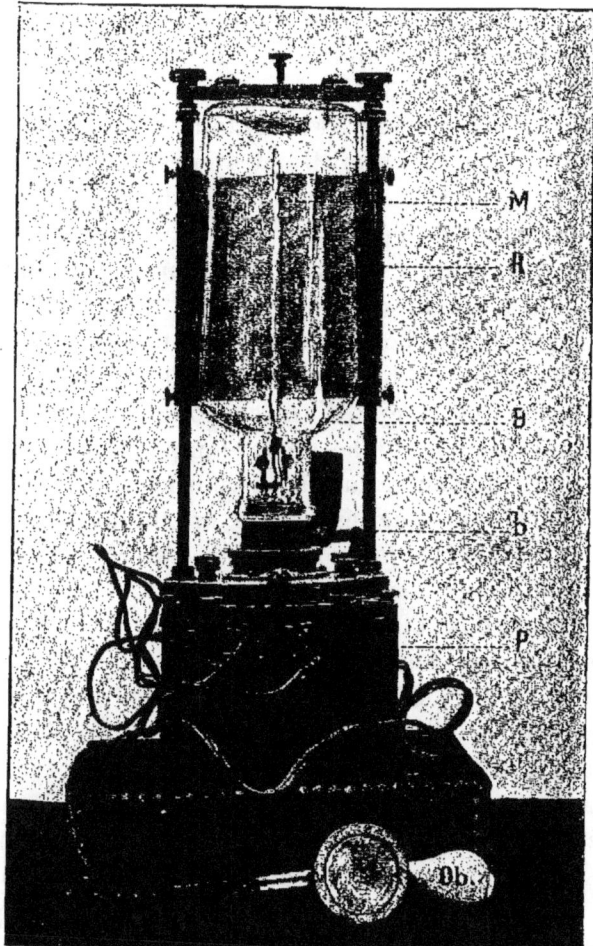

Fig. 31. — Lampe au magnésium, système Chaufour.
B. flacon. — b, bouchon. — M, magnésium. — P, pile. — R, réflecteur. — ob, interrupteur.

un fil fin de platine qui est relié aux deux pôles d'une pile (*fig* 31).

Quand on établit le courant, le fil rougit, le magnésium s'enflamme et s'oxyde en produisant une vive lumière, au contact de l'oxygène.

Quelques détails sur le dispositif de l'appareil permettront d'en comprendre le fonctionnement.

Le fil de magnésium, M, contourné en spirale, a un diamètre d'environ 1 millimètre et est suspendu par sa partie supérieure à une tige rigide en fer, située selon l'axe principal de la lampe. La partie inférieure de la spirale est réunie par l'intermédiaire d'un morceau d'amadou à un fil de platine tendu entre deux bornes qui traversent un bouchon, b, en caoutchouc d'un grand diamètre. Sur ce bouchon vient s'appliquer le goulot d'un flacon renversé, B, d'une capacité d'environ 3 litres, qui constitue le globe de la lampe et qui renferme dans son intérieur à la fois les bornes, le fil de platine et la spirale de magnésium ; il est maintenu en place par une traverse horizontale en cuivre située à sa partie inférieure.

Deux écrous et une vis permettent de le fixer dans la position convenable.

Pour enlever ou changer le flacon, il suffit donc de desserrer la vis, puis d'enlever les deux écrous qui commandent la traverse.

Le bouchon en caoutchouc, b, repose, par sa partie inférieure, sur un plateau en métal très épais. Il y est fixé dans une position invariable à l'aide de bagues à vis qui entourent sa base et forment un joint parfait. Sur le plateau, P, où est fixé le bouchon, s'élèvent, de chaque côté, deux tiges en cuivre supportant la traverse et sur lesquelles est disposé un réflecteur argenté, R, qui entoure la partie médiane du flacon.

La partie inférieure, la base même de la lampe, est constituée par une boîte carrée, P, dans l'intérieur de laquelle se trouve une pile au sulfate de mercure.

La capacité de la boîte est à peu près de 2 litres, et elle est rendue étanche par l'intermédiaire d'un couvercle muni d'une lame en caoutchouc, qui peut être comprimée au moyen de huit écrous. La pile, formée de deux éléments disposés en tension, est reliée au fil de platine par deux fils conducteurs, revêtus de gutta-percha, qui aboutissent aux deux bornes de cuivre logées dans le bouchon en caoutchouc.

Sur le trajet de l'un des fils conducteurs est disposé un interrupteur, Ob, qui représente l'une des parties les plus originales de l'appareil. Il se compose d'une boîte en cuivre à couvercle flexible.

Ce couvercle a la forme d'une lame circulaire et se déprime sous le doigt lorsqu'il est pressé, de manière à actionner une borne maintenue par un ressort à boudin. Un petit ballon compensateur est annexé à l'interrupteur et fonctionne exactement comme le ballon de l'appareil photographique sous-marin que nous avons décrit plus haut.

Pour mettre en charge la lampe photo-sous-marine, on doit procéder de la façon suivante :

La spirale de magnésium ayant été suspendue à la tige rigide et rattachée, d'autre part, au fil de platine, par un fragment d'amadou, on dispose le flacon de manière à pouvoir introduire dans son intérieur un courant d'oxygène. Le flacon, rempli d'oxygène, est ensuite solidement fixé par la manœuvre des écrous et de la vis.

On peut alors l'immerger à toute profondeur, et, pour produire la lumière, il suffit de presser sur le couvercle de l'interrupteur. Sous l'influence de cette pression, le courant s'établit, le fil de platine rougit, enflamme l'amadou et communique la combustion à la spirale de magnésium.

Quelque facilité que présente cette lampe dans son emploi, elle offre cependant certains inconvénients qui m'ont amené à la rejeter après quelques essais. Un des principaux est causé par la combustion souvent trop rapide du fil de magnésium dans l'intérieur du bocal. Si la température s'élève trop brusquement, l'atmosphère confinée s'échauffe avec une extrême rapidité, et la force d'expansion du gaz devient telle que l'appareil peut éclater.

Cet inconvénient grave est cependant amoindri par les conditions dans lesquelles se trouve placé l'opérateur; on ne doit pas oublier, en effet, que la lampe est plongée tout entière dans l'eau, et que la masse liquide ambiante, dont la température est sensiblement constante, contrebalance en partie les effets de l'élévation de température.

Un inconvénient plus sérieux provient du mode de combustion de la spirale de magnésium. Si cette combustion s'effectuait d'une façon régulière, tout serait pour le mieux. Malheureusement il n'en est pas ainsi.

Le magnésium qui constitue le fil n'est ni pur, ni homogène; de là résultent des intermittences nombreuses dans l'intensité de son pouvoir éclairant. De temps à autre il se produit des projections de globules de magnésium enflammé, qui peuvent amener la rupture du ballon.

Enfin, comme dernier inconvénient de la lampe sousmarine au magnésium, nous devons signaler la production inévitable de particules extrêmement fines de magnésie qui restent en suspension dans l'atmosphère sous forme d'une fumée blanche et qui diminuent d'autant la puissance lumineuse de la source.

J'ai reproduit la description de cet appareil d'éclai-

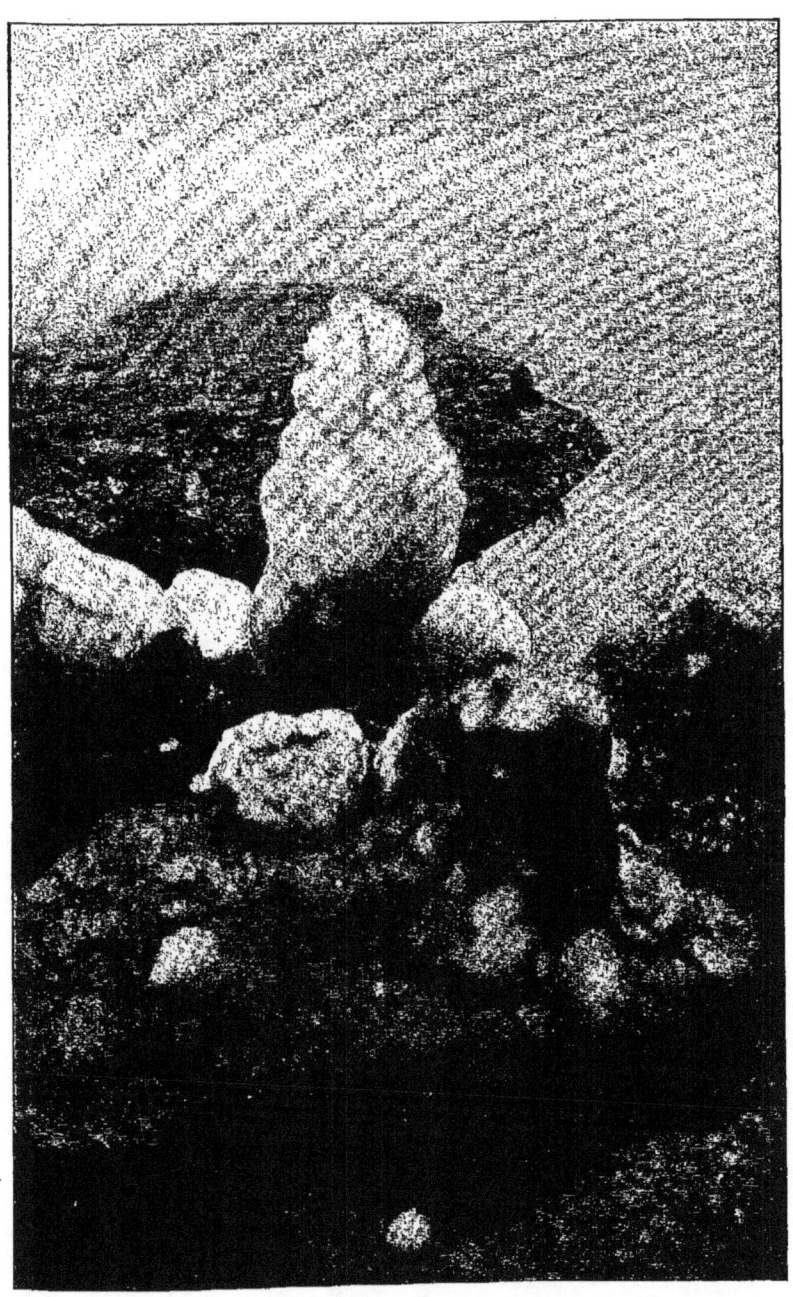

PLANCHE XII.
Ascidie (Phallusia). — (Instantané.)

rage ingénieusement combiné, parce que je crois que j'ai rejeté son emploi trop tôt et que quelques légères modifications : récipient plus grand et à doubles parois, emploi de poudre de magnésium au lieu de spirale de magnésium, pourraient le rendre pratique dans bien des cas.

Pressé par le temps, j'ai profité de l'atelier de mécanique du laboratoire Arago pour faire construire un nouvel instrument plus simple et plus robuste par le mécanicien de la station.

Cette nouvelle lampe repose sur un principe tout à fait différent : il s'agit, cette fois, de faire descendre au fond de la mer une lampe tout allumée, dont la combustion est entretenue à l'aide d'une atmosphère limitée suffisamment riche en oxygène, et sur laquelle on injectera, au moment de l'opération, une quantité voulue de poudre de magnésium.

Le réservoir d'air est représenté par une barrique (*fig*. 32) dont l'un des fonds a été enlevé. L'atmosphère qui y est emprisonnée reçoit à l'avance un supplément d'oxygène.

Sur le fond supérieur de ce vaste récipient, d'une contenance d'environ 200 litres, est

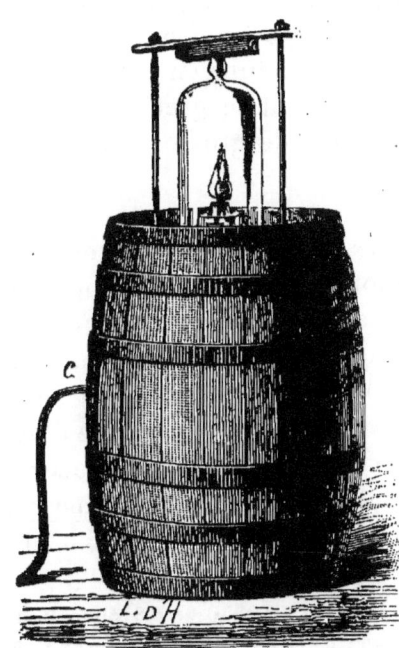

Fig. 32. — Lampe au magnésium pour la photographie sous-marine.

disposée une lampe à alcool recouverte d'une cloche

en verre d'une capacité de 5 à 6 litres. La cloche, fixée à l'aide d'écrous disposés comme dans la lampe photo-sous-marine, adhère intimement, par son bord inférieur, au fond supérieur de la barrique.

L'air qu'elle contient se trouve en communication libre avec l'intérieur du grand récipient, par l'intermédiaire d'une série d'orifices largement entaillés dans le bois.

Au niveau de la lampe à alcool est fixé un réservoir en métal non représenté sur la figure, isolé par du tissu d'amiante et qu'on remplit de magnésium.

La partie inférieure de ce réservoir est en libre communication avec un tube métallique, dont l'une des extrémités correspond au niveau moyen de la flamme de la lampe à alcool, et dont l'autre extrémité se continue par un tube en caoutchouc, qui aboutit à l'extérieur et qui vient se greffer sur un ballon de même nature en forme de grosse poire, situé en dehors de la barrique.

Ces détails étaient nécessaires pour faire comprendre le fonctionnement de l'appareil.

Le réservoir ayant reçu de la poudre de magnésium en quantité suffisante pour opérer plusieurs injections, et l'atmosphère confinée de la barrique possédant sa provision supplémentaire d'oxygène, il suffit d'allumer la lampe à alcool et de placer la cloche dans la position voulue pour que la lampe puisse entrer en fonction. Dans ces conditions, elle brûle avec facilité pendant un temps assez long.

Si l'on presse alors sur le ballon en caoutchouc, que des ligatures maintiennent à la partie inférieure du tonneau, on diminue sa capacité et l'on détermine la formation d'un courant d'air qui, par la voie du tube en caoutchouc (*fig.* 33), va chasser la poudre métallique enfermée dans le réservoir et la lancer au-dessus de la lampe à alcool.

Le magnésium, très divisé, brûle instantanément en produisant l'éclair.

Théoriquement, cet appareil donne donc toute satisfaction, et l'on peut produire une intensité lumineuse considérable en faisant brûler une quantité plus ou moins grande de magnésium.

Dans la pratique, il n'en est plus ainsi; l'appareil est d'un maniement dangereux, et son rendement en lumière est faible.

C'est certainement l'appareil qui m'a donné le plus de mal à manœuvrer et le plus de déboires, quoique j'aie obtenu finalement avec sa lumière quelques clichés médiocres (*fig.* 34).

La description de son fonctionnement dans l'eau fera comprendre les défauts de cet engin encombrant :

Je fais ancrer le bateau dans la baie de Banyuls par quelques mètres de fond sur le sable, à proximité de quelques gros rochers.

Je revêts l'habit du scaphandre et je descends sur le sable, pour choisir la place exacte où je veux prendre la photographie; j'indique la place à l'aide d'un flotteur en liège, que j'ai eu le soin d'emporter et qui est retenu par une ficelle, dont je fixe l'une des extrémités sur le fond, à l'endroit précis où l'on doit descendre la lampe au magnésium.

Le tonneau fortement lesté à l'aide de gueuses en plomb, qui ne sont point indiquées dans la figure 32, mais qui ont été représentées (*fig.* 33), est soulevé à l'aide d'un palan, et on le laisse glisser jusqu'au fond de l'eau. Les poids étant placés dans la région la plus basse du tonneau, celui-ci doit s'enfoncer verticalement

et venir échouer sur le fond sans se renverser (*fig*. 33).
En tirant sur les amarres, le patron a rapproché le

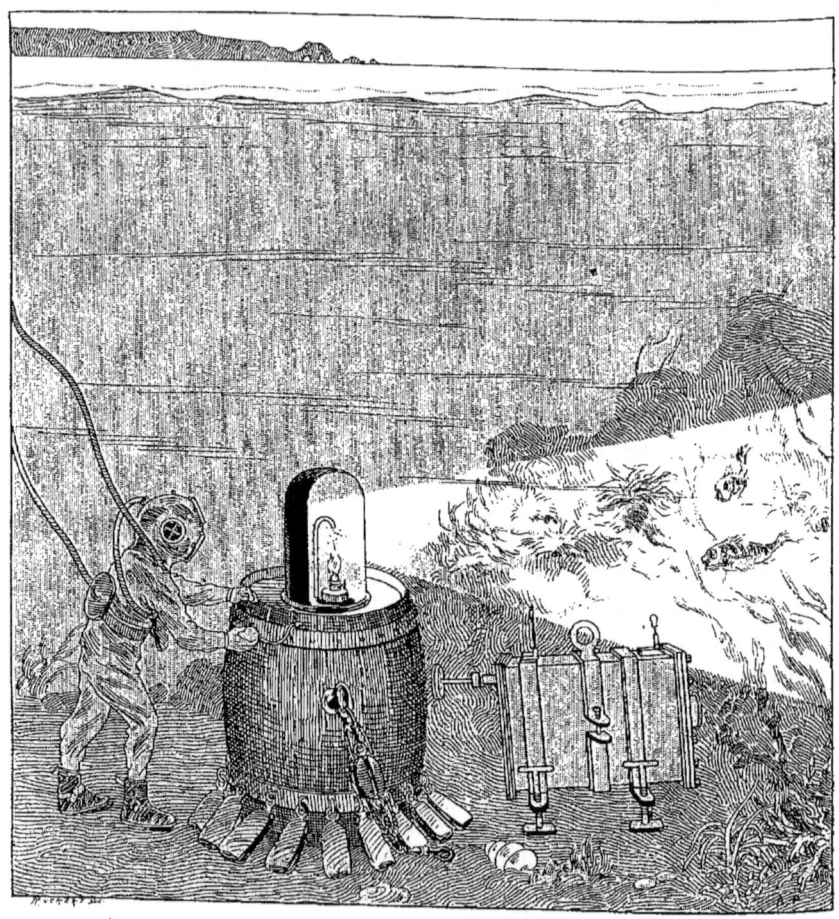

Fig. 33. — Figure théorique montrant comment ont été prises les vues sous-marines à la lumière du magnésium.

bateau de l'endroit que j'ai choisi, je vois la masse noire de la coque se projeter non loin de moi malgré le temps sombre et brumeux.

Puis le tonneau commence à descendre en oscillant;

j'essaye de le guider de mon mieux, mais, par suite d'un faux mouvement, la manche à air qui relie mon casque à la pompe s'engage dans les amarres, et j'ai toutes les peines du monde à éviter d'être coiffé par la large barrique qui continue à descendre. J'arrive à me dégager et j'attends que l'appareil ait pris sa position d'équilibre; je l'oriente de mon mieux, de manière à concentrer les rayons lumineux vers le point que je veux photographier, et je me prépare à presser sur la grosse poire de caoutchouc pour projeter la poudre de magnésium sur la flamme de la lampe à alcool.

Première déception ! la flamme de la lampe à alcool s'est éteinte sous l'influence du coup de soufflet produit par le clapotis de l'eau dont le niveau oscillait dans l'intérieur du récipient.

L'appareil ne peut fonctionner ainsi.

Tout est à recommencer ; il faut remonter pour remédier à cet inconvénient et modifier le dispositif.

Pour tourner la difficulté, on remet en place le fond du tonneau défoncé, après l'avoir au préalable criblé de trous de petit diamètre. Cette fois les oscillations de la masse liquide ne pourront souffler la lampe, mais que d'autres ennuis avant de régler définitivement la marche de l'opération !

C'est le tonneau qui bascule et se renverse, perdant la plus grande partie de l'air enrichi d'oxygène qu'il contient. C'est la poire qui fonctionne mal et qui, placée trop haut, se dilate comme une vessie et éclate au moment où je veux injecter le magnésium sur la flamme.

Ce n'est qu'après plusieurs tentatives infructueuses que j'obtiens enfin un résultat.

Enfin la mèche de la lampe se maintient bien allumée et, sous l'action de la poire, le magnésium est projeté sur la flamme.

L'effet ne se faisait pas attendre et, de même qu'à l'air libre, je vois se produire dans l'intérieur de la cloche

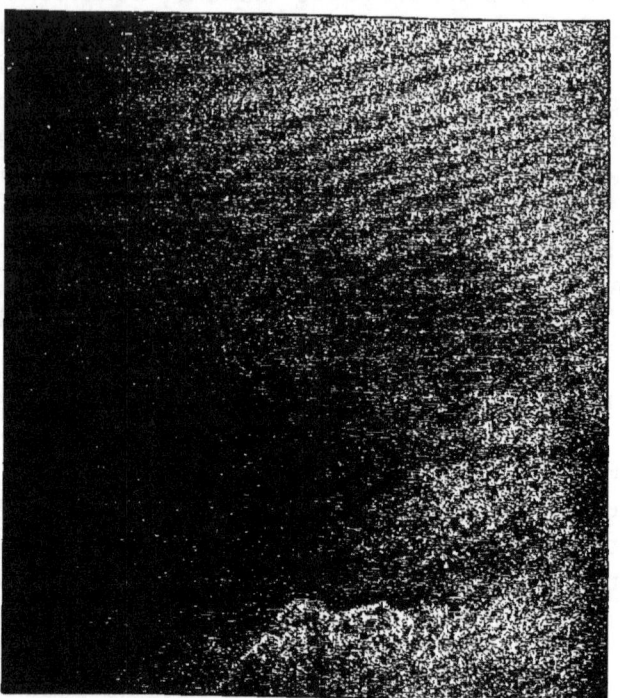

Fig. 34. — Photographie au magnésium d'une falaise sous-marine.

une série d'éclairs de magnésium, qui se succèdent à des intervalles plus ou moins rapprochés, selon que je presse plus ou moins rapidement la poire.

Le magnésium brûle dans ces conditions avec une extrême intensité, et le patron du bateau qui dirige la descente traduit, par une comparaison originale, l'impression qu'on éprouve en constatant la combustion du magnésium lorsqu'on est hors de l'eau : « On dirait, me disait-il, qu'il y a un orage dans l'eau. »

C'est bien là, en effet, la sensation que doit donner à l'œil cette succession d'éclairs.

Malheureusement les photographies obtenues par ce procédé ont été assez médiocres, et celle que nous reproduisons (*fig*. 34) indique plutôt une silhouette que le paysage de rochers que l'objectif n'a vu qu'incomplètement.

J'attribue ce médiocre résultat à la présence de la fine poussière de magnésie qui se produit dans l'atmosphère confinée et qui ternit le globe de la lampe photo-sous-marine.

CHAPITRE XIII

APPAREILS ÉLECTRIQUES
UTILISÉS POUR LA PHOTOGRAPHIE SOUS-MARINE

A la suite des expériences de photographies sous-marines instantanées que j'ai exposées dans un des chapitres précédents, j'étais arrivé à cette conclusion :
Sous une profondeur de quelques mètres d'eau, on peut obtenir de bons instantanés en utilisant la lumière du soleil, sans disposition spéciale et sans l'intervention d'une source de lumière artificielle. J'ajoutais, cependant, dans une note que M. de Lacaze-Duthiers a bien voulu présenter à l'Académie des Sciences [1], qu'à la suite des expériences dont j'ai exposé le résultat on pouvait prévoir que la photographie sous-marine pouvait entrer dans une phase nouvelle.

S'il est possible, en effet, de prendre des instantanés à l'aide de la lumière solaire, alors que les rayons ont traversé une épaisseur d'eau de plusieurs mètres avant de frapper l'objet et de revenir à l'objectif, il est incontestable que d'aussi bons résultats, pour éclairer le champ photographique, pouaient être obtenus en plaçant une source lumineuse puissante au niveau de l'appareil lui-même.

J'ajoutais : « Partant de ces données, le nouvel appareil pourra être immergé à une profondeur quelconque.

« Malheureusement, ce dispositif nouveau exige la

---

[1] L. BOUTAN, *Comptes Rendus de l'Académie des sciences*, novembre 1898.

construction de lampes spéciales, l'emploi d'une source électrique puissante et l'achat d'accumulateurs de grande surface.

« Sera-t-il possible de faire, dans la station fondée par M. de Lacaze-Duthiers, une nouvelle dépense aussi considérable ? Dois-je oser l'espérer ? »

Je posais cette question sans grand espoir qu'on pût y répondre favorablement ; les crédits dont sont dotés les laboratoires sont restreints. Absorbés en grande partie par les dépenses courantes, ils ne se prêtent guère à la mise en train d'expériences aussi coûteuses et dont j'évaluais le prix approximatif à une dizaine de mille francs.

Cet appel a cependant été entendu ; le jour où je m'y attendais le moins, je reçus, dans mon cabinet de la Sorbonne, la visite de M. Deloncle, l'habile administrateur de la société l'Optique. Sans avoir l'honneur d'être en relations avec lui, je le connaissais de réputation, car c'est à lui que l'on doit la création de cet instrument colossal, la lunette de 60 mètres dont le sidérostat géant, après avoir éveillé la curiosité un peu sceptique de bien des savants, a constitué l'une des attractions les plus étonnantes de l'Exposition de 1900.

Sans autre préambule, il m'annonça que la société l'Optique offrait de me fournir tous les appareils nécessaires pour obtenir la source électrique lumineuse que je voulais immerger avec l'appareil photographique, à la seule condition de donner en échange un certain nombre de clichés pour projeter au palais de l'Optique pendant la durée de l'exposition.

Jusqu'à ce jour, de riches particuliers se sont intéressés aux choses de la science, mais le cas était presque unique d'une société privée intervenant pour favoriser une expérience scientifique.

Je laisse à penser avec quel plaisir j'acceptai ces offres généreuses, et le programme de la prochaine campagne de photographie sous-marine avec le secours de la lumière électrique fut bien vite établi.

M. Chaufour, qui avait construit la lampe décrite dans un chapitre précédent, accepta de faire établir les appareils nécessaires et de diriger leur mise au point, ce qui pouvait se faire sur place à Banyuls, grâce aux ressources de l'atelier de mécanique du laboratoire Arago.

J'ai d'ailleurs profité de sa grande compétence en la matière, en le priant de rédiger les notes nécessaires pour faire comprendre succinctement au lecteur quels étaient les organes principaux que nous avions utilisés.

Ce sont elles que nous reproduisons plus bas à peu près textuellement :

Étant donné qu'il était nécessaire de recourir à l'éclairage artificiel pour les profondeurs supérieures à 10 mètres, il fallait établir une source lumineuse artificielle, capable à elle seule d'impressionner la plaque photographique dans de bonnes conditions. Cet éclairage artificiel devait être installé à bord de l'un des bateaux du laboratoire.

La prévision de cet éclairage a été établie par comparaison avec les foyers lumineux employés usuellement dans les ateliers de photographie et par une vérification expérimentale directe. On a conclu à l'emploi de deux lampes à arc de 20 ampères.

L'installation devant être faite à bord d'un voilier de faible tonnage, il fallait donc recourir à l'emploi d'une batterie d'accumulateurs et s'efforcer de réaliser le poids minimum.

Cette dernière considération a conduit au montage

des deux arcs en série ; cette disposition donne, en outre, le poids minimum de cuivre pour les conducteurs à immerger.

La batterie d'accumulateurs était composée de soixante éléments spécialement construits par la maison Tudor, et pouvant donner à la décharge 25 ampères pendant une heure.

Chaque élément comprenait une plaque positive pesant $4^{kg},4$ et deux plaques négatives pesant $1^{kg},5$ du

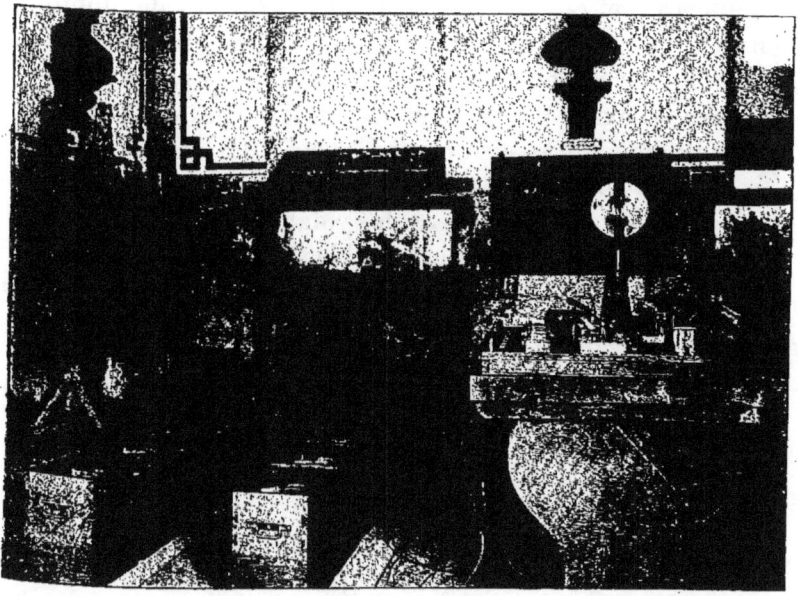

Fig. 35. — Les accumulateurs destinés à la photographie sous-marine, au moment de la charge, dans l'aquarium du laboratoire Arago.

type dit « à décharge rapide », c'est-à-dire présentant la plus grande surface active pour le plus faible poids de support. Les plaques étaient contenues dans un bac en ébonite avec couvercle ; l'emploi de bacs en bois doublé de plomb eût, en effet, donné un tonnage beaucoup trop considérable et des bacs en verre ne pouvaient être adoptés comme trop fragiles, la batterie devant être débarquée après chaque campagne.

Chaque bac complet avec l'acide pesait 11 kilogrammes. Les soixante éléments étaient réunis par cinq dans douze caisses en chêne paraffinées et munies de deux poignées, constituant des colis de 65 kilogrammes environ et pouvant être facilement manœuvrés par deux hommes.

Les connexions des éléments entre eux, dans une même caisse, étaient réalisées par des bandes de plomb fixées par soudure autogène; les deux extrémités de chaque série communiquaient à deux bornes à vis posées à l'extérieur de chaque caisse et permettant un accouplement très aisé à bord.

Pour la charge de la batterie, le bateau était amarré au fond du port, et des câbles volants étaient disposés pour relier au laboratoire le tableau de distribution du bord.

Il fallait utiliser une ancienne dynamo compound donnant 40 ampères sous 65 volts à la vitesse de 1.360 tours. Le compoundage fut supprimé et, par remplacement de la poulie de commande, la vitesse fut portée à 1.550 tours; la dynamo put donner alors 20 ampères à 80 volts.

Les soixante accumulateurs furent groupés en deux demi-batteries de 80 éléments qu'on pouvait, au moyen du tableau de distribution du bord, accoupler en quantité pour la charge et accoupler en série pour le fonctionnement des 2 projecteurs.

La charge s'opérait au régime de 20 ampères au total, soit 10 ampères par demi-batterie; elle durait donc deux heures et demie pour la capacité de 25 ampères.

APPAREILS ÉLECTRIQUES

Le cliché ci-dessous (*fig.* 36) représente le tableau de distribution du bord, muni des appareils suivants :

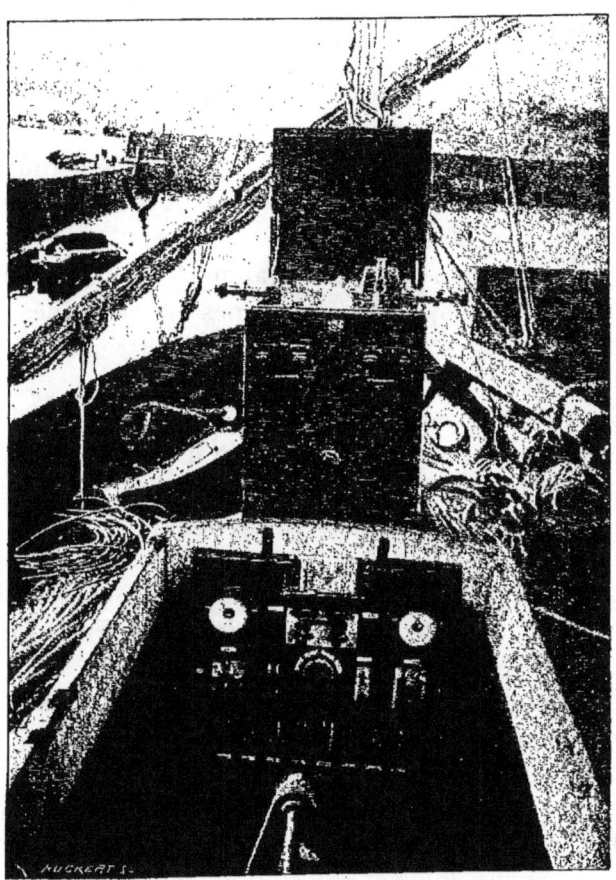

Fig. 36. — Tableau de distribution installé à bord de la balancelle du laboratoire Arago.

Un coupleur pour mettre les deux demi-batteries en quantité ou en série ;

Un interrupteur général du courant venant des machines ;

Un interrupteur bipolaire et un rhéostat pour les projecteurs ;

Un interrupteur pour la commande de l'obturateur photographique, des coupe-circuits et des bornes de connexions pour les arrivées du courant des machines et pour les départs aux deux demi-batteries et aux projecteurs ;

Un ampère-mètre, gradué dans les deux sens, indiquait à droite du 0 le courant total de charge et à gauche le débit des projecteurs ;

Un voltmètre avec commutateur à quatre directions donnait le voltage des machines et celui des deux demi-batteries, soit en quantité, soit en série, soit isolément (*fig.* 35).

Un autre tableau installé dans la salle des machines, près des dynamos, comportait un disjoncteur automatique et des appareils de mesure ; c'est sur ce tableau que s'effectuait la manœuvre de mise en charge.

Les deux projecteurs étaient constitués par des lampes à arc enfermées dans des enveloppes hermétiques et munies de systèmes optiques (*fig.* 37).

Les lampes à arc étaient des régulateurs de 20 ampères de Bardou complètement renversés et à point lumineux fixe ; la course des charbons était de 30 millimètres pour une durée de marche de une heure.

Les arcs fonctionnaient normalement dans la réserve d'air, des enveloppes qui était supérieure à 10 litres ; une expérience préalable avait établi qu'aucune variation de régime de l'arc ne se manifestait au bout d'une demi-heure dans 10 litres d'air confiné.

Les enveloppes hermétiques étaient composées d'un corps cylindrique en fonte de 10 millimètres d'épaisseur, correspondant au mécanisme du régulateur et d'une tête sphérique de 300 millimètres de diamètre également en fonte et de 15 millimètres d'épaisseur,

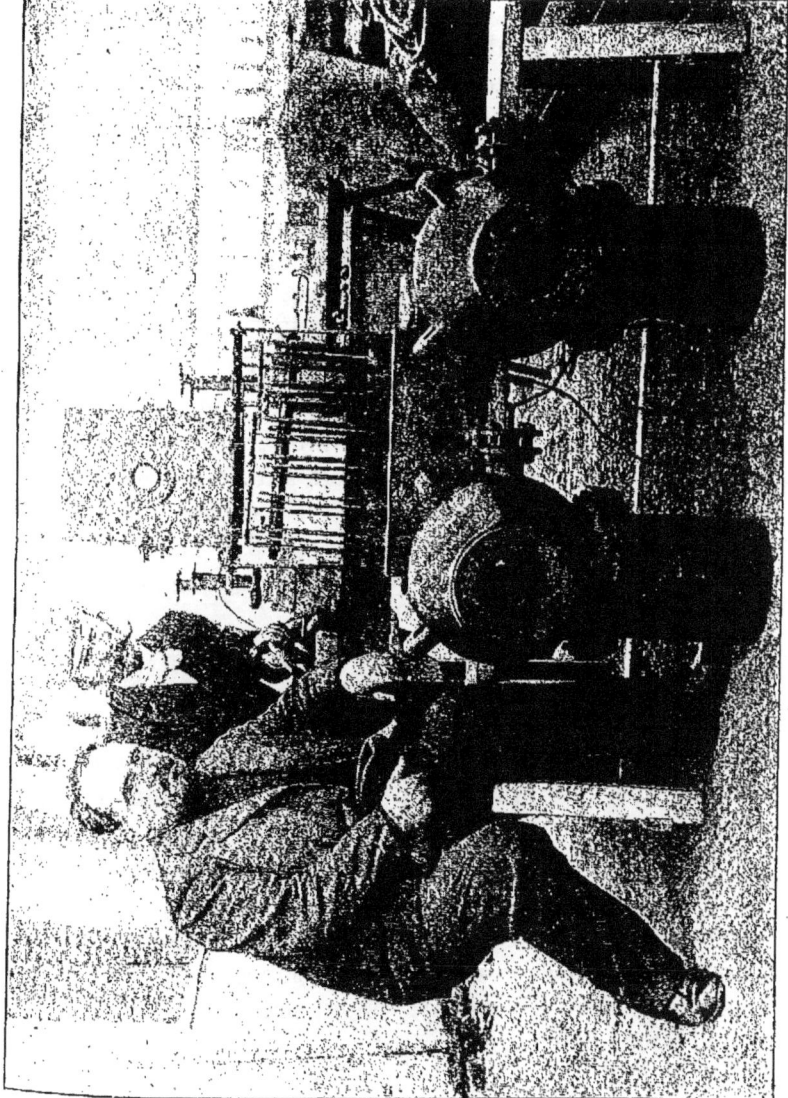

FIG. 37. — Montage des lampes destinées à être immergées pour éclairer le fond pendant la prise des photographies sous-marines.

formant réserve d'air et portant les accessoires.

Ces deux pièces étaient boulonnées l'une sur l'autre avec interposition d'une rondelle de caoutchouc. Un presse-étoupe en caoutchouc permettait l'entrée étanche dans la sphère d'un câble à deux conducteurs.

Un hublot en bronze, boulonné sur la sphère, était fermé par une glace de cristal de 15 millimètres d'épaisseur et 110 millimètres de diamètre, bombée concentriquement à la sphère.

L'optique était composé d'une simple lentille convergente, de 100 millimètres de diamètre et 150 millimètres de distance focale, fixée dans le hublot; un réflecteur sphérique en cuivre plaqué d'argent était disposé en arrière de l'arc.

Avant les expériences sous-marines, l'ensemble a été essayé à la pression hydraulique dans un autoclave; la résistance a été reconnue suffisante jusqu'à 10 atmosphères; l'étanchéité a été assurée jusqu'à 8 atmosphères en scellant au ciment les glaces des hublots et en lutant le presse-étoupe, après son serrage à bloc.

Pendant les opérations sous-marines, les projecteurs étaient à des distances variant de 3 à 6 mètres en avant de la surface à éclairer. Dans ces conditions, il a été reconnu que l'optique produisait une absorption trop importante, et on l'a supprimé; cette suppression a permis de réduire au minimum la longueur des hublots afin d'augmenter l'angle du champ d'éclairage direct.

D'autres réflecteurs ont été essayés, produisant dans le hublot un foyer conjugué de la source et à l'extérieur un faisceau divergent. Ils ont présenté le double inconvénient d'échauffer jusqu'à les briser les glaces des hublots et de répartir irrégulièrement l'éclairage.

Les projecteurs sous-marins se sont donc trouvés réduits à de simples foyers lumineux avec réflecteurs sphériques, et la conclusion à tirer de ces essais pour des expériences futures *sera d'augmenter de plus en plus le champ d'éclairage direct.*

1° Un câble unique devait réunir tous les conducteurs électriques et servir de support à tous les appareils immergés; il devait présenter une grande souplesse pour faciliter la manœuvre du treuil; l'isolement des conducteurs entre eux et par rapport à l'armature devait rester supérieure à 300 mégohms kilométriques après immersion.

Il était constitué comme suit :

Deux câbles de cuivre électrolytique de 8 millimètres carrés de section, formés de brins de 3/10 et isolés par deux couches de caoutchouc vulcanisé, devant servir de conducteurs de courant pour les projecteurs.

2° Deux fils de 12, même isolement pour la commande de l'obturateur électrique.

Ces quatre conducteurs étaient câblés avec des cordelettes de filin, pour donner un ensemble cylindrique qui était recouvert d'un ruban enduit.

Sur ce ruban était câblée une armature en fil d'acier protégée elle-même par une forte tresse de chanvre enduite.

L'armature était composée de deux couches de fils d'acier de seize enroulées en sens inverses et donnant 170 millimètres carrés de section totale, ce qui, en admettant un effort pratique de 8 kilogrammes par millimètre carré, permettait de porter une charge de plus de 1.000 kilogrammes.

Le poids du câble était 225 kilogrammes pour une longueur de 200 mètres.

Ce câble put aisément s'enrouler sur un treuil de 60 centimètres de diamètre. Une extrémité était fixée à ce treuil par l'armature d'acier, les conducteurs électriques allant se fixer séparément aux bornes d'une prise de courant à quatre fiches, installée dans l'intérieur du tambour du treuil.

A l'autre extrémité, des dispositions spéciales furent adoptées, les conducteurs électriques devant sortir de leur armature pour aller se répartir sur les appareils desservis ; l'isolant des conducteurs fut renforcé d'une troisième couche de caoutchouc et fut protégé par une gaine de cuir contre le cisaillement, à la sortie de l'armature. Les fils d'acier furent épissurés entre eux dans le prolongement du câble et vinrent se fixer au crochet général de suspension des appareils immergés.

L'obturateur de l'appareil photographique était un obturateur à segments métalliques de Mattioli, actionné pour l'ouverture par un électro-aimant et pour la fermeture par un ressort de rappel.

L'électro-aimant du système Bouchet était cuirassé et son noyau était évidé de façon à réaliser, dans un circuit magnétique de très faible résistance, un effort puissant et presque constant sur une course relativement grande.

Il était excité par un courant de deux ampères et exerçait sur près de 25 millimètres un effort d'environ 200 grammes. Cet effort est puissant relativement au frottement habituel de l'obturateur à segments métalliques ; on a donc pu opérer en toute sécurité et avec une vitesse atteignant l'instantanéité.

CHAPITRE XIV

PREMIERS ESSAIS DE PHOTOGRAPHIE SOUS-MARINE A L'AIDE DE LA LUMIÈRE ÉLECTRIQUE

Sous l'habile direction de M. Chaufour, qui était venu s'installer au laboratoire de Banyuls, pendant le mois de septembre, le montage des appareils était terminé à la fin d'août de 1899.

Ce résultat n'avait pas été obtenu sans peine, car il avait fallu faire marcher la machine à vapeur pendant près de soixante-dix heures de suite pour charger dans de bonnes conditions les accumulateurs.

Qu'il me soit permis de rendre hommage ici, non seulement au dévouement du mécanicien de la station dont j'ai déjà eu occasion de parler, à plusieurs reprises, mais aussi à celui de tous les marins du laboratoire qui ont fait de leur mieux pour m'aider dans ces expériences.

Le dessin que nous avons donné plus haut représente les accumulateurs disposés dans l'aquarium sur leurs tapis de caoutchouc isolant, pendant la période de charge. Sur la table de marbre, on distingue le tableau de distribution (*fig.* 35, p. 241).

Il fallait maintenant essayer les divers appareils et en particulier les lampes électriques que nous avons décrites et figurées page 244, et s'assurer qu'elles ne feraient pas eau lorsqu'elles seraient immergées.

Ces essais ont été faits dans un grand bassin rectangulaire de 4 mètres de long sur 2 mètres de large, qui est représenté figure 38. Primitivement, il était destiné

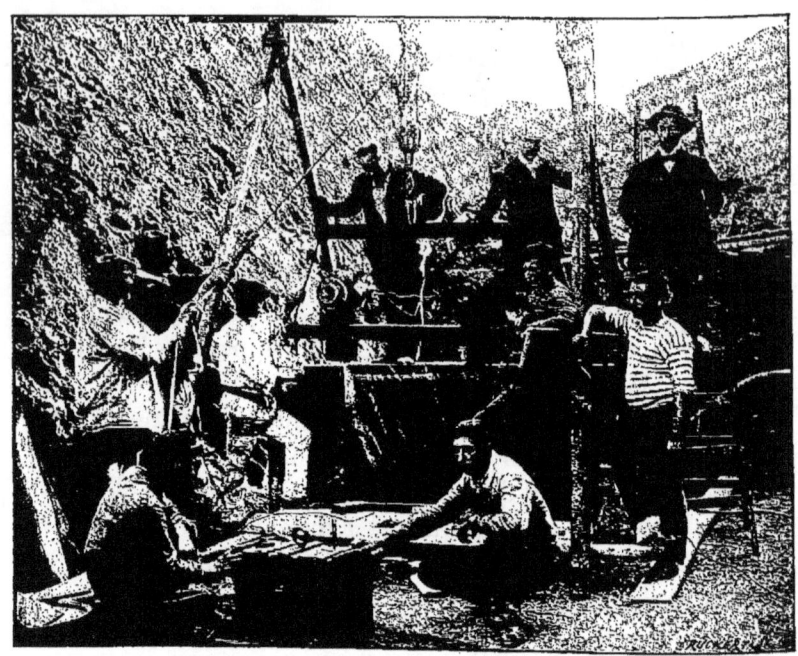

Fig. 38. — Essai des lampes dans un bassin rempli d'eau de mer.

à régler les faisceaux lumineux qui partaient des lampes pour les faire converger à la distance convenable pour une photographie donnée.

Il n'a pu remplir entièrement ce rôle.

On sait avec quelle facilité l'eau de mer attaque le métal et, malgré plusieurs couches de peinture successives, je n'ai jamais pu avoir de l'eau absolument pure et limpide dans l'intérieur de ce grand récipient. Il nous a servi, cependant, à constater l'imperméabilité des lampes.

L'essai ayant réussi d'une façon satisfaisante, je résolus

de prendre un premier cliché à la lumière électrique. L'équipage passa la journée du lendemain à faire à bord les divers aménagements nécessaires.

Les dix boîtes en chêne contenant les accumulateurs furent disposées de chaque côté du bateau comme l'in-

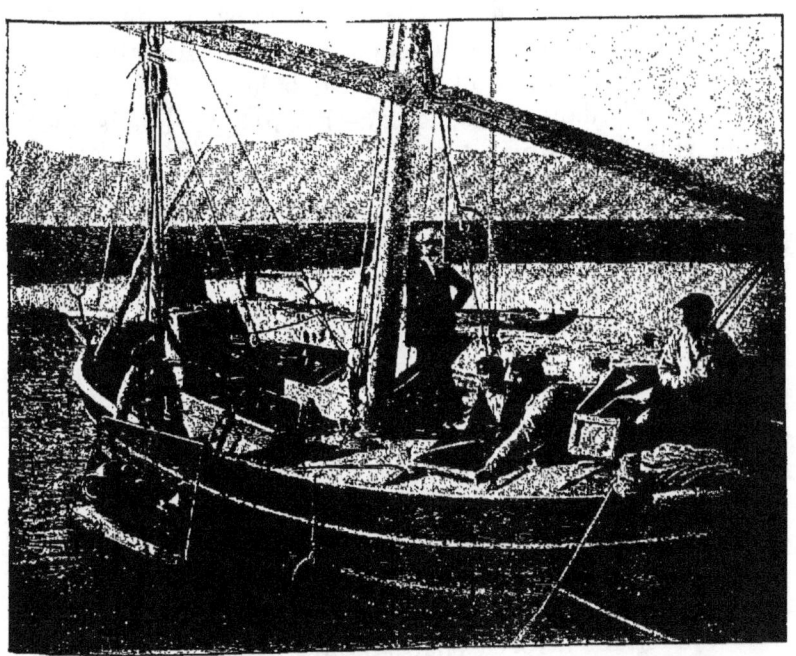

Fig. 39. — Le bateau du laboratoire avec les appareils de photographie à bord.

dique la figure 39, de manière à servir de lest et à ne pas nuire à la stabilité. Le tableau de distribution trouva sa place à l'avant de la cale et fut relié d'une part aux accumulateurs et d'autre part au câble enroulé sur un tambour placé dans l'axe du bateau (*fig.* 36).

Le bateau n'a que des dimensions fort restreintes, et la chambre noire forme un réduit très étroit où les opérateurs ne peuvent manœuvrer qu'accroupis sur leurs talons (à droite, sur la figure 39).

Bien souvent, sous le soleil torride de Banyuls et par les chaudes journées de septembre, il m'est arrivé de plaindre mes modestes collaborateurs, enfermés dans cette caisse étroite, où je craignais pour eux l'asphyxie prochaine.

Cette fois, cependant, grâce à la présence de l'électricité à bord, nous avions pu rendre l'installation un peu plus confortable et remplacer la lampe fumeuse, si désagréable dans un espace aussi limité, par une lampe électrique de quinze bougies enfermée dans une lanterne rouge. Cela n'agrandissait pas la chambre, mais du moins on y voyait à peu près clair, et le travail devenait ainsi plus facile. D'ailleurs, comme les opérations devaient se faire la nuit, la chaleur devenait une cause d'incommodité moins insupportable.

L'après-midi fut consacrée à choisir la place convenable sur un fond intéressant et à fixer le bateau par plusieurs amarres pour conserver sûrement la position déterminée d'avance.

Je congédiai ensuite les hommes et leur donnai rendez-vous pour la soirée.

Nous étions favorisés par le temps; comme d'habitude à la tombée de la nuit, la brise avait cessé de souffler, et l'eau était d'un calme suffisant, à peine un léger clapotis sur le bord du rivage. L'obscurité était d'ailleurs complète, et la lune ne devait se lever qu'assez tard pour ne pas gêner nos opérations.

Je passai la soirée à régler les derniers détails de l'expérience, en collaboration avec M. Chaufour, qui tenait à ne quitter Banyuls qu'après avoir vu fonctionner les appareils dont il avait dirigé l'installation.

Une embarcation légère nous eut bientôt conduits au

bord du bateau, à quelque 100 mètres du rivage, dans la position choisie dans l'après-midi.

Les hommes se mirent à l'œuvre et, à la clarté d'un fanal, mirent la dernière main aux préparatifs, tandis que je m'asseyais à l'arrière sur un paquet de cordage pour surveiller l'opération.

Le spectacle était très impressionnant, et les moindres détails de cette scène restent gravés dans mon souvenir.

Au milieu de cette obscurité relative, entourés d'une brume légère qui se condensait à la surface de tous les corps environnants, les objets prenaient des allures fantastiques. Notre petit bateau, quoique à assez faible distance du rivage, semblait perdu au milieu de l'immensité de cette eau calme et noire, et c'est à peine si l'on distinguait dans le lointain quelques points lumineux qui indiquaient la place de la petite ville de Banyuls.

Les hommes, moins préoccupés que moi de la poésie de cette scène nocturne, s'agitaient devant leur fanal, tiraient sur les cordes et hissaient les amarres.

Il s'agissait de faire descendre bien d'aplomb le bâti qui supportait à la fois les deux lampes (à gauche, *fig.* 39) et l'appareil photographique attaché solidement au milieu.

Avec le treuil à vapeur du Roland, le vapeur de la station, cette manœuvre n'eût été qu'un jeu, mais j'ai déjà dit plus haut que nous n'avions à notre disposition que le bateau voilier; l'opération se compliquait, car elle devait s'effectuer à la force des bras et le poids total des appareils, non compris le câble électrique, représentait de 500 à 600 kilogrammes.

Le mât de charge était remplacé par la vergue de la voile latine, placée en travers du mât à mi-hauteur, perpendiculairement à l'axe du bateau, sur laquelle on avait *souqué* un palan. Ce palan permettait de soulever progressivement le madrier qui portait les lampes et l'appareil photographique et de les descendre, ensuite, lentement, après leur avoir fait éviter le bord du bateau.

Voilà l'appareil au fond ; autant que nous pouvons le constater au milieu de l'obscurité, il est en bonne place.

Pour s'en assurer d'une façon plus complète, on établit le contact et l'on fait passer le courant dans les lampes.

Le fond s'illumine, et tous les objets situés dans le champ de l'objectif apparaissent avec beaucoup plus de netteté que pendant le jour.

Il y a là un effet de contraste saisissant entre l'obscurité qui nous entoure et l'éclairement instantané de toute la masse liquide.

Les rares marins, intrigués par nos manœuvres mystérieuses, qui se sont groupés sur la plage, poussent des exclamations et s'interpellent, se demandant ce qui se passe au fond de l'eau.

L'ordre est donné d'ouvrir l'obturateur, on compte cinq secondes, puis, un bref commandement, et de nouveau l'obscurité se fait, et nos braves marins remontent l'appareil.

Il s'agit de voir, à présent, si l'opération a réussi ; le mécanicien David se hâte d'enlever le châssis dans la chambre noire, et nous allons développer le cliché.

Y aura-t-il une image ? la plaque a-t-elle été impressionnée pendant la courte pose ? les objets étaient-ils au point ? autant de questions auxquelles nous avons

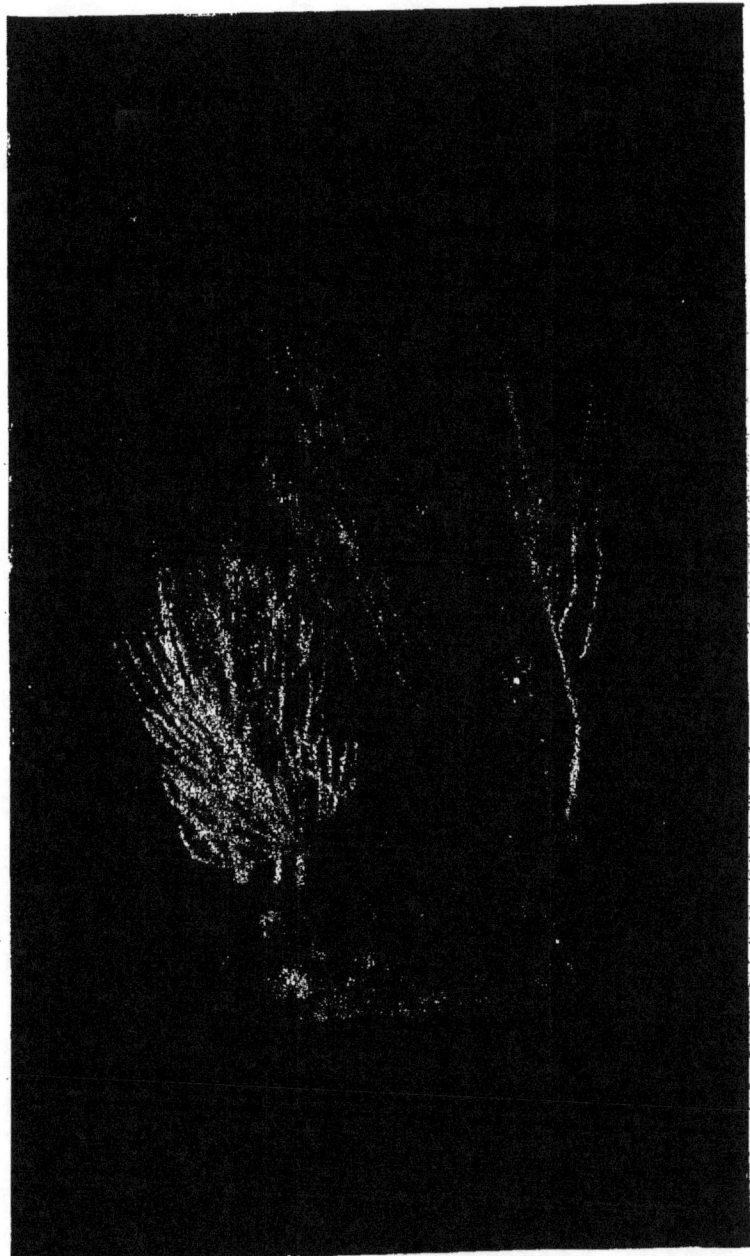

Fig. 40. — Photographie sous-marine représentant des Gorgones photographiées la nuit, à la lumière électrique, par 6 mètres de profondeur.

hâte de répondre et qui nous donnent une légère palpitation de cœur.

La réponse fut satisfaisante, autant qu'on en peut juger par la reproduction assez médiocre d'un des clichés obtenus (*fig.* 40).

Le groupe de Gorgones que nous avons photographié se détache nettement sur le fond sombre, et nous constatons un avantage inattendu de la photographie prise à la lumière électrique. Les objets photographiés se détachent avec beaucoup de relief et accusent très nettement leurs contours, parce que le fond n'étant pas éclairé ils se projettent sur une sorte d'écran noir.

Les conditions d'obscurité dans lesquelles nous avions opéré permettaient de tirer une conséquence importante de cette première expérience.

Puisque l'appareil immergé par quelques mètres de profondeur avait fourni un cliché net, grâce aux seules ressources de la lumière électrique, j'étais en droit de conclure que, quelle que fût la profondeur où nous immergerions l'appareil, le même résultat devait être obtenu, puisque la source électrique, immergée en même temps que l'objectif, fonctionnerait dans les mêmes conditions et donnerait la même intensité lumineuse.

Il n'y avait plus là, comme limite à l'obtention de bonnes photographies, que la question de résistance des parois de l'appareil à la pression énorme qu'elles devaient supporter dans les profondeurs de la mer.

CHAPITRE XV

UNE PHOTOGRAPHIE SOUS-MARINE
A 50 MÈTRES DE PROFONDEUR

Les premiers essais de photographie à la lumière électrique ayant réussi, comme je l'ai indiqué dans le chapitre précédent, il était utile de confirmer ce résultat par des expériences de photographie en grande profondeur.

En conséquence, je résolus de prendre des clichés à 50 mètres et à 100 mètres de profondeur; on verra plus loin par suite de quelles circonstances j'ai dû m'arrêter à une profondeur de 50 mètres.

Nos préparatifs furent rapidement faits, et le bateau, dont l'équipage avait été augmenté pour la circonstance, était prêt au départ; malheureusement, lorsque l'on travaille au bord de la mer, on doit toujours compter avec le temps.

Nous en eûmes la preuve une fois de plus.

Le mistral commençait à souffler, et c'est un vent qui n'aime pas à faire les choses à demi; quand il souffle, il souffle copieusement et longtemps. C'est le fléau des côtes de Provence, et on le subit en disant que, « si le mistral ne soufflait pas, la vie serait vraiment trop agréable dans ce fortuné pays ».

Cette fois, il souffla largement pendant près de huit jours; la mer s'agita; à peine de loin en loin une

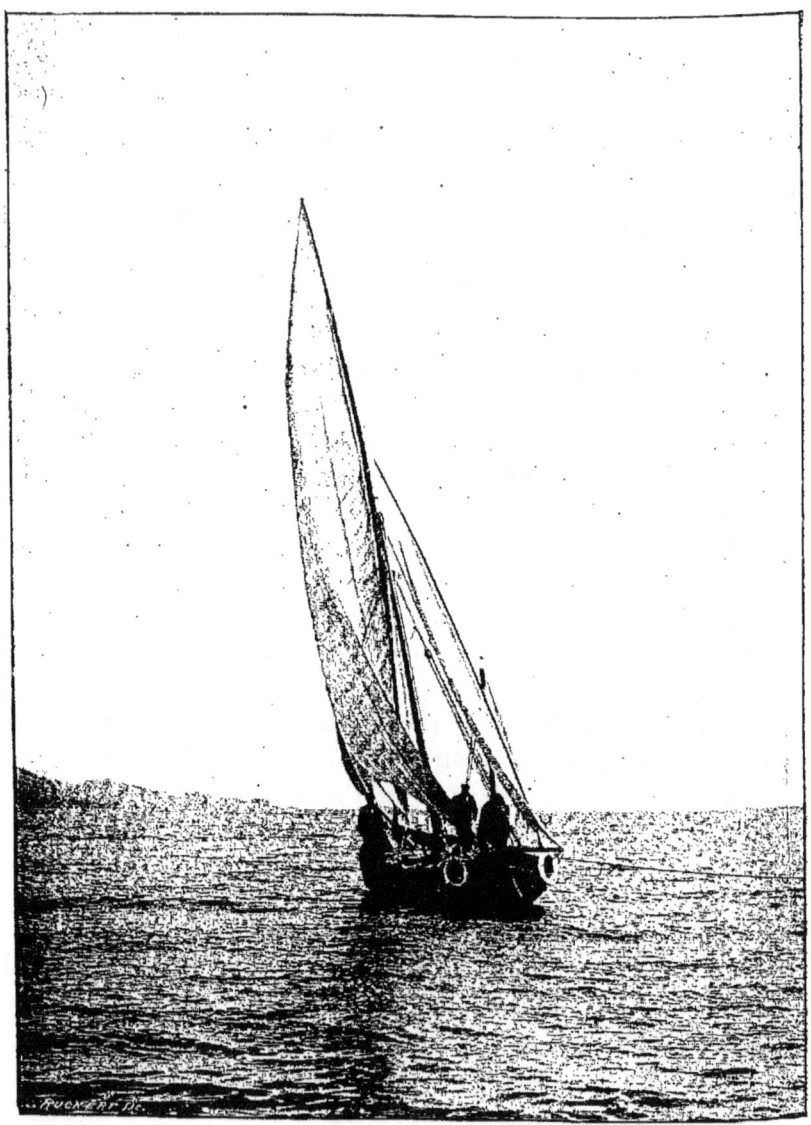

Fig. 41. — *Le Lacaze-Duthiers*, bateau du Laboratoire (Cliché de M. Prouho).

accalmie, puis le vent reprenait de plus belle, et dès que nous mettions le nez dehors, le mistral sifflait, tantôt dans les notes basses, tantôt dans les notes aiguës : « Tu ne sortiras pas. »

Le temps s'écoulait, la date forcée de mon départ se rapprochait, et le vent soufflait toujours, la mer avait pris une teinte laiteuse, et sur les bords de la plage l'eau ressemblait à du café au lait.

Tous les soirs, le vent avait l'air de se calmer un peu, je reprenais confiance et j'interrogeais le patron :

« Pensez-vous que nous puissions sortir demain ? »

Il se contentait de hocher la tête et, pour ne pas me décourager, il disait :

« Peut-être pourrons-nous sortir demain », mais son air de doute ne me disait rien qui vaille, et le lendemain matin, au réveil, le mistral soufflait de plus belle.

Heureusement, tout a une fin, même le mistral, et nous voilà en route pour la haute mer.

Pour tenter l'expérience que je voulais faire, il fallait, en effet, gagner le large et sortir de la baie; car, dans le voisinage du rivage, nous n'aurions pas trouvé assez de profondeur.

Vraiment trop difficile à contenter, maintenant, ce n'était pas le vent que je redoutais, mais le calme. Il est vrai que nous avions la ressource des avirons, et, comme l'équipage était nombreux, il était facile de former une équipe de vigoureux rameurs.

Peu à peu le rivage s'éloigne et la côte, vue d'un peu loin, commence à s'estomper dans ses détails et à schématiser ses pointes et ses baies, dont les grandes lignes subsistent seules.

En face de nous, c'est la jolie baie de Banyuls, avec les petites maisons de la ville accrochées sur le flanc du dernier contrefort des Albères. A droite, l'anse de Paullile, avec la pointe extrême du cap Bearn dominée par un phare; à gauche, la baie du Troc; plus loin, l'anse de Cerbère, et plus loin encore, l'enfoncement de Port-Bou, la première bourgade espagnole de la frontière.

On donne un premier coup de sonde par 60 mètres. Nous sommes encore trop près du rivage, et l'on continue à voguer vers le large.

Le cap Bearn commence à démasquer la côte plate et sablonneuse du Roussillon ; au-delà du cap Cerbère, on distingue maintenant la grande courbure du golfe de Llanza, limitée au sud par le cap Creus ; un nouveau coup de sonde nous indique que nous nous trouvons sur des fonds de 80 mètres. C'est le moment de descendre nos appareils.

Avec les moyens dont nous disposions à bord, il eût été difficile de s'ancrer solidement à une pareille profondeur, et la moindre houle eût rendu nos manœuvres dangereuses si nous avions été rattachés directement avec le fond.

Le bateau devait donc aller à la dérive pendant toute la durée de l'opération. Si dans ces conditions on avait laissé descendre l'appareil sur le fond, au lieu de rester immobile comme doit le faire tout honnête appareil photographique, il aurait, pour suivre la marche du bateau, dragué sur la vase, en soulevant des flots de boue.

En prévision de cette difficulté, j'avais fait préparer un cadre qui pouvait se fixer par des écrous sur le bâti de l'appareil et qui supportait à 2^m,50 de distance de l'objectif un écran blanc sur lequel était écrit : photographie sous-marine (*fig.* 42).

C'est cet écran que je me proposais de photographier d'abord, à 50 mètres de profondeur (*fig.* 43).

L'adjonction de cet écran et de son bâti à l'appareil primitif faisait un tout fort encombrant. Le poids du câble en fil d'acier qui contenait dans son intérieur les conducteurs pour l'allumage des lampes et les fils pour la manœuvre de l'obturateur était loin d'être négli-

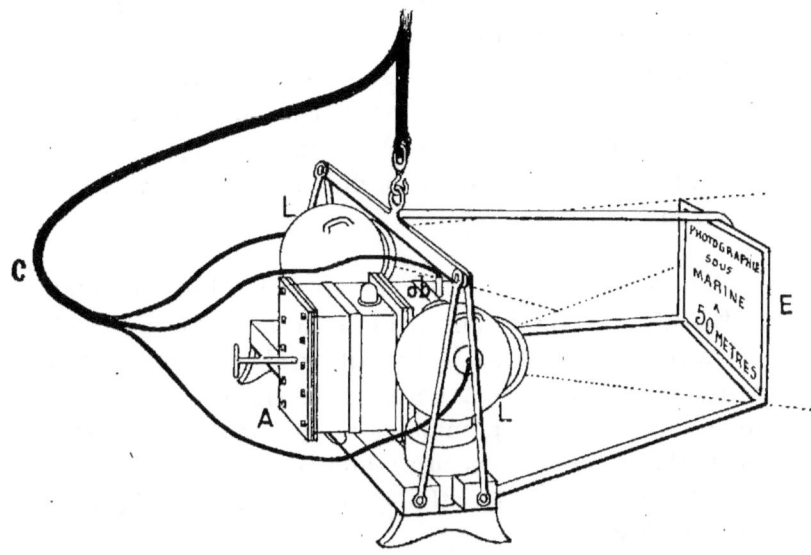

Fig. 42. — L'appareil photographique avec les lampes et l'écran destiné à la photographie en profondeur.

geable. Il représentait 2 kilogrammes au mètre, soit 200 kilogrammes pour 100 mètres, poids qui devait être légèrement diminué par suite de son immersion dans l'eau.

Les tartanes ou les balancelles qui font la pêche sur la côte du Roussillon sont toutes munies de grosses bouées formées par des plaques de liège brut, serrées les unes contre les autres dans l'intérieur d'un filet.

J'avais fait embarquer à bord dix de ces bouées et, pour compenser le poids du câble, j'en faisais fixer une tous les 10 mètres.

La descente put s'effectuer régulièrement. Grâce au calme de la mer, les mouvements des hommes n'étaient pas trop gênés et, malgré la bande que donnait le bateau et qui ne laissait pas d'être un peu inquiétante, l'appareil atteignit les 50 mètres cherchés.

Les lampes furent allumées, et pendant 10 secondes l'obturateur fut maintenu ouvert.

Je n'étais cependant pas sans inquiétude sur le résultat final, et je me demandais, non sans quelque anxiété, si l'appareil photographique aurait résisté convenablement à une pression qu'on pourrait évaluer à environ 6 atmosphères.

Pour s'en assurer, il fallait tout d'abord le remonter.

Ce fut la partie la plus pénible de la tâche.

Le treuil, ainsi que je l'ai dit, en décrivant la disposition des appareils à bord, était situé dans la cale, dans l'axe du bateau, mais cette cale toute petite était encombrée par les accumulateurs, et deux hommes seulement pouvaient s'atteler à la manivelle qui actionnait le treuil.

Lorsque l'ordre fut donné de hisser, les deux matelots qui avaient pris en main la manivelle unirent leurs efforts, mais le câble refusa de s'enrouler. Son poids contrebalança si bien l'effort de leurs muscles que, dès que le cliquet du treuil fut soulevé, l'action inverse à celle que nous cherchions à produire se réalisa : le câble se déroula de plusieurs mètres. Il fallut replacer précipitamment le cliquet et délibérer.

La discussion ne fut pas longue. Il était évident qu'à moins de couper le câble il fallait unir tous ses efforts pour remonter, coûte que coûte, le lourd appareil.

Chacun tirant de son côté, les uns sur le bord du bateau, les autres sur le treuil, le reste au-dessus du treuil, le lourd engin se décida enfin à remonter, la première bouée apparut, puis la seconde.

On souffla un instant pour recommencer ensuite à tirer de toutes ses forces.

Il fallut près d'une heure pour mener à bien l'opération, et quand le bâti qui supportait les lampes, l'appareil photographique et l'écran, fut de nouveau sur le pont, j'éprouvai un réel sentiment de soulagement.

Je m'inquiétai fort peu, pour l'instant, de savoir si l'appareil avait fonctionné, et lorsque le mécanicien me prévint qu'une des lampes s'était remplie d'eau, cette nouvelle me laissa absolument froid.

Tout en m'épongeant le front mouillé de sueur, je songeais que les moyens dont nous disposions à bord de notre embarcation étaient vraiment un peu primitifs, et je me jurais de ne plus recommencer dans les mêmes conditions, que la photographie eût été réussie ou non.

Pendant la montée de l'appareil, et tout en tirant, comme mes compagnons, sur le câble si dur à enrouler, j'avais ressenti vivement toute ma responsabilité : je voyais le mécanicien et le patron travaillant de leur mieux au-dessous de la vergue qui supportait tout le poids de l'appareil immergé, je voyais la vergue fléchir et les cordages se tendre, et je me disais que, si ces vieilles cordes venaient à céder, il faudrait bien peu de chose pour avoir à déplorer un accident mortel.

Aussi, lorsque le patron me demanda si l'on allait descendre de nouveau l'appareil, je répondis sans hésiter que nous n'avions qu'une chose à faire, c'était de rentrer au plus vite.

Les courants nous avaient, du reste, emportés fort loin de notre point de départ, et nous nous trouvions maintenant par le travers de Port-Bou.

Il fallut plusieurs heures pour regagner Banyuls, que

nous atteignîmes vers huit heures du soir, grâce à une petite brise qui avait fini par se lever et qui nous fut d'un grand secours pour regagner nos pénates.

L'unique cliché pris à 50 mètres de profondeur, mal-

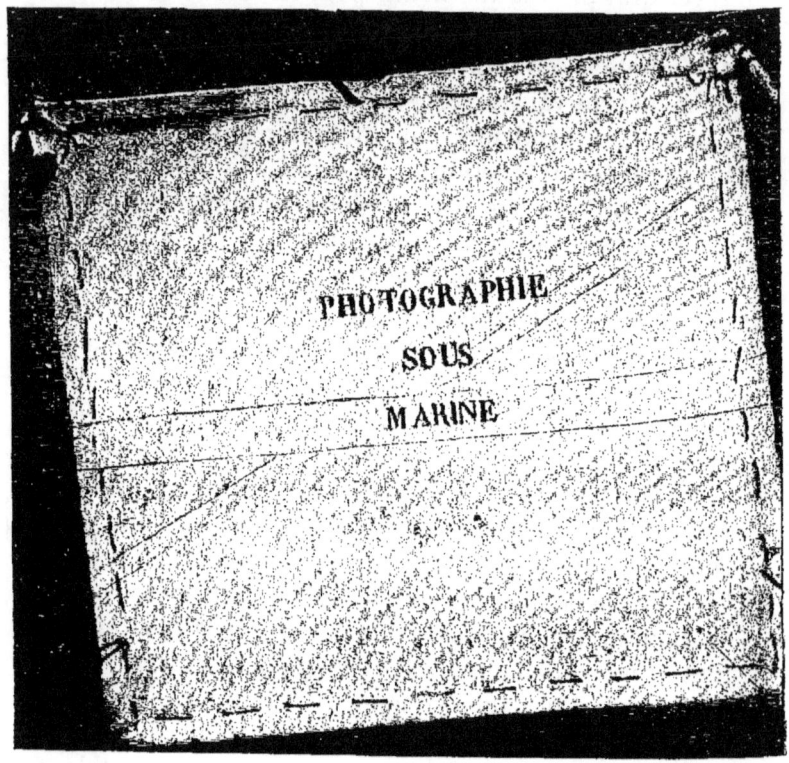

Fig. 43. — L'écran photographié à 50 mètres de profondeur.

gré l'accident arrivé à l'une des deux lampes, a une netteté très suffisante, ainsi qu'on peut le constater (*fig.* 43).

On peut reprocher à ce cliché d'être une photographie prise entre deux eaux et de n'avoir pas l'intérêt d'une photographie prise sur le fond.

Ce reproche est fondé, et l'expérience que je viens

de décrire montre seulement que l'épaisseur de la couche d'eau est négligeable pour obtenir une photographie nette, quand on immerge avec l'appareil photographique la source lumineuse, mais elle n'établit pas ce que serait une photographie prise sur le fond lui-même.

On peut préjuger ce résultat d'après la photographie prise la nuit à une faible profondeur. Cependant on ne doit pas se dissimuler que, si le premier pas est fait, il en reste un second à accomplir pour tenir le résultat définitif.

Il y a, en effet, une question fort intéressante qui se pose et qui ne pourra être tranchée qu'ultérieurement, lorsque la réfection du vapeur sera complète et que ce puissant instrument de travail pourra être mis à ma disposition pour des expériences définitives.

Certains auteurs prétendent que dans les grands fonds proprement dits, dépassant 1.000 mètres par exemple, l'eau, au lieu d'être claire et transparente, forme une sorte de bouillie blanchâtre ou bleuâtre. Ce dépôt, superposé au véritable fond, serait dû aux matières en suspension incomplètement déposées et tombant sans cesse de la surface, si bien que, dans les très grandes profondeurs, toute difficulté pratique mise de côté, on se heurterait encore pour obtenir de bonnes épreuves photographiques à une véritable impossibilité.

A priori, je ne crois pas à l'existence de cette couche de transition entre la couche de vase et l'eau pure proprement dite, elle me paraît contraire à toutes les lois chimiques et physiques. Les expériences ultérieures de photographie sous-marine pourront trancher définitivement cette question controversée.

CHAPITRE XVI

LA PHOTOGRAPHIE EN AQUARIUM

Bien avant que j'aie eu l'idée d'essayer de prendre des clichés de photographie sous-marine, les naturalistes ont cherché le moyen d'obtenir de bonnes images photographiques des animaux tenus en captivité dans les aquariums.

Des essais nombreux ont déjà été tentés dans ce sens, et quelques-uns ont même été couronnés de succès. Cependant le procédé employé n'a jamais donné qu'exceptionnellement de bons résultats, à cause des difficultés très réelles auxquelles on se heurtait.

A ma connaissance, on s'est toujours servi d'appareils ordinaires placés hors de l'eau.

L'opérateur pouvait de cette façon faire une mise au point rigoureuse, mais il était forcément gêné par le miroitement qui se produit à la surface vitreuse de la paroi des grands aquariums.

M. Prouho, professeur à la Faculté des Sciences de Lille, est arrivé, pendant qu'il était préparateur au laboratoire Arago, à produire quelques clichés tout à fait remarquables. Il se plaçait dans l'obscurité et photographiait les objets, soit par transparence, le côté opposé de l'aquarium étant seul éclairé, soit par réflexion, la face antérieure des animaux recevant la vive lumière que fournit le magnésium en brûlant (*fig. 44*).

D'autres travailleurs ont pris également au laboratoire de Banyuls plusieurs clichés remarquables dans l'aquarium de l'établissement.

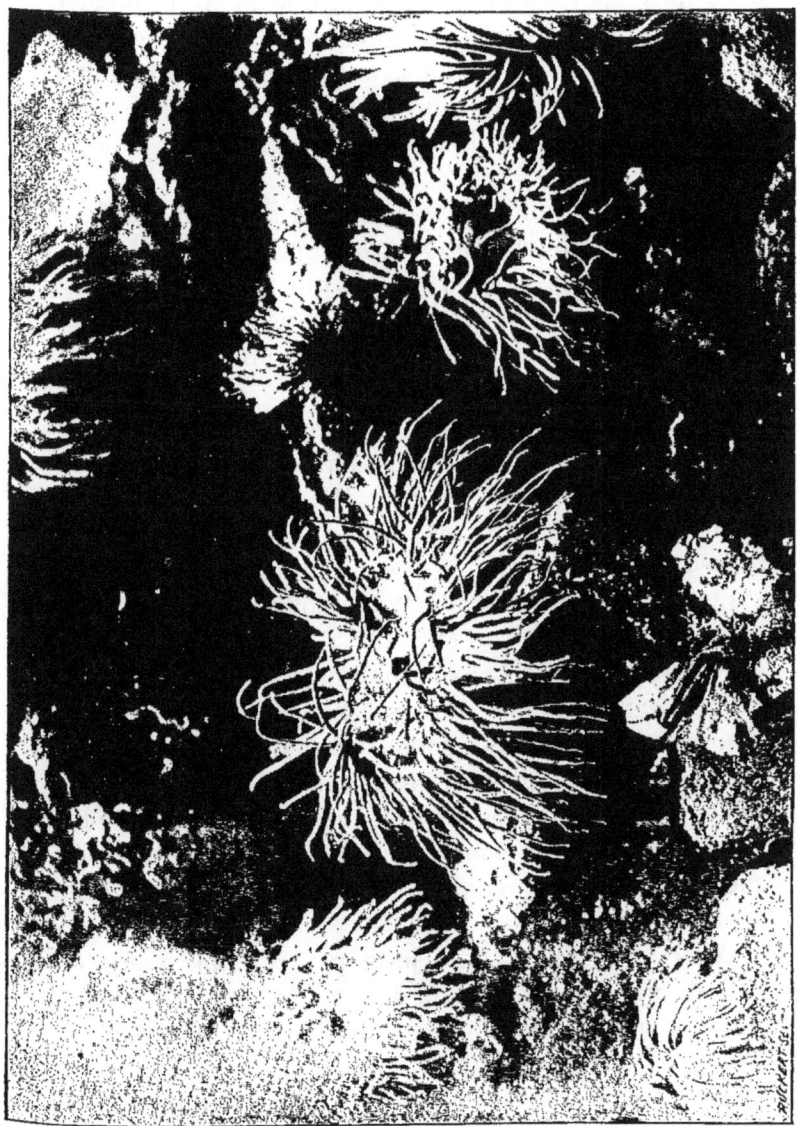

Fig. 44. — Groupe d'actinies photographié dans un des aquariums du laboratoire Arago (cliché de M. Prouho).

Ces photographies étaient d'ailleurs obtenues sans dispositif spécial, et la beauté des clichés tenait à l'habileté des opérateurs. C'est ainsi que M. le professeur Topsent a enrichi la bibliothèque de la station d'un magnifique album de photographies, document unique en son genre, reproduisant les principales espèces d'éponges qui vivent dans les environs de Banyuls.

Malgré ces premiers résultats, il paraissait difficile de faire de la plaque photographique une application courante dans le cas particulier qui nous occupe.

J'ai pensé que l'appareil photo-sous-marin donnerait peut-être un moyen plus pratique de photographier les animaux en captivité.

A cet effet, j'ai considéré l'aquarium au même point de vue que la mer libre dans laquelle j'avais jusque-là opéré, et j'ai immergé la boîte étanche dans l'intérieur même du bac où se trouvait l'animal dont je désirais reproduire les traits.

Les premiers essais effectués dans cette voie ont été assez heureux pour m'engager à poursuivre ce genre d'expériences. Après avoir immergé la boîte photographique dans les plus grands bacs que l'on possède au laboratoire Arago, bacs constitués par de grands parallélipipèdes rectangles, dont les parois latérales en glace ont environ 2 mètres dans leur plus grande étendue, je reconnus que je pouvais, sans inconvénient, expérimenter dans des récipients beaucoup moins volumineux.

Avec l'instrument dont je disposais, le premier appareil de photo-sous-marine décrit (*fig.* 12), il suffit, en effet, d'une distance de 15 centimètres environ entre l'objectif et l'objet pour obtenir sur la plaque une image nette, à condition toutefois d'employer un diaphragme de très petite ouverture.

Si l'objet est de faible dimension, comme c'est le cas ordinaire, on peut avoir son image de grandeur naturelle. Les moindres détails s'y trouvent reproduits.

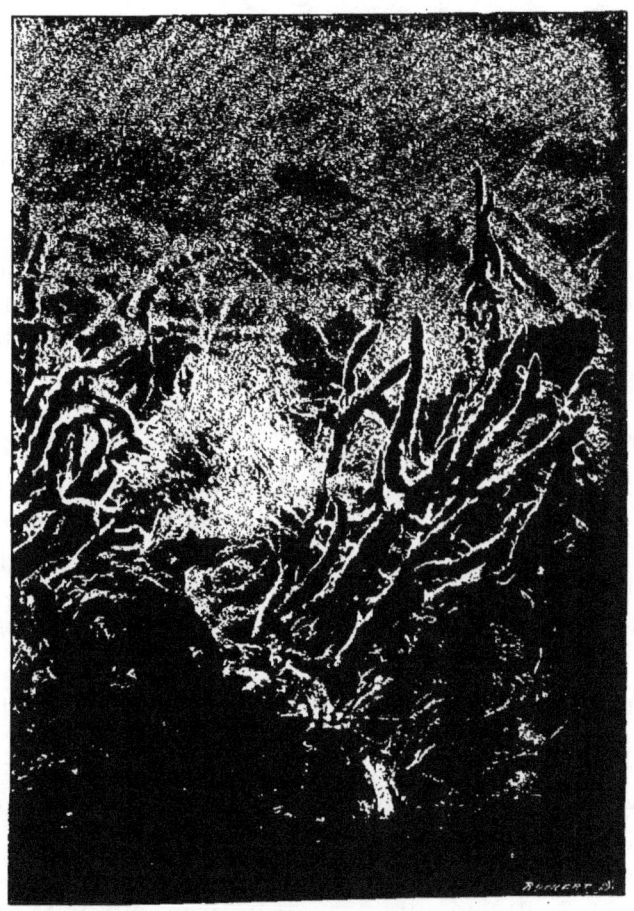

Fig. 45. — Groupe d'éponges photographié au laboratoire Arago.

Voici la manière d'opérer :
A-t-on affaire à un animal fixé, un coralliaire ou un

actiniaire, le procédé à mettre en œuvre est très simple : il suffit de disposer convenablement le sujet à l'une des extrémités du bac, en ayant soin de placer en arrière de lui un écran approprié au fond que l'on veut obtenir. Cette première précaution est, en effet, très nécessaire pour arriver à un rendu satisfaisant.

Les objets blancs et transparents doivent se projeter sur un fond sombre, noir ou bleu foncé : les parties rouges doivent se trouver en face de couleurs claires, blanc ou rose, pour ressortir avec leur maximum de vigueur.

On laisse ensuite l'animal ou la colonie animale s'épanouir tout à son aise et prendre la position de repos. Quand les polypes se sont bien étalés, on introduit dans le bac l'appareil photographique, en le plaçant à une distance du sujet qui varie avec la dimension de l'image qu'on veut recueillir.

Il est bien entendu que l'eau, quelles que soient les précautions employées, sera mise en mouvement et communiquera ses oscillations au sujet. Il faut attendre que le calme soit rétabli. A l'aide d'une ficelle, on fait alors manœuvrer l'obturateur, et l'appareil entre en fonction.

Si l'on a soin d'éclairer convenablement l'aquarium, ce qu'on peut facilement réaliser en drapant, tout autour des glaces, des voiles blancs destinés à renvoyer la lumière, on opère comme dans un atelier photographique.

Malgré le faible diamètre du diaphragme employé, la pose peut être réduite à environ trois minutes dans l'intérieur d'une salle éclairée seulement d'un côté. On pourrait diminuer ce temps de pose dans des proportions notables en travaillant à l'air libre, mais je n'ai pu me rendre compte par moi-même de cette diminution du temps de pose, car, par suite de la disposition des aquariums, j'ai toujours opéré dans l'intérieur du laboratoire.

Quand il s'agit des animaux agiles, des Poissons par exemple, ou des Crustacés, on est obligé d'adopter un autre dispositif.

Il faut, en effet, que l'animal pose en face de l'objectif, et qu'au moment de l'opération il ne se déplace pas dans des limites trop étendues, ce qui arriverait sûrement si l'on se contentait de la méthode précédemment adoptée.

Pour éviter cette difficulté, j'enfermais l'animal dans un globe de pendule approprié à sa taille.

Le globe, renversé et présentant son ouverture en haut, était rempli de sable dans le premier tiers de sa hauteur. Ce sable servait de support à une lame de verre, de façon à ce que le sujet à photographier se trouvât toujours en regard d'une des faces planes du globe. On sait en effet que les globes de pendules présentent dans leur partie moyenne deux faces à peu près parallèles.

Ce récipient ainsi disposé était immergé à l'une des extrémités du bac, en avant de l'écran choisi. Après y avoir enfermé l'animal, j'avais soin de fermer, mais incomplètement, la partie supérieure du globe, à l'aide d'une plaque de verre, de manière à maintenir une communication constante entre l'intérieur du récipient et le reste de l'aquarium.

Dans ces conditions, il est bien rare que l'animal n'adopte pas une position de repos, pendant laquelle il est facile d'opérer, et, de cette façon, la photographie d'un animal agile est ramenée au cas précédent.

Dans un aquarium de moyenne taille, on peut toujours disposer l'animal de manière à fournir une bonne image. Les conditions d'éclairage du reste de la salle peuvent être négligées, puisqu'on peut isoler le bac sur lequel on opère à l'aide de voiles appropriés. Les réflexions qui se produisent à la surface du verre sont évitées. Enfin la mise au point n'est pas nécessaire, et l'appareil est toujours réglé pour la vision nette, à condition qu'on adopte un diaphragme assez petit.

Ces essais ont été faits sans le secours de la lumière artificielle ; ce mode opératoire me paraissait avoir, en effet, un grave inconvénient : Malgré toutes les précautions prises, la lumière ne pénètre qu'incomplètement dans l'intérieur du récipient contenant de l'eau de mer ; il se produit des réflexions sur les glaces de l'aquarium qui nuisent à la netteté de l'image. En un mot, la chambre où l'on opère est sensiblement mieux éclairée que l'animal que l'on veut photographier.

Depuis ces expériences, M. Fabre-Domergue paraît avoir tourné heureusement la difficulté, et je vais reproduire ici la description du dispositif qu'il emploie, dispositif qui est appelé à rendre des services à beaucoup de naturalistes [1] :

« Dans un aquarium rectangulaire de 70 centimètres de longueur sur 50 centimètres de largeur et autant de profondeur, je fais arriver, dit l'auteur, un courant d'eau filtrée à travers une petite poche de flanelle. Le trop-plein de l'aquarium est réglé de manière à maintenir le niveau de l'eau à 1 ou 2 centimètres au-dessous du bord supérieur. Sa face postérieure est garnie extérieurement d'un écran peint en gris, formant le fond du paysage.

« Dans le vase ainsi disposé, je place un fond de

---

[1] Fabre-Domergue, *Photographies d'aquarium* (*Photo-Gazette*, 8ᵉ année, n° 8, 1898).

graviers et de roches couvertes d'algues, préalablement bien lavés, sous un filet d'eau.

« Le tout est arrangé, aussi naturellement que possible, de façon à former un petit paysage aquatique en harmonie avec les mœurs des animaux que l'on se propose de photographier. Ceux-ci sont alors introduits dans l'aquarium, et le courant d'eau étant bien réglé, le tout est laissé au repos pendant quelques heures, de façon à donner à la population le temps de s'acclimater à sa nouvelle demeure.

« Bien que, dans des conditions favorables, on puisse essayer d'utiliser pour ces reproductions la lumière directe du soleil, j'ai dû, par suite de la disposition de mon aquarium, renoncer à m'en servir. J'ai donc eu recours à l'éclair magnésique.

« Au-dessus de l'aquarium et reposant exactement sur ses bords, on dresse une boîte en bois mince, formée de trois côtés, un antérieur et deux latéraux, d'une hauteur égale ou un peu supérieure au récipient. C'est à l'intérieur de cette boîte, le plus près possible de la surface de l'eau et dans des positions variables, que l'éclair magnésique doit se produire. Pour cela, la paroi antérieure est percée d'un trou dans lequel glisse à frottement doux une tige de fer terminée par un anneau où se trouve enchâssé un godet de métal.

« En poussant plus ou moins la tige, on peut amener le godet soit vers la face antérieure, soit vers le milieu, soit vers la face postérieure de l'aquarium.

« Ce godet doit être assez grand pour éviter la projection des particules magnésiques dans l'eau au moment de la combustion. L'intérieur de la caisse est peint en blanc à la colle, de façon à former réflecteur.

« On peut allumer la poudre magnésique mélangée de chlorate de potasse et posée sur une couche de coton-poudre, soit au moyen d'une longue mèche se rendant à l'extérieur, soit, ce qui vaut mieux, au moyen de l'étincelle d'induction d'une bobine Ruhmkorff. Dans le premier cas, il convient de ne procéder à l'allumage que par l'intermédiaire d'une bougie-tige, au bout de laquelle est fixé un tampon imbibé d'alcool, afin d'éviter d'effaroucher les animaux.

« Une soucoupe pleine d'alcool et une bougie allumée sous l'aquarium permettent d'effectuer la manœuvre sans bouger.

« L'avantage de l'éclairage par la surface de l'eau s'explique aisément : d'abord il permet d'éviter les réflexions de la lumière sur les parois extérieures de l'aquarium et, de plus, en raison de la marche des rayons dans les milieux liquides, ces rayons se trouvent concentrés dans le récipient, qui apparaît comme une masse uniformément éclairée, mais douée d'un pouvoir rayonnant relativement faible.

« Il ne reste plus qu'à installer convenablement l'appareil photographique bien en face de l'aquarium, à découvrir la glace, à armer l'obturateur pour la pose et à se munir de patience.

« En dehors des espèces fixées, en effet, les animaux aquatiques ne se placent pas toujours au gré de l'opérateur. Certains sont animés de mouvements très vifs ; il en est, au contraire, qui se terrent sous les pierres, se tapissent contre le fond et ne sont pas moins difficiles à saisir.

« D'autre part, l'éclair magnésique est loin d'avoir une instantanéité suffisante pour permettre de fixer l'image d'un corps en mouvement avec la réduction de 4 à 10 diamètres que nous désirons obtenir. D'où la nécessité d'attendre que les habitants de l'aquarium soient calmes, nagent avec lenteur et qu'ils soient, de plus, convenablement groupés.

« La réussite, ici, est entièrement subordonnée à

la patience et à l'esprit d'à-propos de l'opérateur.

« Le mieux est de s'asseoir commodément à côté de l'appareil, de tenir d'une main la poire de l'obturateur, de l'autre l'appareil d'allumage; quand on juge le moment opportun, d'un premier mouvement, on découvre l'objectif, et, presque en même temps, on allume le magnésium. L'éclair se produit, on referme l'objectif d'une nouvelle pression sur la poire, et l'opération est terminée. Le développement s'effectue par les moyens habituels.

« L'impression causée par l'éclair magnésique sur les Poissons est extrêmement vive, mais le mouvement réflexe qui en est la suite est assez lent à se manifester, car, bien qu'en proie à une folle terreur, ils se précipitent tête baissée sur le fond; je n'ai jamais eu, de ce fait, le moindre insuccès.

« L'éclair est éteint avant que le réflexe n'ait commencé à se produire. Si, par contre, au moment où jaillit la lumière, un des animaux se meut avec trop de rapidité, il ne donne souvent qu'une image floue qui gâte le cliché. Telle est même la principale difficulté de ce genre de reproduction.

« La condition idéale serait évidemment de faire coïncider l'ouverture de l'obturateur, armé pour une instantanéité convenable, avec l'éclair magnésique, dont on n'utiliserait ainsi qu'une partie de la durée; mais je n'ai encore pu réaliser le dispositif nécessaire pour avoir le synchronisme des deux mouvements. »

M. Fabre-Domergue a bien voulu me communiquer quelques-unes des belles épreuves obtenues; elles ne laissent rien à désirer au point de vue du modelé et de la netteté des animaux photographiés. On sent que les Poissons, au moment où l'image s'est fixée sur la plaque, étaient, si l'on peut employer une pareille expression, plongés dans un véritable bain de lumière.

Je n'ai pas encore expérimenté par moi-même le procédé de M. Fabre-Domergue, mais je suis persuadé qu'en l'utilisant avec le dernier appareil de photographie sous-marine on obtiendrait des résultats remarquables.

Il faudrait, pour que la réussite fût complète, avoir à sa disposition un bac de grande envergure, de plusieurs mètres de longueur, où l'image photographique pourrait reproduire un champ très étendu.

CHAPITRE XVII

GROSSISSEMENT DES OBJETS DANS L'EAU

Les objets que représente la plaque photographique conservent-ils, quand on les place à la même distance, les mêmes dimensions apparentes dans l'eau que dans l'air ? En un mot, l'objectif voit-il sous le même diamètre apparent des objets placés à la même distance de lui, soit dans l'air, soit dans l'eau ?

Quand on descend en scaphandre, on est frappé de ce fait, que la dimension des objets s'exagère. On voit plus grand que nature : une Astérie qui paraissait de très forte taille au moment où on l'a recueillie au fond de l'eau semble avoir diminué de volume lorsqu'on l'examine ensuite à l'air libre.

Ce fait frappe tous les observateurs qui descendent pour la première fois en scaphandre, et ils sont portés à l'attribuer à la convexité des verres qui garnissent le casque du scaphandrier.

C'est là une erreur, car les glaces qui sont vissées dans le casque sont parfaitement planes et ne peuvent en aucun cas jouer le rôle de lentilles ; le grossissement dont il s'agit a une origine toute différente.

Quand un observateur placé dans l'air regarde le fond de l'eau, il voit toujours ce fond relevé. C'est là un phénomène identique à celui qui frappe le scaphandrier.

L'objectif placé dans l'eau est-il soumis à la même illusion que le scaphandrier, et voit-il, comme lui, les corps immergés plus gros qu'ils ne paraissent dans l'air?

Il suffit d'examiner les clichés après la pose pour comprendre que la réponse ne saurait être douteuse. Oui, réellement l'objectif fonctionne comme s'il voyait les objets plus gros que dans l'air.

Un raisonnement simple permet de se rendre compte de cette anomalie.

Si le scaphandrier voit les objets, si l'objectif les reproduit plus gros qu'ils ne le sont en réalité, cela tient au rapprochement apparent des objets dans l'eau.

Pour s'en rendre compte, il faut se rappeler tout d'abord les conditions dans lesquelles est placé l'objectif que nous supposons immergé.

Cet objectif est placé dans l'intérieur d'une boîte étanche, au milieu d'une atmosphère confinée, constituée par l'air emmagasiné dans l'appareil. Quoique immergé, il n'est pas en réalité dans l'eau et reste toujours plongé dans le milieu air.

Les rayons qui proviennent des corps placés dans l'eau et dont il fournit l'image sont obligés, pour arriver à l'objectif, de traverser d'abord la couche d'eau, puis la couche d'air interposée entre l'objectif et la paroi de la glace. L'épaisseur de celle-ci est d'ailleurs négligeable.

Le scaphandrier se trouve placé dans les mêmes conditions que l'objectif; ses yeux sont dans l'intérieur du grand casque en cuivre rempli d'air par le jeu de la pompe. Il aperçoit les objets à travers la glace qui le sépare de l'eau.

Les rayons qui viennent impressionner sa rétine doivent, comme dans le cas précédent, traverser la couche d'eau, puis la lame d'air interposées entre ses yeux et les objets qu'il regarde.

Dans de pareilles conditions les objets apparaissent plus rapprochés et par suite grandis. Le calcul le montre clairement.

Voici, en effet, la formule qu'on obtient, et qui s'applique au cas de l'appareil photographique aussi bien qu'à l'œil du scaphandrier.

Si l'on désigne par p' la distance apparente de l'objet à la plaque de verre qui limite l'appareil et par p la distance réelle de l'objet à la lame de verre; si l'on désigne par i l'angle d'incidence sur la lame de verre des rayons venant de l'objet, enfin par n l'indice de réfraction de l'air par rapport à l'eau $\left(n = \dfrac{1}{1.34}\right)$, la valeur du rapport $\dfrac{p'}{p}$ peut être déduite de la formule suivante :

$$\frac{p'}{p} = \sqrt{1 - \frac{1 - n^2}{\cos^2 i}}.$$

On doit remarquer d'autre part que pour les rayons sensiblement normaux, c'est-à-dire pour le milieu du cliché, l'angle d'incidence i égale 0. On a donc :

$$p' = \frac{1}{1.34} p.$$

En prenant une longueur donnée comme exemple, on trouve, à l'aide de cette formule, qu'un objet placé à 3 mètres de l'appareil se comporte, au point de vue optique, comme s'il était placé seulement à $2^m,24$. Son diamètre apparent se trouve donc augmenté dans la même proportion, et l'on a ainsi vérifié, par la théorie, l'anomalie, au premier abord singulière, que nous avons signalée plus haut dans le cas du scaphandrier.

Il faut tenir compte de ce phénomène, dans la mise au point des objets avec l'appareil photo-sous-marin, et c'est pour cette raison que nous avons dû procéder à un réglage préalable spécialement approprié à ce cas spécial.

Nous avons indiqué la méthode que nous avons suivie dans un chapitre spécial consacré à la graduation de l'appareil et à la mise au point sous l'eau. Nous n'avons pas à y revenir ici, mais ce qu'on doit retenir cependant, c'est que *la mise au point pour une même distance est très différente selon que l'on opère à l'air libre et dans l'eau.*

CHAPITRE XVIII

LA COULEUR DE L'EAU ET LA PHOTOGRAPHIE DANS L'EAU DOUCE

Les premières épreuves que j'essayai de prendre sans lumière artificielle avec le premier appareil photo-sous-marin me causèrent une grande déception.

Les plaques à peine impressionnées par la lumière venue des objets immergés étaient uniformément voilées, comme si l'action lumineuse s'était produite également sur toute leur étendue.

Dans ces conditions, les paysages que j'essayais de reproduire ne donnaient qu'une silhouette extrêmement vague et tout à fait insuffisante.

J'avais beau varier le procédé, changer la durée de la pose, employer des plaques très sensibles ou des plaques dites isochromatiques, le résultat était invariablement le même, et le voile uniforme continuait à enlever toute netteté aux images.

Je commençais à désespérer de vaincre cette première difficulté, lorsque j'eus l'idée de placer en avant de l'objectif, dans l'intérieur de la boîte étanche, des verres colorés.

Depuis longtemps déjà, dans la photographie aérienne, on a songé à employer des plaques vitreuses, diversement colorées. Leur adjonction donne, dans certains cas, de bons résultats.

Pour les raisons que nous avons exposées dans la première partie, quand on a, par exemple, à reproduire des masses d'un feuillage fortement coloré en vert, il y a avantage à interposer devant l'objectif une plaque colorée en vert. Le feuillage, au lieu de se montrer alors sur le cliché avec l'aspect de masses noirâtres d'un ton uniforme, s'éclaircit, se détaille et présente même un certain relief.

Les rayons provenant des objets diversement colorés, autres que les feuilles, sont affaiblis en traversant la plaque de verre, et les rayons émis par des masses vertes conservent au contraire en grande partie leur intensité; en prolongeant la pose on obtient ainsi une représentation beaucoup plus détaillée dans la gamme du vert.

La connaissance de ce fait m'engagea à essayer tout d'abord l'emploi de plaques vertes.

J'espérais ainsi obtenir une image plus nette des algues, qui contiennent en abondance le principe vert de la chlorophylle.

Le résultat, sans être aussi mauvais que précédemment, ne fut pas cependant entièrement satisfaisant.

Le contour des objets était sensiblement plus net que dans les expériences antérieures, mais le voile continuait à subsister. J'essayai alors toute une série d'autres couleurs, et ainsi que l'avait prévu théoriquement un physicien à qui j'avais soumis cette difficulté, ce fut le bleu qui me donna de beaucoup les meilleurs résultats.

En interposant devant l'objectif une plaquette bleue parfaitement homogène, j'arrivai à reproduire, sur une série de clichés, l'image des objets avec des contours parfaitement nets, et une grande finesse de détails. Le voile était tout à fait supprimé, au moins dans les premiers plans.

Il subsiste, en effet, dans les derniers plans de

l'épreuve, un léger flou qu'il m'a toujours été impossible de faire disparaître complètement et qui donne, du reste, l'impression d'un milieu plus dense que l'air.

De l'emploi des verres colorés, il semble résulter un fait intéressant :

L'eau, si elle n'a pas une couleur propre, joue en tout cas le rôle d'un milieu coloré. Que cette coloration soit intrinsèque ou extrinsèque, peu importe au point de vue de la photographie sous-marine ; mais la suppression du voile par certains verres de couleur montre bien que tout se passe comme si cette coloration de l'eau existait réellement.

L'eau de mer à Banyuls se comporte, par rapport à la plaque sensible, comme le ferait un milieu coloré en vert.

Telles sont les conclusions auxquelles j'étais arrivé lors de mes premiers essais ; j'ai été amené à les modifier depuis à la suite de nouvelles expériences et à reconnaître que la couleur intrinsèque de l'eau, si elle existait réellement, était négligeable pour l'obtention de bonnes épreuves instantanées.

Il suffit, nous l'avons indiqué dans un chapitre précédent, de préserver *l'objectif*, à l'aide d'un abat-jour, pour que l'image des objets apparaisse ensuite sans voile.

La couleur de la couche d'eau interposée entre les limites où l'on opère n'a donc pas d'influence sensible sur le résultat.

Il est cependant intéressant de répondre à cette question, l'eau est-elle réellement colorée ?

Les expériences de laboratoire et en particulier celles de Bunsen paraissent le démontrer scientifiquement.

Bunsen prenait un tube de zinc de 5 à 6 mètres de longueur et de 3 à 5 centimètres de diamètre. Les extrémités du tube étaient fermées par des lames de verre bien transparentes. Pour rendre sensible à la rétine l'impression de la couleur de l'eau, un écran blanc était placé à l'extrémité du tube rempli au préalable d'eau chimiquement pure. Dans ces conditions, l'eau paraît avoir une belle couleur bleue.

Ceci s'explique facilement si l'on tient compte des expériences de Hufner et Albrecht de Tubingen[1], qui ont montré par l'étude du spectre qu'une colonne d'eau de $1^m,80$ ne laisse passer que

0,49 du rouge,
0,62 de l'orange,
0,81 du jaune,
0,92 du vert,
0,95 du bleu.

Quand de la lumière blanche traverse une assez grande épaisseur d'eau, on doit donc avoir une coloration bleue.

Mais ceci ne s'applique qu'aux eaux chimiquement pures ou aux eaux tenant en solution des substances minérales incolores.

La Méditerranée paraît être dans ce cas, elle est ordinairement d'un bleu profond et semble confirmer les données des expériences de laboratoire. Vogel a fait d'ailleurs l'étude spectroscopique de la couleur des eaux de la grotte d'Azur à Capri dans le golfe de Naples et le résultat a été le même que celui obtenu à l'aide du tube de Bunsen.

Cependant tous ceux qui ont navigué en Méditer-

[1] *Ann. der Physik u. chimie*, XLII, Leipzig, 1891.

ranée, notamment dans le voisinage du cap Creus, savent fort bien que l'on traverse parfois des courants de couleur fort différente, parfois même d'un jaune sale.

Même dans la Méditerranée, toute l'eau n'a pas la couleur bleue, et là où elle est adultérée par une cause quelconque, sa couleur peut varier, ainsi que je l'ai maintes fois observé dans la baie de Banyuls.

Remarquons en passant que ces teintes diverses ne sont pas dues à la couleur du ciel, ni du fond, au moins dans le cas des courants que je signalais tout à l'heure; ces courants se trouvent au-dessus de profondeurs de 700 à 800 mètres, et leur couleur persiste sous le plus beau ciel, alors que l'eau bleue réapparaît dès que l'on franchit la limite du courant.

Ce résultat est confirmé d'ailleurs par les études de laboratoire; si, au lieu de mettre dans le tube de Bunsen de l'eau chimiquement pure, on le remplit avec une eau quelconque, on peut obtenir, selon les cas, des teintes variées verdâtres, jaunâtres ou orangées.

Dès 1847, Bunsen attribuait la couleur verte des eaux de certains lacs à des particules jaunâtres en suspension dans le liquide.

En 1848, notre illustre chimiste Henri Sainte-Claire Deville attribuait la couleur verte à une substance colorée dont le résidu, après évaporation, avait une couleur jaune brunâtre.

Enfin, en 1860, Wittstein semble s'être rapproché de la cause la plus fréquente des colorations observées en l'attribuant à un mélange de substances organiques en solution.

Tel paraît être, en effet, le motif de la coloration des eaux de l'Océan ou de la Manche.

En est-il de même pour les eaux douces ?

Récemment, M. le professeur Pruvot a donné dans l'*Année biologique* un exposé magistral de la question que je vais reproduire en partie avant d'envisager la question intéressante de la photographie en eau douce.

« La couleur de l'eau des lacs, dit-il, est aussi liée, dans une certaine mesure, à la vie organique.

« Elle varie du bleu presque pur (lacs de haute montagne) au vert (lacs de Neufchâtel, de Constance), au jaune (lacs du Jura), et au brun noirâtre (lacs de l'Allemagne du Nord, lochs d'Écosse).

« L'eau chimiquement pure est d'un bleu d'azur parfait (Bunsen)[1]. Mais Spring[2] a montré que, conservée à l'air, elle ne tarde pas à virer au vert, ce qui a lieu sous l'influence des organismes qui s'y développent, car le changement de coloration n'a pas lieu si on ajoute à l'eau un dix millième de bi-chlorure de mercure, qui suffit à empêcher leur développement.

« On a constaté du reste, dans certains lacs, parfois une coloration verte plus marquée que d'habitude, coïncidant avec une richesse plus grande des eaux en plancton.

« Mais la cause principale de la coloration verte réside dans les alluvions impalpables tenues en suspension.

« Spring[3] a constaté que des particules solides, même incolores, communiquent à l'eau une teinte jaune qui, combinée avec le bleu primitif, produit les eaux vertes. Et par contre des alluvions rougeâtres formées d'oxyde de fer peuvent neutraliser la teinte verte et rendre les eaux en apparence incolores.

« Les eaux franchement jaunes au contraire sont dues

---

[1] B. Bunsen, « Pseudo vulkanische Erscheinungen Islands » (*Ann. chim. u. Pharmac.*, 1847, LXII, 44).

[2] W. Spring, « Sur l'origine des phénomènes de coloration de l'eau de mer et de l'eau des lacs » (*Bull. Acad. roy. Belgique*, 1886, XII).

[3] W. Spring, 5ᵉ *Cong. internat. Hydrol. Climat. et Géol. médic.* Liège, 1898.

surtout aux matières organiques dissoutes, acides humique, ulmique, etc., des tourbières qui bordent le rivage.

« Ces causes de coloration sont en même temps capables de réagir sur la population des eaux soit en lui fournissant des matériaux nutritifs, soit en modifiant la pénétration de la lumière, car il a été reconnu que, toutes conditions égales d'ailleurs, les eaux vertes sont moins perméables à la lumière que les eaux bleues et que les eaux jaunes le sont encore moins.

« On apprécie la couleur des lacs, en comparant leurs eaux examinées verticalement à l'abri d'un voile noir avec des solutions titrées, contenues dans des tubes de verre fermés à la lampe qui forment les xanthomètres de Forel et de Ule.

« La gamme de Forel [1] est obtenue par l'addition, en *proportions croissantes, d'une solution de sulfate de* chromate neutre de potasse à 0,5 0/0 à une solution de sulfate de cuivre ammoniacal (sulfate de cuivre, 0,5 ; ammoniaque, 2,5 ; eau, 97).

« Les proportions de la solution jaune de chromate sont les suivantes :

	pour 100
I	0
II	2
III	5
IV	9
V	14
VI	20
VII	35
VIII	27
IX	44
X	54
XI	65

« Les lacs de teinte I à IV sont dits lacs bleus ; ceux de

[1] Forel, *le Léman*, II, 463.

V à VIII, lacs verts, et ceux de teinte IX-XI, lacs jaunes. Souvent on les désigne dans les ouvrages simplement par leur numéro en chiffres romains.

« Pour les lacs dont la couleur est plus brunâtre, on emploie la gamme de Ule[1], qui a pour point de départ la teinte XI de Forel[2], à laquelle on ajoute une solution de sulfate de cobalt à 0,5 0/0 en quantité croissant suivant la même progression.

« Ainsi, pour obtenir la teinte XII, on verse dans la teinte XI; 2 0/0 de la solution de cobalt la teinte XIII en renferme 5 0/0; la teinte XIV, 9 0/0; la teinte XXI, la dernière, en contient 65 0/0. »

L'exposé précédent, emprunté à M. Pruvot, montre que l'eau des lacs est en général moins pure que l'eau de mer. Dans l'un des chapitres suivants, nous verrons que la pénétration des rayons lumineux, qui paraît en grande partie liée à la pureté des eaux, est moindre dans l'eau douce.

Peut-on cependant songer à prendre des photographies en eau douce?

J'en suis persuadé, quoique je n'aie pas fait d'expérience directe.

Je crois même que, dans beaucoup de cas, on obtiendra des clichés curieux et instructifs. Peut-être le champ photographique sera-t-il un peu plus restreint que dans le milieu eau de mer, où il est déjà trop limité, qu'importe! Ces paysages des lacs d'eau douce avec leurs végétations remarquables, les animaux aux mœurs curieuses, fourniront, je n'en doute pas, de très intéressants clichés.

C'est une voie toute nouvelle qui est ouverte, puis-

---

[1] W. ULE, *Die Bestimmung der Wasserfarbe in den Seen-Peter-Mittheil.*, 1892-70.

[2] F.-A. FOREL, *le Léman*, II, 587.

qu'aucun document ne nous renseigne d'une façon précise à cet égard, j'espère qu'elle tentera quelques-uns de mes lecteurs.

L'appareil photographique actuel pourra s'appliquer, je crois, sans autre modification que le changement de graduation, l'indice de réfraction de l'eau douce et de l'eau de mer étant un peu différent.

CHAPITRE XIX

LIMITES QU'ON PEUT CHERCHER A ATTEINDRE DANS LA PHOTOGRAPHIE SOUS-MARINE

LIMITE EXTRÊME
DE LA PÉNÉTRATION DES RAYONS LUMINEUX DANS L'EAU

Quand on photographie un paysage à l'air libre, la profondeur des derniers plans est presque indéfinie.

Si le temps est clair, on peut obtenir, avec quelques précautions, des images jusqu'aux limites extrêmes de l'horizon.

La courbure de la terre est le seul obstacle qui s'oppose à la reproduction d'horizons plus lointains et si une chaîne de montagnes très élevée, mais placée cependant au-delà des limites ordinaires, se trouve en face de l'observateur, rien n'empêche de la reproduire avec ses principaux détails.

Les photographies sidérales, qui maintenant sont d'une pratique courante dans nos observatoires, nous montrent que la limite à laquelle peut atteindre l'objectif peut être dans l'air poussée jusqu'à l'indéfini.

Dans la photographie sous-marine, les conditions ne sont plus les mêmes.

Une plaque sensible, quand elle est immergée à une très grande profondeur, se comporte comme dans l'obscurité et n'est nullement impressionnée ; on ne peut songer à changer ce résultat qu'en faisant intervenir à cette profondeur une source nouvelle de lumière.

Ce fait suffit à nous indiquer qu'il existe une limite extrême que l'on ne peut dépasser dans la reproduction d'un paysage sous-marin.

Alors même qu'on opère à une faible profondeur sous l'eau, la plaque ne peut donner des images nettes que dans des limites restreintes, au maximum à une centaine de mètres.

Nous prendrons un exemple pour bien faire comprendre notre pensée.

Soit un objet, un rocher, par exemple, situé à 10 mètres de profondeur et à 100 mètres environ de l'objectif.

Ce rocher va être fortement éclairé par les rayons normaux venus du soleil et qui n'ont à traverser qu'une couche d'eau de 10 mètres ; mais, pour que la plaque puisse être impressionnée, le rocher doit envoyer des rayons lumineux vers l'objectif.

Ces rayons ont maintenant à traverser une couche d'eau épaisse de 100 mètres, puisque nous avons supposé que telle était la distance entre le rocher et l'appareil photographique. Ils seront donc absorbés en grande partie avant d'atteindre l'objectif ; ils ne pourront impressionner la plaque, et l'image du rocher ne pourra être obtenue dans ces conditions, pour les raisons que nous avons données dans la Ire partie, page 56.

On voit par cet exemple combien faible doit être la limite de la profondeur que peuvent atteindre les derniers plans dans la photographie sous-marine.

En réalité, les limites sont encore plus restreintes. Quand on photographie dans l'air, l'état de l'atmosphère est loin d'être indifférent ; s'il existe de la vapeur d'eau sous forme de brouillard, si même les diverses couches aériennes ne sont pas homogènes et ont des densités différentes par suite de variations dans la température, les derniers plans deviennent confus.

Ces causes d'erreurs sont plus fréquentes et plus accentuées dans le milieu eau ; au lieu de brouillard, nous constatons souvent la présence de particules organiques provenant de décomposition des matières végétales. Elles jouent le rôle d'écran et empêchent une impression nette des objets.

La différence de densité entre les diverses couches aqueuses est aussi très facile à constater. Elle provient non seulement des variations de la température sous l'influence des courants de fond ou de surface, mais aussi de la différence de composition du milieu. Il ne faut pas oublier en effet que l'eau de mer contient en dissolution un certain nombre de sels, et que le degré de saturation des diverses couches liquides varie dans des proportions relativement considérables.

Il y a donc là toute une série de causes secondaires qui contribue à rendre vague le contour des objets et à restreindre le champ, déjà si borné, de la photographie sous-marine.

Nous avons vu plus haut que l'horizon photographique était limité par l'absorption des rayons lumineux dans l'eau.

Il est donc intéressant de se demander quelles sont les limites extrêmes de la pénétration des rayons lumineux dans l'eau de mer?

Nous ne connaissons qu'une expérience pouvant nous renseigner à cet égard, c'est celle qui a été faite par MM. Fol et Sarasin au large de Villefranche (Alpes-Maritimes).

Pour obtenir plus de précision dans les résultats, ces savants ont utilisé des plaques à l'iodo-bromure d'argent dont la sensibilité est extrême, puisque la lumière des étoiles suffit, après une exposition d'une minute, pour laisser une trace appréciable.

Leurs appareils étaient constitués par une corde sonde, le long de laquelle étaient appendus à des hauteurs successives des châssis automatiques fort ingénieusement compris.

Quand le plomb appendu à l'extrémité de la corde touchait le fond, les châssis s'ouvraient automatiquement, et dès qu'on soulageait la corde, les châssis se refermaient. On pouvait donc mesurer exactement la durée de l'exposition de la plaque qui était indiqué par le temps pendant lequel le plomb était resté en contact avec le fond.

L'obscurité absolue n'a été trouvée par les opérateurs qu'au-delà de 400 mètres.

Cette première expérience, très intéressante, mériterait d'être précisée par de nouvelles recherches, car il reste encore bien des questions qui n'ont pas reçu de solution précise, telle, par exemple, pour n'en citer qu'une, que la limite de pénétration dans l'eau des différents rayons.

Telle quelle cependant, elle suffit pour nous montrer que la pénétration des rayons lumineux est plus grande dans l'eau de mer que dans l'eau douce.

M. le professeur Pruvot a magistralement résumé la question dans l'*Année biologique*, et je ne puis mieux faire que de citer encore une partie de son intéressant exposé.

« La transparence des eaux des lacs, dit-il, est beaucoup moindre que celle de la mer au large. Cela tient à ce que les affluents y déversent une eau toujours chargée en quantité appréciable de matières en suspension qui, en raison des dimensions relativement faibles des lacs, sont répandues par les courants dans toute la masse. On conçoit donc que la transparence est d'autant plus faible que le lac est moins profond et qu'il est alimenté par des affluents plus chargés de troubles, par des eaux torrentielles ou des eaux glacières particulièrement.

« La transparence se mesure ordinairement, de même que dans la mer, par la profondeur où cesse d'être visible le disque de Secchi. La commission genevoise, instituée pour étudier les questions relatives à la pénétration de la lumière dans le lac Léman, l'a déterminée [1] également par la distance où disparait à la vue un corps éclairant immergé, soit verticalement, soit horizontalement, la lumière étant dans ce dernier cas observée à l'aide d'un miroir éclairé à 45°.

« Les chiffres concordent à peu près exactement en tenant compte que dans la méthode du disque il faut doubler la distance, puisque, pour revenir à notre œil, le rayon lumineux à fait un trajet double dans l'eau.

« Ainsi la limite de visibilité observée le 15 mars 1886 dans le lac Léman était $18^m,30$ pour le disque de Secchi, $36^m,71$ pour une lampe Edison de sept bougies plongée verticalement et $39^m,75$ pour la même lampe observée horizontalement. La limite augmente un peu avec l'intensité de la source lumineuse, mais pas proportionnellement à cette intensité.

« Des observations suivies n'ont été faites encore que sur un petit nombre de lacs. Les extrêmes dans la transparence mesurée à l'aide du disque et toujours au-dessus de la plaine centrale sont pour le lac du Bourget $5^m,70$ et $10^m,50$, pour le lac d'Annecy $6^m,30$ et 13 mètres [2], pour le lac Léman 4 mètres et 21 mètres [3]. Quoique ce dernier soit un des lacs les plus transpa-

---

[1] Recherches sur la transparence des eaux du lac Léman, etc. (*Mém. Soc. phys. et hist. nat. de Genève*, XXIX, n° 11, 1887).
[2] A. DELEBECQUE, *les Lacs français*, p. 179.
[3] F. A. FOREL, *le Léman*, II, p. 423.

rents d'Europe, si on excepte quelques lacs de haute montagne, son maximum n'est encore que la moitié à peine de la transparence des eaux de la Méditerranée au large.

« A l'inverse de ce qui a été reconnu pour les eaux marines[1], la visibilité du disque dans les lacs n'est pas influencée par la hauteur du soleil au-dessus de l'horizon, par l'état clair ou couvert du temps, par l'observation faite à l'ombre ou au soleil.

« C'est qu'ici la disparition de l'objet n'est pas causée seulement par l'absorption des rayons lumineux, comme dans une eau pure, mais aussi et surtout par l'écran formé par les matières en suspension, au moment où cet écran devient continu, par suite de la projection en plan horizontal des particules les unes sur les autres.

« C'est ce que prouve la disparition alors brusque et presque soudaine du disque, tandis qu'en eau pure, au contraire, son extinction est graduelle et insensible.

« La transparence est très variable suivant les saisons. Elle a dans le Léman son maximum en hiver (janvier et février) et son minimum en été (juillet) à l'époque où l'abondance des alluvions du Rhône est la plus grande, par suite de la fonte des neiges (Forel).

« La couleur des eaux exerce aussi une certaine influence, et la transparence est en général d'autant plus grande que le lac est plus bleu. Les lacs jaunes du Jura comptent parmi les moins transparents (Delebecque).

« Mais le degré de transparence ne peut pas servir, dans l'état actuel de nos connaissances, à apprécier la profondeur à laquelle s'arrêtent les rayons lumineux

---

[1] Secchi (in : A. Cialdi, Sul moto ondoso del mare, Rome, 1866) a déjà reconnu que, si le disque cessait d'être visible à $36^m,70$ quand le soleil était à $59°52'$ au-dessus de l'horizon, cette limite s'abaissait à $33^m,9$ pour une hauteur du soleil de $45°24'$ et à $24^m,5$ pour une hauteur de $25°43'$.

dans l'eau. Il y a certainement une relation entre ces deux phénomènes, mais nous sommes encore hors d'état de l'évaluer numériquement.

« C'est cette donnée pourtant qui a la plus grande importance au point de vue bionomique, car c'est sur elle qu'est basée la séparation entre la région abyssale aphotique et la région superficielle éclairée. Elle n'a été mesurée directement encore avec des plaques photographiques suffisamment sensibles que dans le lac Léman par Fol et Sarasin [1].

« La profondeur maxima à laquelle une plaque à l'iodo-bromure d'argent a été impressionnée a été trouvée comprise entre 192 mètres et 235 mètres, soit 200 mètres environ, c'est-à-dire la moitié de ce que les mêmes auteurs ont trouvé dans la Méditerranée. Le rapport est le même que pour la limite de visibilité du disque.

« Or nous avons considéré [2] qu'au point de vue pratique les effets de la lumière sur la végétation s'arrêtent bien avant cette limite d'obscurité absolue, et qu'à mi-chemin, vers 200 mètres, doit être placée la limite de la région supérieure côtière.

« Si le rapport est exact, cette limite, au-delà de laquelle s'étend la région abyssale, serait aussi la moitié, soit 100 mètres, dans le lac Léman. C'est à ce point (100 mètres) que Forel a trouvé en hiver la limite d'impressionnabilité pour le papier au chlorure d'argent ; elle est à 45 mètres environ en été [3]. »

On voit par ce résumé de M. Pruvot, sur les divers travaux publiés sur la matière, combien faibles sont les

---

[1] H. Fol et Ed. Sarasin, « Pénétration de la lumière du jour dans les eaux du lac de Genève. » (*Mém. Soc. phys. et hist. nat. de Genève*, XXIX, 1887.

[2] Voir *Année biologique*, II, 1896, 566.

[3] F.-A. Forel, *le Léman*, II, 436.

limites de pénétration des rayons dans l'eau. Nous ferons remarquer, cependant, que, si ces considérations montrent que l'horizon photographique sous-marin est beaucoup plus rapproché que dans l'air, il n'en est pas moins vrai qu'en utilisant une autre source lumineuse que le soleil et en l'immergeant en même temps que l'appareil photographique on peut, sans pour cela sortir des limites restreintes d'horizon que nous indique l'expérience, arriver à prendre des clichés à une profondeur quelconque.

Dans le chapitre suivant, nous allons montrer que l'obscurité n'est pas absolue au fond des mers, malgré l'absence des radiations solaires que nous pouvons emmagasiner à l'aide de la plaque sensible.

CHAPITRE XX

L'OBSCURITÉ ABSOLUE NE RÈGNE PAS PARTOUT AU FOND DES MERS

LES ANIMAUX LUMINEUX

Les observations que nous venons de noter dans le chapitre précédent montrent que dans les grandes profondeurs tous les rayons émanés du foyer solaire sont éteints et qu'il règne dans les abîmes une nuit que nous pouvons considérer comme le noir absolu.

Devant cette conclusion qui semblerait pourtant découler d'expériences bien conduites, les naturalistes au courant de la faune abyssale ne pourront s'empêcher d'émettre un doute. Non, même si les rayons solaires qui impressionnent les plaques photographiques ne parviennent pas dans les couches profondes de la mer, l'obscurité, au sens propre du mot, peut ne pas être absolue. Tout d'abord certaines vibrations que nos instruments ne savent pas enregistrer peuvent encore exister.

Ceci n'est qu'une hypothèse qui n'a que la valeur d'un doute, mais ce doute est justifié en face de notre ignorance actuelle sur ce qui se passe dans les abîmes.

Cette appréciation pourra paraître sévère, et l'on pourrait me faire remarquer que parler dans ce cas d'ignorance, c'est faire vraiment trop bon marché des efforts accumulés par des légions de naturalistes, et de toutes les découvertes qui ont enrichi les sciences naturelles depuis qu'ont été tentées les grandes expéditions scientifiques.

Quoique je ne méconnaisse nullement le mérite des découvertes déjà faites, je maintiens cependant le mot d'ignorance parce qu'il est juste et que sa justesse est prouvée précisément par certaines de ces découvertes.

Sans doute, on a fait de riches trouvailles, mais on peut se demander ce que nous réserve l'avenir, lorsque l'on constate que, non pas des animalcules microscopiques, mais des animaux de plus de 2 mètres de longueur, remarquables par des particularités étranges de leur organisation, ne sont encore connus qu'à l'état de débris informes :

L'extrait suivant d'une note présentée à l'Académie des Sciences par le savant professeur de Rennes, le Dr L. Joubin, le prouvera au lecteur :

« Pendant la campagne scientifique, dit M. Joubin, que S. A. le Prince de Monaco effectua durant l'été de 1895 dans les eaux des Açores, un Cachalot (*Physeter macrocephalus* Lacépède) fut capturé.

« Ce cétacé mesurait 13^m,70 de long.

« Au moment de mourir, l'animal rejeta plusieurs grands Céphalopodes qu'il venait seulement d'avaler, comme le prouve leur parfait état de conservation. Parmi eux on remarque trois grands exemplaires, longs de plus de 1 mètre, d'une espèce probablement nouvelle, du genre *Histioteuthis*, aussi peu connu qu'intéressant au point de vue morphologique. On recueillit, en outre, les corps de deux grands Céphalopodes dont il sera question plus loin.

« Lorsque, un peu plus tard, on ouvrit l'estomac du Cachalot, on le trouva rempli d'une quantité de débris d'autres Céphalopodes à demi digérés. Plusieurs d'entre eux sont en trop mauvais état pour être utilisés. Tous sont de très grande taille, et je n'estime pas à moins d'une centaine de kilogrammes le poids de tous ces Céphalopodes vivants.

« Les corps des deux grands Céphalopodes constituent une des nouveautés les plus intéressantes de la campagne scientifique de S. A. le Prince de Monaco.

« Leur structure et leur aspect les éloigne tellement de tout ce qui est connu chez ces animaux qu'il est impossible de les faire rentrer dans aucune espèce, genre ou famille de cet ordre. Je propose pour eux le nom de *Lepidoteuthis Grimaldii*, en espérant que la découverte d'exemplaires complets permettra de déterminer leurs affinités.

« L'un de ces animaux, à demi digéré, ne peut servir à l'étude; l'autre, dépourvu de tête, est beaucoup mieux conservé dans le reste du corps. C'est une femelle, dont le sac viscéral, après un séjour prolongé dans le formol et l'alcool, mesure encore 90 centimètres de long; on peut, d'après cette dimension, penser que l'animal complet devait dépasser 2 mètres.

« Le corps a la forme d'un cornet et porte une volumineuse nageoire ronde. La surface du sac est recouverte de grosses écailles rhomboïdales, saillantes, imbriquées, solides, et disposées en files spirales montant depuis la pointe jusqu'au bord palléal. Cela figure assez bien une gigantesque pomme de pin.

« La nageoire est très puissante; elle occupe près de la moitié de la longueur du corps; elle est dépourvue d'écailles. J'ai pu dégager de la paroi dorsale une longue plume cannelée dont les deux bords, libres en haut, sont soudés dans le quart inférieur en un cône aigu.

« Les écailles, dont le nombre dépasse plusieurs milliers, constituent au *Lepidoteuthis Grimaldii* une véritable cuirasse qui donne à l'animal un aspect étrange, rappelant certains poissons Ganoïdes, ou la carapace de divers fossiles.

« Aucun autre Céphalopode ne présente une semblable disposition tégumentaire.

« Chacune de ces écailles rhomboédriques repose sur un amas circulaire de petits chromatophores; la surface carrée supérieure est creusée d'une cupule de 3 à 5 millimètres de diamètre, renfermant des chromatophores, et recouverte d'une membrane ronde, convexe, probablement translucide sur le vivant, enchâssée comme un verre de montre entouré d'une rainure circulaire, dans le cartilage de l'écaille.

« Sur des coupes, on voit que ces écailles surmontent le plan musculaire dermique, et qu'elles consistent en un tissu transparent, spongieux, contenant un très grand nombre de fibres élastiques et des faisceaux musculaires; parmi ces derniers, on en remarque de circulaires faisant le tour de l'écaille et servant probablement à augmenter sa saillie.

« L'estomac du Cachalot contenait encore un autre Céphalopode de grande taille, pourvu d'une très grande nageoire, dont la peau renfermait quelques organes photogènes épars. La tête manque là aussi, ce qui empêche d'affirmer la nouveauté de l'espèce, que laisse prévoir la forme du corps.

« Enfin un grand nombre de gros becs et de plumes étaient encore contenus dans l'estomac du Cachalot.

« On peut signaler encore, ajoute le savant professeur de Rennes, dans une autre partie de cette communication, parmi ces débris, une énorme couronne tentaculaire d'un Céphalopode dont le corps n'a pu être retrouvé, appartenant vraisemblablement au genre *Cucioteuthis*, connu seulement par quelques fragments.

« Les bras musculeux qui la composent, et dont

chacun, bien que conservé, est presque aussi gros que celui d'un homme, étaient couverts de grandes ventouses, armées d'une griffe acérée, aussi puissante que celle des grands carnassiers. Il reste près d'une centaine de ces ventouses encore adhérentes au bras. »

Que de découvertes intéressantes nous font présager de pareils débris! Quand ces formes extraordinaires pourront-elles être extraites des profondeurs où elles s'abritent, hors de la portée des appareils actuellement utilisés par les naturalistes?

Cette trouvaille dans le ventre d'un Cachalot nous montre l'imperfection des instruments que nous employons.

L'estomac du Cachalot a mieux travaillé que la plus perfectionnée de nos dragues.

On ne peut évidemment songer à dresser à la chasse en grande profondeur des Cachalots de 13 mètres de long, comme certaines peuplades utilisent le Pélican pour la pêche du poisson. Il faut, en attendant mieux, se convaincre qu'il y a encore beaucoup à faire pour perfectionner nos instruments d'investigation et que nous sommes loin de connaître tous les habitants des abîmes.

Pouvons-nous, dans ces conditions, prétendre que nous savons exactement les conditions dans lesquelles vivent ces animaux?

Là encore, nous n'avons que quelques légers indices qui nous font soupçonner que leur genre de vie n'est nullement comparable à celui des animaux de surface.

Qu'on me permette de rappeler à ce sujet un souvenir personnel :

Il y a quelques années, avant de m'adonner à la photographie sous-marine, j'avais eu l'idée d'étudier méthodiquement la faune des grands fonds, qui se trouvent à portée du laboratoire Arago par le travers du cap Creus.

Au lieu de traîner au hasard la drague, je voulais

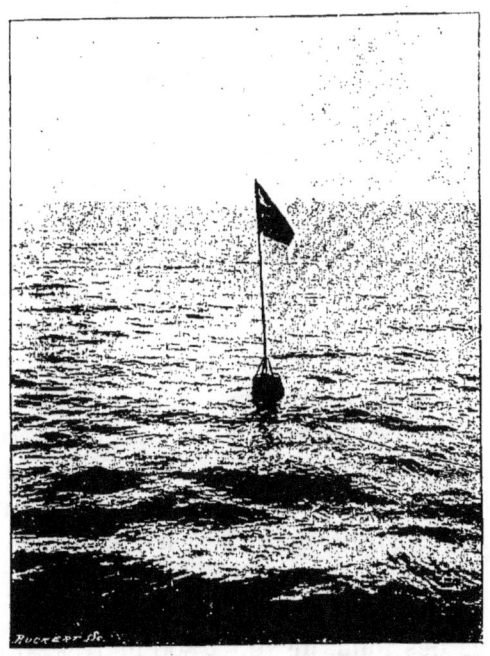

Fig. 46. — La bouée flotte en supportant les appareils immergés dans les grandes profondeurs.

placer au large une série de pièges que nous ne devions relever qu'à de longs intervalles.

M. de Lacaze-Duthiers, le savant directeur de la station, à qui j'avais communiqué mes projets, voulut bien favoriser ce travail et mettre à ma disposition le vapeur de la station pour réaliser le but que je poursuivais.

Au lever du jour, nous nous mettions en route jusqu'au cap Creus, puis nous allions au large, où j'immergeais, par 700, 800 mètres de fond, des nasses, des casiers et des palangres qui venaient se rattacher à une bouée (*fig.* 46) que nous abandonnions ensuite pour aller passer la nuit en Espagne, dans la petite baie de Port Ligat, où nous attendions, à l'abri du mistral, le résultat de la pêche.

Ce travail a malheureusement été interrompu trop tôt : Une tempête, qui dura plus de huit jours, emporta un beau matin tous nos engins ; je perdis du même coup tous nos appareils et les 1.500 mètres de corde qui les reliaient aux bouées ; mais avant ce jour néfaste qui mettait fin à mon entreprise, j'avais effectué plusieurs pêches fructueuses. Le résultat de l'une d'elle se trouve consigné fidèlement dans le cliché reproduit (*fig.* 47).

On y voit, entre autres, dix squales de belle taille qui pendent le long du drap blanc contre lequel on les a photographiés. Le lecteur a certainement remarqué leurs yeux énormes. Ce sont des Centrophores (*Centrophorus granulosus*) dont on ignorait l'existence dans ce coin de la Méditerranée et c'est à cause de ces animaux que j'ai rappelé les faits qui précèdent.

Voici des squales qui vivent au large du cap Creus, dans des fonds de 700 à 800 mètres ; il en existe une espèce voisine qu'on pêche couramment à Cétubal par 1.000 brasses de profondeur. Ils sont, si l'on en croit les expériences d'immersion des plaques photographiques rapportées plus haut, plongés dans le noir absolu, toutes les radiations solaires sont éteintes avant d'arriver jusqu'à eux, et cependant ils ont des yeux, non pas de petits yeux en voie de dégénérescence, mais des yeux énormes, gros comme des lanternes...

A quoi leurs yeux peuvent-ils leur servir ?

Il est bien peu probable que ce soit un simple ornement et que ces chasseurs voraces qui vivent de proie,

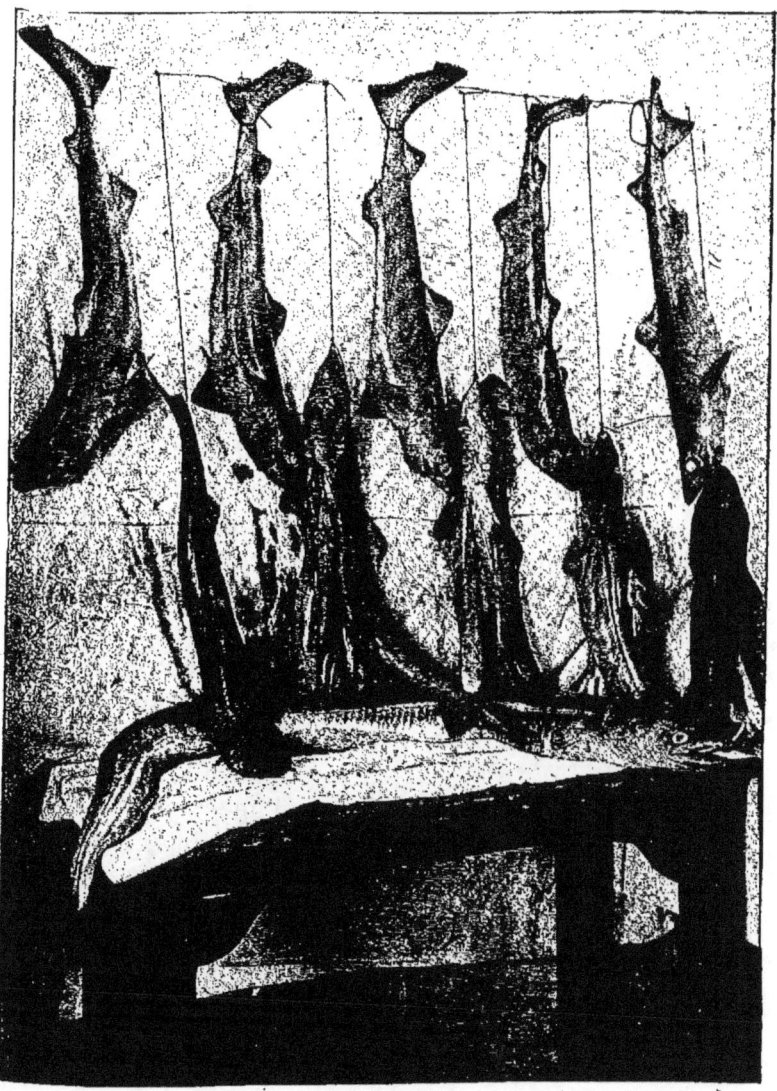

Fig. 67. — Résultat d'une pêche faite par l'auteur à 700 mètres de profondeur, au large du cap Creus.

comme tous les squales, n'utilisent pas ces deux gros organes visuels qui leur donnent une physionomie si singulière.

Il suffit de poser la question pour montrer combien il nous reste de choses à apprendre.

A ce premier point d'interrogation, combien d'autres viennent se joindre !

Au moment de l'invasion des sous étrangers, quand les caisses publiques ont refusé de recevoir cette monnaie douteuse, beaucoup de lecteurs ont dû remarquer dans les omnibus les conducteurs faisant la manœuvre suivante : Au moment de faire leur recette, le conducteur avisé entr'ouvrait sa veste et comptait sa monnaie à l'aide d'une petite lanterne sourde appendue le long de son gilet ; grâce à ce filet de lumière, il contrôlait l'effigie des pièces et pouvait faire entrer en confusion les clients indélicats qui essayaient d'écouler une pièce sans valeur ou démonétisée.

Eh bien ! certains poissons ont leur lanterne sourde. Tel, le *Halosarcropsis-Macrochir* capturé au sud des Açores par 1.372 mètres de fond et étudié par le Dr Richard[1].

Mais il ne se contente pas d'une seule lanterne sourde comme notre conducteur d'omnibus. A lui tout seul, il est plus illuminé qu'un candélabre et présente soixante-quatre écailles, munies de leur organe lumineux, protégé par une membrane.

Il n'y a pas du reste que les poissons qui éclairent ainsi les profondeurs de la mer. Chez les Céphalopodes, par exemple, nous trouvons encore des organes phosphorescents.

[1] Résultats des campagnes scientifiques accomplies par son Yacht, par Albert Ier, prince souverain de Monaco, publiés sous sa direction avec le concours de M. Jules Richard, docteur ès sciences, chargé des travaux zoologiques à bord, 1896.

Dès 1834, le vieux et savant naturaliste Verany envoyait au Muséum de Paris une pieuvre très remar-

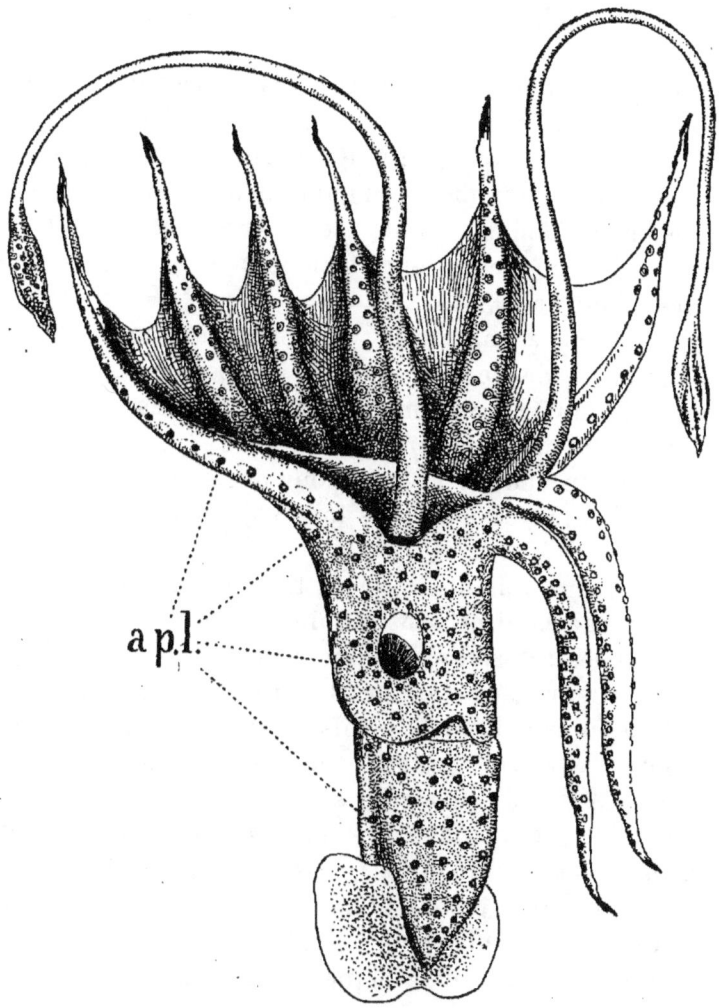

Fig. 48. — Céphalopode à appareils lumineux, d'après Férussac
(Dessin modifié par L. Joubin).

quable que Férussac décrivit sous le nom peu harmonieux d'*Histioteuthis Bonelliana* (fig. 48).

Si l'on en juge par la description de Férussac, cet animal a une livrée des plus riches lorsqu'il est vivant. Voici en effet, à peu près, les termes dans lesquels il le dépeint :

La couleur générale est rose clair passant au violet. Des points rouge-carmin très vif, les uns plus gros, les autres très petits, le colorent d'un rouge laque très brillant; la membrane qui entoure les bras est d'un très beau cramoisi velouté ; les bras sur la face interne sont de la même couleur, mais leur extrémité est d'un bleu d'outremer.

La surface inférieure du corps est régulièrement clairsemée de doubles points, disposés en quinconce, dont les inférieurs sont jaune opalin, les supérieurs plus petits et bleus, *apl* (*fig.* 48).

On les prendrait les uns pour des saphirs très brillants, les autres pour des topazes, enchâssés dans la peau.

Ces mêmes points cerclent très régulièrement l'ouverture de l'œil et sont régulièrement disséminés sur les parties inférieures et latérales de la tête ; ils disparaissent sur la partie dorsale du corps et sur la région médio-dorsale de la tête ; ils sont très régulièrement disposés en trois rangées sur les bras des trois premières paires, et en cinq sur ceux de la quatrième. Ceux des rangées latérales sont les plus gros et les plus brillants et diminuent progressivement vers l'extrémité des bras. Sur le point d'attache, la nageoire est jaunâtre, le reste en est blanc rosé livide ; elle est marquée de points très fins, rouge laque carminée.

Après la mort, les points brillants perdent leur éclat.

Verany, qui avait récolté l'animal, avait d'ailleurs été enthousiasmé de son aspect, et il écrivait de son côté :

« C'est dans ce moment que je jouis du spectacle étonnant des points brillants qui parent la peau de ce Céphalopode déjà si extraordinaire par ses formes; tantôt c'était l'éclat du saphir qui m'éblouissait, tantôt c'était l'opalin des topazes qui le rendait plus remarquable ; d'autres fois ces deux riches couleurs confondaient leurs magnifiques rayons. Pendant la nuit, les points opalins projetaient un éclat phosphorescent; ce qui fait de ce mollusque une des plus brillantes productions de la nature. »

Les deux auteurs ne s'étaient cependant rendu compte de la véritable nature de ces points brillants ; c'est M. le professeur Joubin[1] qui, en reprenant l'étude de ces intéressants animaux, a établi, sans conteste, leur signification.

Chacun de ces points brillants représente un appareil d'optique assez compliqué. M. Joubin le compare à une lanterne cylindrique peinte en noir, fermée en haut par une grosse lentille projetant la lumière verticalement et en avant par une autre lentille projetant la lumière horizontalement.

Dans l'intérieur de la lanterne se trouve un miroir parabolique et au-dessus de la lanterne est disposé un miroir ovale sur lequel viennent probablement se réfléchir les rayons verticaux.

Si l'on examine, en effet, la coupe que j'ai reproduite d'après le travail de M. Joubin, on voit que chaque point brillant contient une couche productrice de lumière, c'est la partie qui sert à l'animal pour allumer sa lanterne cp (*fig*. 49).

Je ne l'ai figurée que par des traits irréguliers ; en réalité, elle est plus compliquée et constituée par plu-

---

[1] Nouvelles recherches sur l'appareil lumineux des Céphalopodes du genre *Histioteuthis*, par le Dr Joubin, Rennes, 1894.

sieurs sortes d'éléments, dont les plus importants sont de grosses cellules cylindriques à contenu granuleux, la partie active de l'appareil, soutenues par du tissu conjonctif, au milieu desquelles on aperçoit des cellules nerveuses.

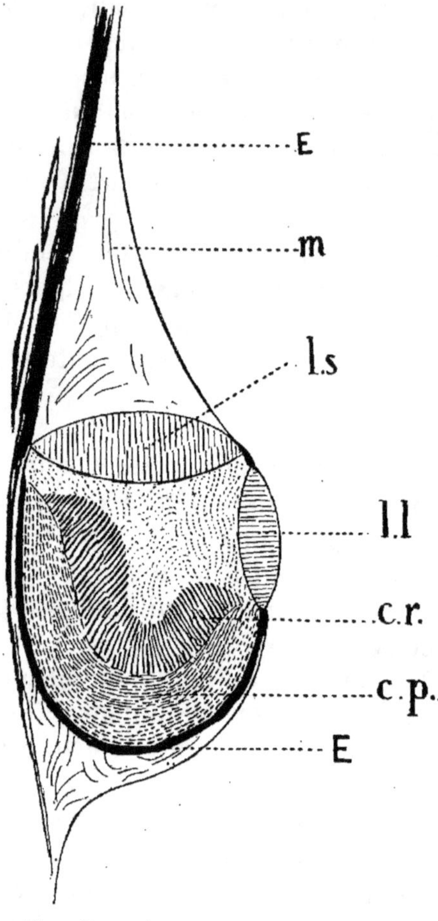

En arrière, E, se trouve la couche de pigment qui sert de réflecteur et qui est d'un beau bleu sur l'animal vivant ; elle est formée de grains nombreux serrés les uns contre les autres.

Les lentilles sont constituées par des cellules formant de nombreuses couches transparentes emboîtées les unes dans les autres autour d'un noyau central sphérique *ll* et *ls*.

Enfin les miroirs *m* sont essentiellement constitués par des lamelles minces et parallèles de tissu conjonctif et sont doublés à l'extérieur par des éléments noirs qui forment écran en arrière de l'appareil.

FIG. 49. — Appareil de l'Histioteuthis, d'après L. Joubin.

On comprend facilement le rôle de la couche photogène et celle des lentilles ; le rôle des miroirs est plus difficile à interpréter.

D'après M. Joubin, le miroir lenticulaire est disposé de manière à projeter les rayons lumineux, les uns, ceux du fond, vers le haut, les autres, ceux de la région postérieure, vers la lentille frontale. Quant au miroir externe, il suppose que son rôle est double, et il est porté à penser que, d'une part, il projette au dehors les rayons émis par la couche lumineuse à travers la lentille supérieure et que, d'autre part, il sert à faire pénétrer à l'intérieur de l'appareil les rayons calorifiques provenant de l'extérieur et destinés à produire l'excitation de la luminosité par action réflexe.

Quoi qu'il en soit du rôle des miroirs, il n'en est pas moins établi par cet exemple et par bien d'autres que je ne puis citer ici, qu'il y a des animaux dans les grands fonds qui produisent de la lumière.

On voit donc que s'il fait nuit dans les abîmes, il y a cependant quelques réverbères pour guider les passants attardés.

On comprend que les Céphalopodes et les Poissons carnassiers soient munis de lanternes qui peuvent leur être d'un grand secours pour trouver leur proie, mais alors comment opèrent les Centrophores ? Il est peu probable qu'ils s'associent à ces animaux lumineux, comme on prenait autrefois des porte-lanternes, pour aller à la chasse !

Sont-ils à l'affût des animaux lumineux pour les dévorer ? autant d'hypothèses, autant de points d'interrogation que des recherches précises pourront seules éclaircir.

Ce que nous pouvons dire dès maintenant, c'est qu'il

est possible d'aller prendre des clichés jusque dans ces grands fonds, mais qu'il faudra probablement, pour atteindre les limites extrêmes où l'objectif ira recueillir des documents précis, renoncer à l'appareil étanche que nous avons employé et qui résisterait mal à ces formidables pressions pour utiliser un appareil, à objectif plongeant directement dans l'eau et où l'eau aura librement accès, du genre de celui que nous avons décrit page 172.

CHAPITRE XXI

UN APPAREIL DE PHOTOGRAPHIE SOUS-MARINE POUR AMATEURS

Il y aurait grand avantage à ce que la photographie sous-marine, qui jusqu'à présent n'a donné lieu qu'aux recherches de laboratoire que j'ai exposées dans les chapitres précédents, fût adoptée non seulement par les chercheurs professionnels, mais aussi par les amateurs.

Les progrès qui ont été réalisés dans la photographie terrestre, grâce à l'engouement du public, où les photographes se comptent par légions, me font présager qu'il serait très profitable pour la science qu'une partie de l'élite de ces amateurs consentît à consacrer les loisirs des déplacements balnéaires à la photographie sous-marine.

La création de ce sport nouveau est-elle possible ?
Est-il possible de prendre de bons clichés sous l'eau sans l'outillage spécial d'un laboratoire, équipage nombreux, scaphandre et atelier de mécanique ?

J'en ai la ferme conviction.

Je crois qu'un simple amateur, possédant un appareil bien construit et d'un modèle peu encombrant, pourrait, par ses seules ressources, dans le voisinage immédiat de la côte, recueillir des vues, paysages ou instantanés d'animaux qui fourniraient de pittoresques et intéressants documents.

Cet appareil n'est pas difficile à réaliser.

Je vais décrire le modèle que m'a soumis M. Jules Deleury, et qui me paraît ne nécessiter que peu de modifications secondaires pour l'amener à la perfection relative.

Pour obtenir un format moins encombrant, l'habile

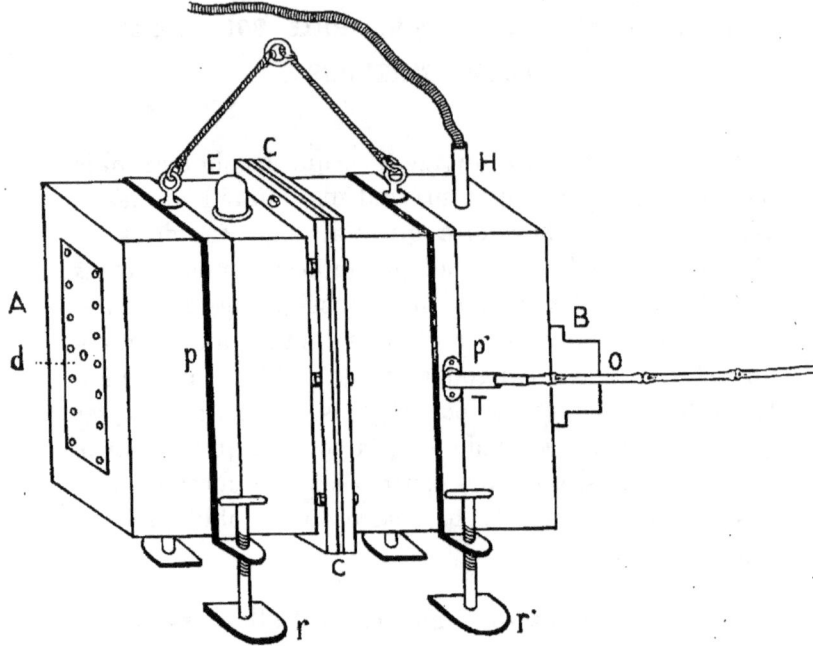

Fig. 50. — Vue extérieure de l'appareil photo-sous-marin pour amateurs (système Deleury).

ingénieur a adopté un appareil contenant des plaques 9×12 à châssis immobile. Il permet la mise au point à 1 mètre, $1^m,50$, 2 mètres, $2^m,50$, etc., par suite de la disposition de l'objectif à court foyer qu'on peut avancer ou reculer par un mouvement d'hélice, comme cela se pratique dans beaucoup d'appareils employés à la surface du sol.

Chambre noire de l'appareil. — La chambre noire est une boîte en métal épais et parfaitement étanche.

Elle est formée de deux moitiés inégales, A et B, qui peuvent se rapprocher intimement grâce à un joint en caoutchouc, C, et qui sont pressées l'une contre l'autre par une série d'écrous.

La partie A présente en arrière un grand orifice d, obturé à l'état normal par une plaque de métal s'appliquant sur un joint de caoutchouc et qui sert, exceptionnellement, pour la mise au point.

La partie A offre encore dans sa portion supérieure, en E, un orifice obturé par un bouchon en métal et qui sert à la manœuvre du châssis.

La partie B présente également deux orifices : un orifice antérieur O, fermé par une glace transparente qui correspond à l'objectif et un presse-étoupe H, par où l'on peut actionner l'obturateur.

Complétons cette description extérieure de l'appareil en signalant la présence de deux colliers, P et P', qui renforcent les deux parties, A et B, et sur lesquelles sont rivées deux boucles qui permettent de descendre ou de remonter l'appareil. Le collier P' peut être armé de bambous de différentes tailles qui s'insèrent en T (*fig.* 50) et dont nous verrons l'utilité en expliquant comment se fait la mise au point. Cette pièce T, qui est destinée à recevoir un bambou de longueur variable, peut se couder latéralement et facilite la mise au point sur un objet déterminé. Les deux colliers portent, en outre, les pieds, R et R', à l'aide desquels l'appareil peut reposer sur le fond.

Châssis de l'appareil photo-sous-marin. — L'organe qui contient la plaque sensible est un châssis à volet qui peut se loger au fond de la partie A (Voir les quatre coupes du châssis, *fig.* 51).

Il présente, à la partie inférieure du volet, une bague B dans laquelle peut se visser une tige T qui passe, à frot-

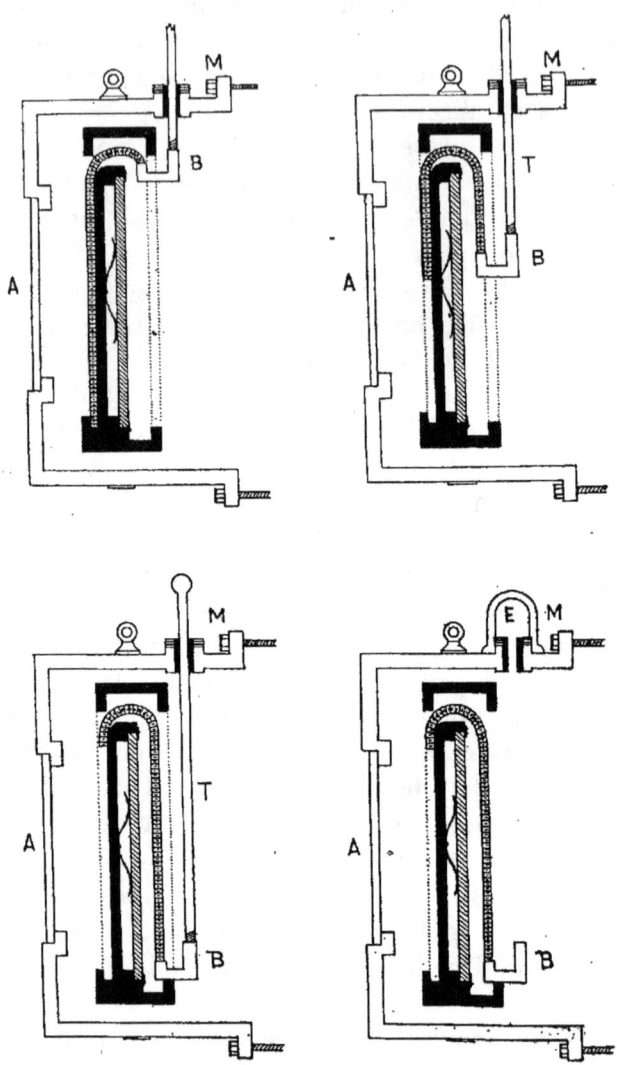

Fig. 51. — Coupes théoriques du châssis de l'appareil photo-sous-marin. — En bas, le châssis est supposé fermé et tel qu'on l'introduit dans l'appareil. — A gauche, le châssis est toujours fermé, mais on a vissé la tige T. — Plus haut, on a tiré sur la tige T de manière à entr'ouvrir le volet. — Enfin, dans la figure supérieure, à gauche, le châssis est complètement ouvert.

tement doux, par l'orifice M de la partie A. On enlève cette tige T, lorsque le châssis est ouvert, pour pouvoir visser le bouchon S, ainsi que cela a été figuré dans la quatrième coupe. Les figures ci-jointes dispensent de toute autre explication.

Objectif de l'appareil photo-sous-marin. — L'objectif, o, est un objectif à court foyer qui travaille dans une petite chambre à air N, constituée par un tube en métal T qu'on peut visser en S et qui est fermé en avant par la glace G.

Il est fixé dans un tube, t, qui lui permet d'avancer

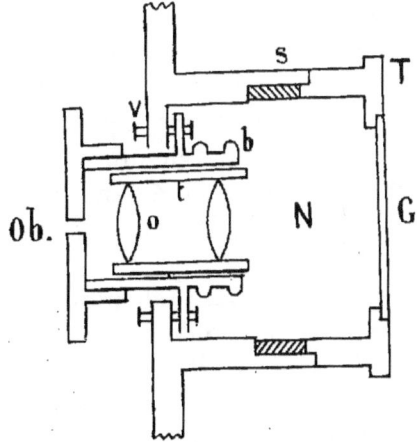

FIG. 52. — Coupe schématique de l'organe contenant l'objectif.

ou de reculer en prenant un mouvement hélicoïdal dans une bague, b (*fig.* 52).

Cette bague est fixée en V contre la paroi interne de l'appareil et supporte en arrière l'obturateur, ob.

Obturateur de l'appareil photo-sous-marin. — L'obturateur est un obturateur à lames du type ordinaire pouvant fonctionner en instantané ou en pose sous la pression de l'air contenu dans une poire; le tube de l'obturateur est très long et se loge dans le tube H qui se continue par un tube en plomb enroulé sur une bobine.

Cet obturateur peut se transformer aisément en un obturateur électrique du type que nous avons décrit dans le chapitre consacré aux appareils électriques qui ont servi à la photographie sous-marine, le tube en caoutchouc est alors remplacé par deux fils fins entourés de gutta-percha.

Fonctionnement de l'appareil photo-sous-marin. — Le châssis est chargé dans la chambre noire à la façon ordinaire. On peut le transporter en pleine lumière, puisque la plaque est abritée par le volet.

On met le châssis en place, après avoir séparé les deux parties, A et S, de la chambre noire; il se loge exactement dans un cadre situé dans la partie profonde de A, où on l'assujettit à l'aide de taquets qui le maintiennent immobile.

Ceci fait, et avant d'avoir reboulonné les deux parties A et B, on dévisse le bouchon E et l'on introduit la tige T dans l'orifice situé au-dessous de E (*fig.* 51). On visse l'extrémité de cette tige sur la bague du châssis B, puis l'on réunit les deux parties de la chambre noire B en vissant les écrous qui compriment le joint de caoutchouc interposé entre ces deux parties.

Ceci fait, il ne reste plus qu'à tirer sur la tige T jusqu'à ce que la bague B sorte en M par l'orifice, on dévisse la tige et l'on visse à bloc le bouchon E.

L'appareil photo-sous-marin est prêt à fonctionner. Il ne reste plus qu'à le descendre en place et à faire travailler l'obturateur.

Voici comment on doit procéder :

Veut-on photographier un objet à une distance de 3 mètres ?

Avant d'ouvrir le châssis, on dévisse le tube T (*fig.* 52) pour placer l'objectif à la distance convenable. Le tube T se dévisse en S, et permet d'atteindre le tube *t*, qu'on tourne jusqu'à ce qu'il affleure à la marque correspondant à 3 mètres. On revisse ensuite le tube T.

L'appareil est disposé pour photographier à 3 mètres : il s'agit maintenant de l'amener à la distance convenable, pour cela on visse en P' (*fig.* 50); un bambou de 3 mètres, qui se place dans l'axe de l'objectif.

On descend ensuite l'appareil avec précaution et on le laisse reposer sur le fond. Par tâtonnement, en déplaçant progressivement l'appareil, on fait coïncider l'extrémité du bambou avec l'objet qu'on veut avoir au centre de la plaque.

Selon la pente du terrain, l'extrémité du bambou se place, en effet, trop haut ou trop bas par rapport à l'objet.

Il faut donc modifier la position de l'extrémité du bambou et, pour y réussir, visser les pieds R et R' de manière à donner une inclinaison convenable.

Il y a là une manœuvre assez délicate et qui exigera, peut-être, pour les manœuvres courantes un pied du même modèle que celui qui nous a servi dans la dernière campagne et qui est représentée page 180.

Ce n'est qu'à la suite de ces opérations préliminaires qu'on pourra, après un moment de repos, pour laisser à l'eau le temps de se calmer, agir sur la poire et faire fonctionner l'obturateur.

Dans ces conditions, on pourra obtenir par des temps calmes et par beau soleil de bons clichés instantanés;

jusqu'à des profondeurs de 6 à 7 mètres ; cependant, si les opérateurs veulent s'outiller un peu plus complètement et se mettre à même de travailler, même par les temps sombres, il leur sera avantageux d'utiliser l'éclair au magnésium dans les conditions suivantes :

On fait construire une boîte étanche, de forme rectangulaire, dont le fond est garni d'une lame de verre et dont les parois sont tapissées de métal (du fer-blanc par exemple) ; la boîte, convenablement lestée, est garnie de liège à la périphérie. On l'immerge comme un flotteur, de manière à ce que le fond constitué par la lame de verre plonge dans l'eau et se place au-dessus de l'objet.

Une capsule de magnésium finement pulvérisé, munie d'une mèche, est placée directement sur la lame de verre. Un aide enflamme la mèche et referme la boîte, tandis qu'on ouvre l'obturateur.

Le procédé d'éclairage que je propose ici n'est en somme qu'une application du procédé d'éclairage employé par M. Fabre-Domergue, pour la photographie en aquarium, que j'ai signalé dans un chapitre précédent. Dans ces conditions, on pourra obtenir des photographies de grand intérêt et des paysages tout à fait inattendus.

En immergeant un appât au niveau de l'extrémité du bambou, il sera facile d'attirer les poissons et les animaux agiles et de prendre des clichés d'animaux en plein mouvement.

Comme il serait désagréable de trouver dans le cliché la trace du bambou, il est préférable de placer à l'extrémité de celui-ci une ficelle rattachée à un liège. Quand l'appareil est en place, on exerce sur l'extrémité du bambou une traction latérale, et, comme le support de ce dernier est articulé latéralement en T (*fig.* 50), le bambou se déplace et sort du champ.

Graduation de l'appareil photo-sous-marin. — La graduation de l'appareil pour la mise au point aux différentes distances est une opération assez délicate qui se fait une fois pour toutes avant de commencer les expériences. Cependant, comme on peut être amené à faire des rectifications de mise au point, il est bon de connaître le procédé employé.

On enlève l'obturateur qui gênerait pour manœuvrer l'objectif, on remplace le châssis par un châssis spécial sans volets, muni d'une plaque de verre dépoli, qui occupe exactement l'emplacement de la plaque sensible et qui est percée en l'un de ses points d'un orifice.

Par cet orifice, on fait passer l'extrémité d'une pince spéciale qui actionne le tube de l'objectif.

On dévisse la plaque d (*fig.* 50), située en arrière de la partie de la chambre noire désigné par la lettre A.

On n'a plus dès lors qu'à disposer l'appareil verticalement, le tube de l'objectif plongeant dans l'eau, et à procéder comme nous l'avons indiqué pour la graduation du grand appareil de photographie sous-marine, chapitre X, page 215.

Dans le cas de l'appareil Deleury, on doit cependant remarquer qu'au lieu de déplacer le châssis qui est maintenu fixe par les taquets, on agit sur l'extrémité de la pince fixée sur le tube de l'objectif, et on éloigne ou l'on rapproche celui-ci, jusqu'à ce que l'écran, placé à une distance donnée apparaisse avec le maximum de netteté :

C'est l'objectif que l'on déplace au lieu de faire varier la position de la plaque de verre dépoli.

CHAPITRE XXII

L'AVENIR DE LA PHOTOGRAPHIE SOUS-MARINE

De l'exposé que j'ai fait dans la deuxième partie de ce livre, il résulte qu'il est possible de prendre couramment des photographies sous-marines dans le voisinage des côtes et d'obtenir des clichés aussi nets que dans l'air.

On peut conclure également de ce qui précède que l'on arrivera à prendre des photographies sous-marines à une profondeur quelconque, en s'outillant suffisamment. Les conditions dans lesquelles j'ai opéré pour obtenir un cliché, à 50 mètres de profondeur, le prouvent avec évidence.

Au point de vue des sciences naturelles, l'avenir de la photographie sous-marine est donc considérable. Elle les enrichira de documents précis qui font actuellement défaut et dont l'absence constitue une lacune regrettable dans nos connaissances, lacune qu'il est important de combler.

Les clichés pris en grande profondeur donneront la solution de plusieurs problèmes que l'on n'a pu résoudre, jusqu'ici, que par des hypothèses plus ou moins justifiées.

Il semble également que la photographie sous-marine ou, d'une façon plus générale, la photographie au milieu des couches liquides, soit appelée à un rôle industriel précieux.

Qu'on suppose un navire coulé par grand fond, ou même dans une zone que les scaphandriers peuvent encore explorer.

Il s'agit de connaître la position exacte du bâtiment, les avaries de la coque, etc.

Quelques photographies bien venues ne renseigneront-elles pas les ingénieurs beaucoup mieux que les rapports les plus détaillés des scaphandriers ?

De même, dans une mine, quand un puits est submergé par des torrents d'eau, comment savoir sûrement où s'est produite la fissure, l'importance exacte du dégât ?

Ici encore les clichés pris au milieu de l'eau, quand un calme relatif s'est produit, pourront éclairer la situation et servir de guide aux ingénieurs.

Nous pourrions multiplier les exemples où il nous paraît évident que la photographie, prise dans ces conditions particulières, est appelée à rendre des services ; mais ce ne sont là que des hypothèses, non encore réalisées, et, en terminant, je dois reconnaître qu'il reste encore beaucoup à faire pour que cette branche nouvelle de la photographie donne les résultats qu'on est en droit d'en attendre.

Grâce aux puissants moyens qui ont été mis à ma disposition dans le laboratoire fondé par M. de Lacaze Duthiers ; à l'appui affectueux des savants travailleurs de la station, MM. Pruvot, Prouho, Guitel et Racovitza ; au dévouement de tout le personnel de l'établissement ; grâce aussi aux conseils pratiques d'ingénieurs, tels que MM. Chaufour, J. Deleury et mon frère A. Boutan ;

avec l'aide de mon excellent ami M. Marcel Gorse, qui est venu deux ans de suite à Banyuls-sur-mer pour m'aider à développer les clichés, j'ai ouvert la voie..... A d'autres de la suivre, de frayer de nouveaux chemins et d'arriver au but définitif.

TABLE DES MATIÈRES

PREMIÈRE PARTIE
LES PROGRÈS DE LA PHOTOGRAPHIE DEPUIS DAGUERRE

	Pages.
Chapitre I. **Le point de départ de la photographie :**	
Chambre noire de Porta	3
Coloration du chlorure d'argent par la lumière.	5
— II. **Les précurseurs :**	
Nicéphore Niepce	8
Ses relations avec Daguerre	10
Daguerre obtient l'image latente	11
— III. **Procédé opératoire de Daguerre. — Améliorations apportées par Fox, Talbot, Foucault et Fizeau.**	
Production de la couche sensible	13
Développement de l'image	16
Fixage de l'image	17
Rapport d'Arago sur la découverte	17
— IV. **Photographie sur papier. — Photographie à l'albumine. — Obtention du négatif.**	
Photographie sur papier	21
Photographie à l'albumine. — Obtention du négatif	24
Conversion de la couche d'albumine en couche sensible	26
— V. **Photographie au collodion**	28
Préparation et sensibilisation du collodion	29
Épandage du collodion iodo-bromuré	30
Conversion de la couche de collodion sensibilisé en couche sensible	31
Développement de l'image	33
Renforcement de l'image	35
Fixage de l'image	36
Photographie au collodion sec	38
Développement dans le cas du collodion sec.	41

TABLE DES MATIÈRES

	Pages.
Chapitre VI. **Photographie au gélatino-bromure d'argent**..	43
Dissolution de la gélatine dans l'eau.......	45
Gélatine bromurée.................	46
Gélatino-bromure d'argent.............	46
Maturation du gélatino-bromure d'argent...	46
Prise en gelée du gélatino-bromure........	47
Élimination des sels étrangers dans le gélatino-bromure.....................	48
Épandage du gélatino-bromure...........	48
Séchage de la plaque de gélatino-bromure..	49
Aperçu théorique de la formation de l'image et de son développement............	50
Développement et fixage.............	58
Bain à l'acide pyrogallique............	64
Bain au diamidophénol...............	64
— VII. **Plaques orthochromatiques**.............	66
Obtention directe d'un positif...........	69
Tirage des positifs.................	70
— VIII. **Photographie des couleurs**.............	74
— IX. **Procédé de MM. Cros et Ducos du Hauron**...	79
— X. **Procédé de M. Lippman**...............	87
— XI. **Coup d'œil général sur les progrès de la photographie**...............................	100

DEUXIÈME PARTIE

LA PHOTOGRAPHIE SOUS-MARINE

Chapitre I. **Banyuls-sur-Mer**......................	109
— II. **Le laboratoire Arago de Banyuls-sur-Mer où ont été faits les premiers essais de photographie sous-marine**...................	116
— III. **État de nos connaissances sur le fond de la mer.**	127
— IV. **Idée première de la photographie sous-marine.**	141
— V. **Une descente en scaphandre dans la baie de Pierrefitte**............................	149
— VI. **Les appareils de photographie sous-marine.**...	163
— VII. **Les premiers essais de photographie sous-marine**.............................	182
— VIII. **La photographie sous-marine sur le bord de la plage**...............................	190
— IX. **La photographie sous-marine instantanée**.....	195

TABLE DES MATIÈRES

Pages.

Chapitre X. Méthode employée pour la graduation de l'appareil et la mise au point.................. 214
— XI. Difficultés que l'on éprouve à prendre des instantanés à la lumière solaire............ 218
— XII. Les premiers appareils d'éclairage employés pour la photographie sous-marine........ 226
— XIII. Appareils électriques utilisés pour la photographie sous-marine.................... 238
— XIX. Premiers essais de la photographie sous-marine à l'aide de la lumière électrique... 249
— XV. Une photographie sous-marine à 50 mètres de profondeur............................ 257
— XVI. La photographie en aquarium.............. 266
— XVII. Grossissement des objets dans l'eau....... 277
— XVIII. La couleur de l'eau et la photographie dans l'eau douce........................... 281
— XIX. Limites que l'on peut chercher à atteindre dans la photographie sous-marine......... 290
— XX. L'obscurité absolue ne règne pas partout au fond des mers........................... 298
— XXI. Un appareil de photographie sous-marine pour amateurs............................. 313
— XXII. L'avenir de la photographie sous-marine.... 322

TABLE DES PLANCHES

	Pages.
Planche I. Tirage en jaune de la Salamandre	86
— II. Tirage en rouge de la Salamandre	86
— III. Tirage en bleu de la Salamandre	86
— IV. Image obtenue par la superposition des trois tirages précédents	86
— V. Scaphandrier au travail instantané	143
— VI. Paysage sous-marin (pose : 1″)	184
— VII. Actinie (instantané)	194
— VIII. La même dévorant un poisson	194
— IX. Poissons (vues instantanées)	200
— X. Portrait instantané d'un scaphandrier	204
— XI. Portrait instantané d'un plongeur	211
— XII. Ascidie (Phallusia), instantané	231

TABLE DES FIGURES

		Pages.
Figure	1. Plan de la baie de Banyuls	109
—	2. Panorama de la baie	113
—	3. Vue extérieure du laboratoire	117
—	4. Aspect d'un cabinet de travailleur	118
—	5. Salle d'aquarium réservée aux travailleurs	122
—	6. Atelier de mécanique	125
—	7. Le vivier	128
—	8. Descente en scaphandre	143
—	9. Un Crabe	153
—	10. Poisson pris en instantané	155
—	11. Quelques algues à la surface d'un rocher	158
—	12. Premier appareil de photographie sous-marine	164
—	13. Détail du couvercle	167
—	14. Deuxième appareil	172
—	15. Troisième appareil	176
—	16. Châssis à six plaques	177
—	17. Pied de l'appareil	180
—	18. Ensemble du laboratoire	183
—	19. Paysage sous-marin de la baie de Banyuls	185
—	20. — de la baie du Troc	188
—	21. Prise d'une épreuve	192
—	22. Appareil sur son pied	196
—	23. Appareil suspendu au-dessus de l'eau	197
—	24. Manœuvre de l'appareil allégé par le flotteur	198
—	25. Scaphandrier prenant une photographie	200
—	26. Poissons pris en instantané devant un écran	202
—	27. Cerianthe enfermé dans son tube	204
—	28. Figures montrant comment a été prise la photographie représentant un scaphandrier	205
—	29. Deux scaphandriers travaillant	209
—	30. Réglage de l'appareil	215
—	31. Lampe au magnésium (système Chaufour)	227
—	32. Lampe au magnésium	231
—	33. Figures théoriques pour la prise des photographies au magnésium	234
—	34. Photographie au magnésium	236
—	35. Les accumulateurs en charge	241

TABLE DES FIGURES

		Pages.
Figure 36.	Tableau de distribution.....................	243
— 37.	Montage des lampes électriques.............	245
— 38.	Essai des lampes.........................	250
— 39.	Le bateau du laboratoire avec les appareils à bord..	251
— 40.	Gorgones photographiées la nuit.............	255
— 41.	Le bateau du laboratoire....................	258
— 42.	Appareil photographique avec les lampes et l'écran...................................	261
— 43.	Écran photographié à 50 mètres.............	264
— 44.	Groupe d'actinies photographié en aquarium.	267
— 45.	Groupes d'Éponges........................	269
— 46.	Bouée flottante pour pièges en grande profondeur.......................................	303
— 47.	Résultat d'une pêche à 700 mètres de profondeur.......................................	305
— 48.	Céphalopode à appareil lumineux............	307
— 49.	Appareil de l'Histiotheutis, d'après Joubin.....	310
— 50.	Appareil photo-sous-marin pour amateurs....	314
— 51.	Coupes théoriques du châssis de l'appareil photo-sous-marin pour amateurs...........	316
— 52.	Coupe schématique de l'organe contenant l'objectif......................................	317

Librairie C. Reinwald. — Schleicher Frères, éditeurs
15, RUE DES SAINTS-PÈRES, 15 — PARIS (VIᵉ)

DELAGE (YVES) et EDGARD **HEROUARD**. Traité de Zoologie concrète. Leçons professées à la Sorbonne.

Tome I. La Cellule et les Protozoaires, 1 vol. gr. in-8°, avec 870 figures en plusieurs couleurs dans le texte..... 25 fr.

Tome II, première partie. Mézozoaires-Spongiaires. 1 vol. gr. in-8°, avec 15 planches en couleurs et 274 figures dans le texte.. 15 fr.

Tome V. Les Vermidiens. 1 vol. gr. in-8°, avec 46 planches en couleurs et 528 figures dans le texte............... 25 fr.

Tome VIII. Les Procordés. 1 vol. gr. in-8°, avec 54 planches en couleurs et 275 figures dans le texte............... 25 fr.

ARCHIVES DE ZOOLOGIE EXPÉRIMENTALE ET GÉNÉRALE

HISTOIRE NATURELLE — MORPHOLOGIE — HISTOLOGIE — ÉVOLUTION DES ANIMAUX

PUBLIÉES SOUS LA DIRECTION DE

HENRI DE LACAZE DUTHIERS, membre de l'Institut et de **G. PRUVOT**, professeur-délégué, sous-directeur des Laboratoires de Zoologie pratique et appliquée de la Sorbonne.

PRIX DE L'ABONNEMENT :

Paris............................... 40 francs
Départements et étrangers........... 42 —

RUCKERT (C.). — **La Photographie des couleurs**, n° 20 des Livres d'Or de la Science ; vol. in-12, avec 4 planches et 41 figures. 1 fr.

FAVRE (L.). — **La Musique des couleurs**. Vol. in-16 de la Bibliothèque des méthodes dans les Beaux-Arts......... 1 fr. 50

Tours. — Imp. DESLIS FRÈRES, 6, rue Gambetta.